庫NF

〈NF396〉

ウルフ・オブ・ウォールストリート

〔上〕

ジョーダン・ベルフォート

酒井泰介訳

HAYAKAWA NONFICTION

早川書房

7280

THE WOLF OF WALL STREET
by
Jordan Belfort

Translated by
Taisuke Sakai
Published 2013 in Japan by
HAYAKAWA PUBLISHING, INC.
This book is published in Japan by
arrangement with
THE BANTAM DELL PUBLISHING GROUP
a division of RANDOM HOUSE, INC.
through JAPAN UNI AGENCY, INC., TOKYO.

二人の素晴らしい我が子、
チャンドラとカーター・ベルフォートに捧ぐ。

著者による注記

本書は回想録である。記述に当たっては、私の人生に起きた様々な出来事について、記憶の限り正確を期した。プライバシー上の配慮のため仮名を用いた場合は、その旨の注釈を付した。出来事を簡略にしたり、時系列を変えたりした箇所もある。会話については、実際のそれを思い起こし、可能な限り正確に再現した。

目　次

下巻目次

ウルフ・オブ・ウォールストリート

〔上〕

登場人物

ジョーダン・ベルフォート……証券会社ストラットン・オークモントの創業者
ダニー・ポルシ…………………ストラットンのナンバー・ツー
アンディ・グリーン……………ストラットンの渉外弁護士。通称「ヅラ男」
ケニー・グリーン………………ストラットンのパートナー。通称「ブロック頭」
スティーブ・マデン……………靴メーカーの創業者
ヴィクター・ワン………………ジュディケイト社のＣＥＯ。通称「邪悪な中国人」
ジャン・ジャック・ソーレル……………スイスのプライベート・バンクに勤めるフランス人
ローランド・フランクス………スイスで活動する書類偽造の達人
エリオット・ラヴィン…………アパレル会社ペリー・エリスの社長
ゲリー・カミンスキー…………ダラー・タイム社のＣＦＯで、スイスの銀行の専門家を自称
アラン・リプスキー……………モンロー・パーカー・セキュリティーズ社の社長
トッド・ガレット………………ドラッグの密売人
ジャネット………………………ジョーダンのアシスタント
ナデイン…………………………ジョーダンの妻
マックス…………………………ジョーダンの父。ストラットンでＣＦＯを務める
スザンヌ…………………………ナデインの母
パトリシア………………………ナデインの叔母

プロローグ　青二才

一九八七年五月四日

「お前は虫けら以下だ」上司は、新人の私を従えて投資銀行ＬＦロスチャイルドの営業フロアを歩きながら言った。「何か文句でもあるか、ジョーダン？」

「いいえ」と私。「ありません」

「いいだろう。実際、その通りだしな」歩みを止めることもなく、彼は言った。

マンハッタンの五番街沿いにそそり立つ、近代的な四一階建てのビルの二三階。黒光りするマホガニーのデスクが並び、黒い電話線が迷路のように錯綜している。一五メートル×二〇メートル以上もある広いフロアだというのに、立ち並ぶデスク、電話、コンピュータのモニタ、それに七〇人もひしめく嫌らしいヤッピーどもで、息が詰まるようだった。午前九時二〇分。彼らは、スーツの上着を脱ぎ、とりどりに『ウォール・ストリート・ジャーナル』

に顔を埋めて、世界の帝王の身分を満喫していた。

世界の帝王。目指す甲斐があった。そんな男たちの脇を通り過ぎながら、安物の紺色のスーツにどた靴の自分も、できるものならあやかりたかった。だが、新たな上司は、それが身の程知らずな願いであることを、すぐさま思い知らせてくれた。「お前の仕事は……」安物のスーツの襟につけたプラスチックの名札に視線を走らせながら彼は言った。「……つなぎ屋だ。わかるか、ジョーダン・ベルフォート？　一日に五〇〇本は電話をかけまくる。秘書連中の守りを何とかくぐり抜けて、相手を電話口に引きずり出せ。何も売らんでいい。推奨銘柄も何もそっくり忘れろ。お前の仕事は、ただ社長連中に電話をつなぐことだけだ」彼はさらに言葉の毒をためてから、おもむろにそれを吐きかけた。「そして相手が電話口に出たら、こう言うんだ。〝こんにちは、誰それさん。スコットに電話を替わります〟私に取り次いだら、すぐさま次の電話をかける。できるか？　それとも、手に余るかな？」

「いえ、できます」胸の中で高潮のようにうねる不安を抑えつつ、私は虚勢を張った。研修期間は六カ月。長く、つらい半年になりそうだった。その間は、このスコットのような、ヤッピーの肥だめに吹き上がるあぶく野郎に、生殺与奪の権を握られるのだ。

上目遣いに盗み見たスコットは、金魚を思わせた。薄い髪はオレンジ色を帯び、顔は青白い。三〇代前半で背は高め。ほっそりした頭にぼってりしたピンク色の唇。ボウタイ姿が滑稽だった。出目金のような目に細いフレームのめがねが、ますます金魚のようで胡散臭かった。

「いいだろう」嫌みな金魚は言った。「まず、規則を言っておこう。休憩、私用電話、病欠、遅刻、怠け、全部ダメだ。昼食時間は三〇分だけ認めてやる」間をおいて、もったいをつけてから奴は言った。「遅れずに戻ってこい。しくじれば、後釜は五〇人も手ぐすね引いて待っている」

そういう間も、彼は一歩後ろに私を従えたまま、足を止めなかった。私は私で、灰色のコンピュータのスクリーンを点滅しながら横切るオレンジ色の市況データに目を回していた。一枚ガラスの壁の外には、マンハッタンのミッドタウンが広がっていた。遠くにエンパイア・ステート・ビルも見える。大空を突き上げる孤高のビルの頂は、天まで伸びているようだった。若き世界の帝王にふさわしい眺めだった。そしてそんな座は、ますます遠のいていくようでもあった。

「正直言えば」スコットが唾を飛ばして言った。「お前がこの仕事向きだとは思っちゃいない。ウォール街はお前のような小僧の来る所じゃない。ここは殺し屋、金目当てに魂を売る者たちの街だ。ま、俺が採用を決めるのでなくて良かったな」スコットは皮肉な薄笑いを浮かべた。

私は唇をかみしめたまま、黙っていた。時はおりしも一九八七年、スコットのようなヤッピーのげす野郎は世界の支配者だった。ウォール街は上げ相場のまっただ中で、成金を輩出していた。金利は安く、マイケル・ミルケンという男が「ジャンク債」とかいうものを思いつき、それが米国の大企業の経営を一変していた。強欲のタガが外れ、金ぴかの過剰の時代だった。ヤッピーの天下だった。

　スコットは自分のデスクに辿り着くと、私を振り返った。「もう一度言っておこう、ジョーダン。お前は下の下だ。まだコールド・コーラー（電話売り込みのセールスマン）でさえない。つなぎ屋だ」その響きに、蔑みがこもっていた。「そして最終ラウンドを耐え抜くまでは、それがお前のすべてだ。だからこそ、下の下なんだ。文句あるか？」

「もちろん、ありません。何よりの仕事です。なぜなら、私は下の下ですから」と無邪気に肩をすくめてやった。

　スコットと違い、私は金魚には似ていない。そう思うと、皮肉を言っているのかと私の表情を探る彼を見ながら、いくらか気が晴れた。背は私の方がいくぶん低めだったし、二四歳だというのに、まだ表情にはあどけなさが残っていた。おかげで、バーでも身分証明書を見せろと言われる。明るい茶色の髪は濃く、張りのあるオリーブ色の肌に、大きな青い目。まあ、不細工な方ではない。

　だが、スコットに下の下を自覚していると言ったのは、決して嘘ではなく、むしろ率直な思いだった。何しろ初めての起業に失敗し、自信も粉々に打ち砕かれていた矢先だった。肉と魚の販売という商売の目の付け所も的外れだったし、気がついたときには二六台のトラックのリースを抱えて、首も回らなくなっていた。契約には個人保証をし、そのすべてが債務不履行。だから銀行には追い回され、アメリカン・エキスプレスの女も、電話の声から推測するに、ひげの生えた巨漢のようだが、払わなきゃ尻を蹴り上げるわよ、とけんか腰だった。

電話番号を変えようにも、電話代も滞納していたから、電話会社にまで追い回される始末だ。

スコットは私に隣の席をあてがいながら、いくらか気休めも口にした。「まあ、悪いことばかりじゃない。何かの風の吹き回しでクビを切られなきゃ、いずれ証券ブローカーになれるかもしれん」自分の嫌みぶりに、にやついている。「後学のために聞かせてやろう。去年、俺は三〇〇万ドル以上稼いだ。そしてお前のもう一人の上司は、一〇〇万ドル以上だ」

一〇〇万ドル以上？　いったい、そのもう一人の上司とやらは、どんな奴なのか？　沈む思いをこらえながら、私は訊いた。「何という人です？」

「なぜ訊く？」ヤッピーのいじめ屋は言った。「それがお前に何の関係がある？」

しまった！　返事以外に口を開くな、このまぬけ！　まるで海兵隊の新入りになったようだった。実際、この男のお気に入りの映画は『愛と青春の旅立ち』に違いない。出来損ないの新兵を鍛え上げる鬼軍曹ルイス・ゴセット・ジュニアを気取っているんだ。だがそんなことはおくびにも出さず、私は言った。「いえ、何でもありません。ただ、興味が湧いただけです」

「名前はマーク・ハンナだ。じきに会うことになる」そう言いながら彼は、金持ちの社長の名前と電話番号を記したカードの束を突き出した。「愛想よく電話をかけ続けろ。一二時まで、脇目もふらずにだ」そういうとスコットは自席に着き、黒いワニ革の靴を机上に載せて、『ウォール・ストリート・ジャーナル』を読み始めた。

電話に手を伸ばしかけたとき、たくましい手が肩を叩いた。見上げた瞬間、この人がマーク・ハンナだと直感した。成功者特有の後光が差していた。正真正銘の「世界の帝王」だ。身長は一八五センチほど、体重も一〇〇キロは下らない筋肉質な大男だ。漆黒の髪、強い光を宿した眼、たっぷりした余裕のある顔つき、いくらか吹き出物の痕を散らした表情。都会的な二枚目で、グリニッチビレッジ風の洒落者だった。カリスマ的なオーラを放っている。

「君がジョーダン？」驚くほど洗練された物腰で、彼は言った。

「ええ、そうです」おそるおそる私は言った。「正真正銘の下の下ですが、頑張って勤めます」

温かみのある笑い声を上げるハンナの、二〇〇〇ドルは下らないスーツの肩口が揺れた。ハンナは聞こえよがしに言った。「どうやら、このボケなすの洗礼を受けたようだな」あごをしゃくってスコットを指してみせる。

微かにうなずく私に、ハンナはウインクをしてみせた。「心配いらんよ。私はここのシニア・ブローカーだ。奴はしがない博打野郎さ。ま、あいつの話は、金輪際忘れていい」

横目でスコットの反応をうかがわずにはいられない。彼は、「ファック・ユー、ハンナ！」とつぶやいていた。

ハンナは気にもとめず、肩をすくめて私のデスクに回り込み、スコットとの間に立った。「奴のことは気にするな。君は第一級のセールスマンと聞いている。一年もすれば、あんなボケなすは君の尻にキスしているだろう」

うれしいやら決まり悪いやらで、私はただ、にっこりしただけだった。「私が良いセール

いてね」

ハンナは、そう言って笑った。「感心していたよ。あいつは化けるかもしれないと言われて

「スティーヴン・シュワルツだ。君を採用した男さ。面接の最中に株を売り込んだって？」

スマンだなんて、いったい誰が？」

「はあ、採用される自信がなかったもので。面接には二〇人も呼ばれていましたし、何か大胆なことをしてみた方がいいだろうと。なんて言うか、その……印象づけるために」私は肩をすくめた。「でも、まあそう気張らずにと言われました」

マークはにやりとした。「ああ、だが落ち着き過ぎもダメだ。この仕事では、気合いは絶対だ。株なんて、黙っていて売れるものじゃない、売りつけるんだ。それを決して忘れるな」ハンナはそう言って、私にその言葉を染みこませた。「とにかく、そこのボケなすも一つ良いことを言った。つなぎは最低だ。私は七カ月やった。毎日、死にたい思いだったよ。だから、一つ秘訣を教えてやろう」ハンナはにっこりして、大仰に声を潜めた。「ふりだけしてりゃいいんだ。サボれるだけサボれ」にっこりしてウインクをすると、通常の声に戻って彼は言った。「誤解するな。できるだけ電話をつないでほしいと思っているよ。こっちはそれで食っているんだからな。だが、それで手首を切られても困るんだよ。血を見るのは嫌いでね」そう言って、またウインクする。「だから、ぼちぼちとやってほしい。なんなら、トイレでマスでも掻いてこい。私もそうしたよ。効果てきめんだった。君だって、マス掻くのは好きだろ？」

ていては始まらない。ここではファックだのクソだのバスタードだのプリックだのは、お高くとまっさすがにひるんだが、後でわかったように、ウォール街の営業フロアでは、お高くとまっていては始まらない。ここではファックだのクソだのバスタードだのプリックだのは、イエス、ノー、メイビー、プリーズなどと何も変わらないのだ。「はあ、まあ……大好きです。男なら誰だってそうですよね？」

彼は安心したようにうなずいた。「よし、上出来だ。マス搔きが鍵だ。それに、ドラッグもやった方がいいぞ。特にコカインだ。そうすれば電話も素早くかけられる。こっちもそれだけ助かるよ」彼はふと口をつぐんで、ためになるアドバイスを考えているようだったが、どうやら何も思いつかなかったらしかった。「ま、今のところ、そんなところだ」とハンナは言った。「うまくやれるさ、新人君。いずれ今日のことは、思い出し笑いの種になる。請け合うよ」彼はそう言うと、自分の電話の後ろに腰を下ろした。

次の瞬間、開場のブザーが鳴った。先週、JCペニーで一四ドルで買ったタイメックスの腕時計を横目で見る。九時半ぴったりだった。一九八七年五月四日、私のウォール街初出勤の日だ。

スピーカー越しに、LFロスチャイルドのセールス・マネジャー、スティーヴン・シュワルツの声が鳴り響いた。「諸君。今朝は先物も堅調だ。東京からは、大型の買い注文が入っている」スティーヴンはまだほんの三八歳だったが、昨年は二〇〇万ドル以上を稼いでいた（ここにも世界の帝王あり、だ）。「寄りつきから一〇ポイントは上がるぞ。さ、電話を手に、乗って、乗って、乗りまくれ！」

その瞬間から、営業フロアは大混乱だった。そこここの机から足が下ろされ、『ウォール・ストリート・ジャーナル』は次々にゴミ箱に投げ捨てられ、みんな電話にかじりつく。私も必死でダイヤルし始めた。

わずか数分で、誰もがせかせかと歩き回り、激しく身振り手振りをし、黒電話に何事か怒鳴りつけ、部屋中が騒音のるつぼになった。それが、ウォール街の営業フロアの唸りに初めて接した瞬間だった。まるで暴動のようだった。その響きは、それっきり脳裏にこびりつき、私の人生を変えた。それは、強欲と野心に飲み込まれた若者たちの咆吼、全米の金持ち社長たちに魂を売った者たちの叫びだった。

「ハードディスクのミニスクライブは押し目ですよ！」丸ぽちゃ顔のヤッピーが電話口で叫んでいる。二八歳だが激しいコカイン中毒で年収は六〇万ドル。「ウェストバージニアになじみの株屋がいるですって？　ふん！　炭坑株でも買うならともかく、いまや八〇年代ですよ。時代はハイテク株です！」

「七月切りを五〇ドルで五万だ！」とその向こうのデスクの男が叫んだ。

「連中、もう金がないぞ！」と別の男。

「末永くおつきあいをさせて頂きたいと思っているんですよ」と客に話しているブローカーもいる。

「冗談よせ」スコットはヘッドホン型の電話に吐き捨てるように言った。「手数料を政府だのあの株屋だのと分けてちゃ、犬の餌代も出ないぞ！」

ブローカーたちは時おり、勝ち誇ったように電話を叩きつけると、注文票を書き、柱に取り付けられている気圧輸送チューブ・システムの方へと歩いていった。透明な筒に納めた注文票は、チューブを通って天井裏に吸い込まれていく。そしてフロアの反対側にあるトレーディング・デスクへと飛んでいくと、そこでニューヨーク証券取引所に売買注文が出される。天井はチューブを通す分だけ低くなっていて、圧迫感があった。

一〇時前、マーク・ハンナは、すでに四度目のチューブ詣でをしていた。彼の電話あしらいの見事さには、目がくらむほどだった。まるで、顧客に謝りながら、目玉を刳り抜いているかのようだ。「お客様、聞いてください」マークはフォーチュン五〇〇の大企業の会長に、電話口で言った。「この件については、底値を探る自信があるのです。そして、買うときだけでなく、売り抜けるところまでご案内しますよ」あまりにも流暢な口調に、思わず聞き惚れるほどだった。「末永く懐刀でありたいのです。あなたの事業とご家族にとって」

二分後、ハンナはマイクロソフトとかいう会社の二五万ドル分の買い注文を手に、チューブへと歩いていた。聞いたことのない会社だが、悪くなさそうだ。ともあれ、ハンナの手数料は三〇〇〇ドル。私のポケットにある金額は七ドルだった。

一二時になる頃には、目の前がくらくらし、腹が減って死にそうで、冷や汗もびっしょりかいていた。だが私は、もう虜になっていた。体中に営業フロアのざわめきが響き渡り、全身の細胞が共振していた。自分ならやれる、そう確信していた。マーク・ハンナに負けないくらい、おそらくはそれ以上に、うまくやってのけられる。自分なら、絹のようになめらかな語りで、相手を取り込める、と。

昼食は意外な成り行きになった。エレベーターでロビーへと向かい、全財産の半分をホットドッグとコーラにつぎ込むはずだったのに、マーク・ハンナと並んで、ビルのペントハウスへと向かっていたからだ。行く先は四一階の五つ星レストラン、「トップ・オブ・ザ・シックシーズ」だった。エリートが会食し、世界の帝王たちがマティーニで神経をほぐしながら武勇伝を交換する場所だ。

レストランに足を踏み入れた瞬間に、給仕長のルイスがハンナに駆け寄り、激しく手を握って言った。「このさわやかな月曜日にお迎えできて何よりです」すかさず五〇ドル札のチップを渡すハンナを見て、私は肝をつぶした。マンハッタンの絶景を見下ろす窓際の隅の席に案内された。アッパー・ウエストの街並みとジョージ・ワシントン橋の景観に視線を吸い付けられる。

ハンナはルイスに笑顔を向けた。「まずはアブソルートのマティーニを二つ、ストレートだ」彼は金無垢のロレックスを見た。「きっかり七分半後に次の二杯を持ってきてくれ。それから我々のどちらかが目を回すまで、五分ごとにお代わりだ」

ルイスは恭しくうなずいた。「かしこまりました、ミスター・ハンナ。結構なお楽しみですな」私はハンナに笑顔を向けて、おずおずと言った。「あの……申し訳ないんですが、私は……やめときます」そしてルイスに向き直った。「コークだけで十分です」

ルイスとハンナは、まるで犯罪でも目撃したかのように視線を絡ませた。だが、ハンナは言った。「ウォール街の初日なんだ。ま、勘弁してやってくれ」

ルイスは口元にしわを寄せて、重々しく言った。「ごもっともです」そして私に言った。「ま、ご心配なく。じきに、あなたもアル中になりますよ」

マークもうなずいた。「よく言った、ルイス。だが、とにかく彼にもマティーニ一杯だ。気が変わるかもしれんからな。そうでなければ、私が飲む」

「かしこまりました、ミスター・ハンナ。今日は、お連れ様ともども、お食事になさいますか、それともお酒だけ召し上がりますか？」

何の寝言だ？ 昼食時間だぞ、それでも給仕長か？ だが驚いたことに、ハンナはルイスに、今日は食事はやめておく、相方だけ食事をいただくよと言った。ルイスはそう聞くと、すぐ私にメニューを渡し、飲み物を取りに下がった。どうしてハンナが食事しないのかは、すぐにわかった。上着のポケットからコカインのボトルを出した彼は、蓋を取り、小さなスプーンを差し込んだ。そして世界最強の食欲抑制剤を、右の鼻孔に一気に吸い込んだ。続けざまに、今度は左の鼻の穴。

驚いたなんてもんじゃなかった。白昼堂々、レストランの店内で？ 世界の帝王たちのただ中で？ 目を疑った。視線の端であたりの様子をうかがった。どうやら、誰も何も気づいていないようだ。しかしいま思えば、誰かが気づいたとしても、どのみち何とも思わなかったに違いない。彼らだってウォッカだのスコッチだのジンだのバーボンだので、さらに高給で買えるありとあらゆるドラッグで、へべれけになることしか考えていなかった。他人のことなど気にしちゃいない。

「どうだ」ハンナはコカインの小瓶を差し出して言った。「こいつとコールガールがウォール街の本当の必需品だ」

コールガール？　唖然とした。女性なんて金で買ったことがなかったし、結婚を考えている相手もいた。彼女の名前はデニース。とび抜けて美しいうえ、内面も素晴らしい女性だ。彼女の目を盗んで遊ぶだなんて、およそ考えられなかった。コカインについては、人並みに大学時代のパーティーで羽目を外して試したことはあるけれど、ここ数年はマリファナ以上のものには手を出していなかった。「いいえ、結構です」気後れしながら、私は言った。「あまり相性が良くなくて。やると……だめなんです。食事ものどを通らないし、眠れなくなって……。何もかもが不安になって、本当に合わないんです。まったく……」

「気にするな」彼はまた、一服キメて言った。「だが、ここじゃコカインに本当に救われるんだ」そういって彼は首を横に振り、肩をすくめた。「株屋なんて、本当に因果な稼業だよ。誤解するな。稼ぎにはなるし、金はいいもんだ。だが、何も作り出しちゃいない。何一つだ。だから、この世界に入ってしばらくすると、うんざりし始める」彼はそう言って、言葉を選ぶように考え込んだ。「正直言えば、株屋なんてただの薄汚いセールスマンさ。誰一人として、どの株が上がるかなんて、わかっちゃいない。みんな、ただダーツを投げて金を転がし続けているだけだ。ま、いまにわかる」

それからの数分間、私たちは互いの来歴を話し合った。マークはブルックリンのベイリッジという町の出身だった。荒れた下町で有名なところだ。「何でもいいが、とにかくベイリッジ出身の女とつきあうのだけはやめとけ。みんな、いかれたファック女ばかりさ！」そして、またコカインを吸い込むと、彼は続けた。「最後につきあった女は、寝ている俺の背中に鉛筆をぶっ刺しやがった！　信じられるか？」ちょうどそのとき、タキシードを着たウェイターがやってきて、飲み物を置いていった。ハンナは二〇ドルのマティーニを、私は八ドルのコークを手に乾杯した。「ダウ・ジョーンズが五〇〇〇まで吹っ飛びますように！」グラスを交わす。「そして、君のウォール街でのキャリアのために！」そしてさらに、ハンナは言った。「この稼業で君がしこたま儲けて、それでも良心のかけらくらいは失わずにいますように」二人とも笑って、またグラスを合わせる。

その時、もし誰かが私にこう言ったら、どう思っただろう？　わずか数年で、私がそのレストランそのもののオーナーになり、マーク・ハンナとLFロスチャイルドのブローカーの半分は私の部下になる、と。きっと、頭でもおかしいと思ったに違いない。そして、もし誰かが私にこう言ったら、どう思っただろう？　私がこのレストランのバーで、一〇人あまりの高級コールガールに囃されながら、何筋ものコカインを一気に吸い込んでみせることになる、と。きっと、気が触れているに違いないと思ったことだろう。

だがそれは、ほんの始まりに過ぎなかった。その時、私のあずかり知らないところで起こっていた、ポートフォリオ・インシュアランスとかというコンピュータを駆使したヘッジング戦略から始まった出来事が、やがてイケイケの上げ相場にとどめを刺し、ダウ・ジョーンズを一日で五〇八ポイントも引きずり下ろすことになる。そしてそれが引き起こした連鎖反応の行方は、誰も想像できないものだった。ウォール街は開店休業状態になり、LFロスチャイルドは閉鎖に追い込まれた。そしてそれっきり、狂気が根を張った。

　いま私が綴ろうとしているのは、その狂気――ウォール街開闢以来、最も強気の博打打ちだった者たちの狂気――の物語だ。その過程で、私の頭の中にこだましていた声を、そっくり再現したい。それは皮肉で、軽薄で、利己主義的で、たいてい卑しい声だった。その声が、私のたがのはずれた快楽主義を正当化した。その声が、周囲の人々を堕落させ、操り、アメリカの若者世代全体に混乱と狂気をもたらした。

　私はクイーンズのベイサイドで育った。そこでは、ニガー（黒人への蔑称）とかスピック（プエルトリコ人への蔑称）とかウォップ（イタリア人への蔑称）とかチンク（中国人への蔑称）などという言葉は、不潔きわまりなく、いかなる時も口にしてはいけないものだった。実家では、どんな人種偏見も厳しく戒められた。偏見を持つのは劣った人間の証拠、未開人の証と考えられていた。私も子供の頃から、青年期でも、そして狂気のさなかでさえ、そう思っていた。だが、汚い言葉遣いは――とりわけ狂気が根を張ってからは――驚くほどなめらかに私の口をつくようになっていた。もちろん、そのことも私は自己正当化していた。ここはウォール街だ、礼儀正しさだの良い言葉遣いだの気にしちゃいられない、と。

　どうして、こんなことを告白しているのかって？　それは、私の人物像の虚実を知ってほしいからだ。また、二児の父として、いつか彼らに話してやりたいことがたくさんあるためでもある。彼らにはいつか、優しい父さんが、いま彼らをサッカーの試合場に車で送り届け、親子面談に出席し、金曜の夜には共に過ごし、シーザーサラダを作ってやるこの父親が、かつてどんなに見下げ果てた人間だったのかを、語らなくてはならない。

だが、何よりの願いは、鼻先でスプーンを吸い込み、胃のむかつきを薬でごまかしている貧富の別なき人々にとって、私の人生が教訓になることだ。天賦の才能を得たことを喜びながらそれを悪用している人々に、悪の道を行き、快楽主義におぼれてやろうと思っている人々に、私の経験から学んでほしい。そして、ウォール街の狼と呼ばれることに、なにがしかの憧れを抱く人々に。

1　羊の皮をかぶった狼

六年後

狂気はすんなりと根づき、九三年の冬にはまるで、テレビのリアリティ・ショーの世界（当時はまだ流行っていなかったが）に迷い込んだかのようだった。番組のタイトルはさしずめ、『金持ちと機能障害のライフスタイル』。そしてそんな機能障害は、日増しに深まっていくかのようだった。

私はストラットン・オークモントという証券会社を興していた。会社は最大手の一角に食い込み、ウォール街始まって以来の暴れん坊にもなっていた。業界では、私は根っからの死亡願望の持ち主で、三〇歳を待たずして棺桶入りだろうともっぱらの噂になっていた。ばかばかしい。とうに三一歳になったが、ピンピンしている。

一二月半ばの水曜日の夜更け、私の全身の血管には、グアテマラ中を眠らせられるほどのドラッグが迸っていた。私はエンジンを二機搭載した自家用ベルジェット・ヘリコプターを操縦して三〇番街のヘリポートから飛び立ち、ロングアイランドのオールド・ブルックヴィルの自宅へと向かっていた。

時刻は午前三時過ぎ、クスリのせいで何もかも二重に見える中、リトルネック・ベイ上空を巡航速度二二〇キロあまりで直進飛行できるのが、我ながら誇らしい。その時、不意に意識が遠のいた。ヘリコプターは一気に急降下し、黒い海面がどんどん迫ってきた。ヘリのメイン・ローターからひどい振動が伝わってきて、ヘッドセット越しに副操縦士の叫び声が聞こえた。「なんてこった！　ボス、操縦桿を引いて！　引いて！　早く！　墜落しますよ！　ああ、くそっ！」

次の瞬間、ヘリは水平飛行に戻っていた。

忠誠なるマーク・エリオットは、白ずくめの姿で副操縦士席に座っていた。私が失神したり、機が墜落しそうになるまで、決して何にも手を触れてはならないと厳命してあったが、いま操縦桿を握っているのは彼で、おそらくそれが最善の措置だっただろう。

逞しい顎がいかにも機長然としており、見るからに頼もしい男だ。顎ばかりか体格全体も角張っており、まるで四角いパネルを貼り合わせたかのようだった。黒くみっしりした口ひげさえもが四角く、工業用のブラシを思わせた。

マンハッタンを飛び立ったのは、ほんの一〇分前。長い火曜の夜は、どんどんタガが外れていった。始まりはかわいいものだった。カナステルというパーク・アベニューの小粋なレストランで、会社の若手トレーダーたちと夕食を共にしただけだ。だが、どうした弾みか、気づいた時にはヘルムズレー・パレスのプレジデンシャル・スイートに繰り込んでいた。そこでヴェニスという名のぽってりした唇に柔らかい尻をした高級コールガールが、私を勃たせようとろうそくを使ったが、てんでだめ。そんなあげくに二度目の愛妻であり、名うての鬼嫁でもあるナディンの元に戻るのが、五時間半も遅れてしまったのだ。

彼女のことは、テレビで見たことがあるはずだ。『マンデー・ナイト・フットボール』の合間に放映されるミラー・ライトのCMで、フリスビーを持って犬と一緒に公園を歩いているあの娘。コマーシャルではせりふなしだが、そんなこと、誰も気にしちゃいない。仕事を取ったのは、すらりとした脚のおかげだった。そしてプエルトリコ人も形なしの丸い尻は、二五セント硬貨でもはじき返すほど弾力がある。ともかく、まもなく彼女のもっともなお叱りが待っている。

深呼吸をして目を覚ます。操縦桿を握って、交代の潮時であることを態度で示した。ちょっと不安げなマークににっこり笑いかけ、音声で自動的にスイッチの入るマイクに言ってやった。「○×△□×?☆▽」さっきの一仕事で危険手当を稼いだな、と言ったつもりだ。

「手当?　そりゃ、ありがたい」マークは操縦桿を明け渡し、あきれたように首を振った。「無事に帰還できたら、忘れないように、もう一度言ってください。降下を始める前に、片目をつぶるのをお忘れなく。ものが二重に見えなくなりますから」

実に賢く、頼れるプロだ。実際、彼自身、大変なパーティー狂だった。このコクピットの副操縦士であるばかりか、全長五〇メートルあまりのエンジン付きヨット『ナディン号』の船長でもある。愛艇の名前の由来は、言うまでもない。

気分良く親指を立ててからコクピットの外を眺め渡し、方向感覚を取り戻す。金持ちユダヤ人の街ロズリンにそびえ建つ赤と白の煙突群が見えた。我が家オールド・ブルックヴィルがあるロングアイランドのゴールドコーストの中心部にさしかかった目印だ。ゴールドコーストは住むには最高で、特に筋金入りのワスプとぼったくり価格の馬が好きな者にはもってこいだ。個人的には両方とも嫌いだが、どうした風の吹き回しかそんな馬を何頭か持ち、筋金入りのワスプ連中ともつきあう羽目になっていた。連中は私のことを、若いユダヤ人のピエロだと思っていたことだろう。

高度計の針は九〇メートルを過ぎ、さらに急速に下がりつつあった。私は賭け試合のリングに上がるボクサーのように首を回すと、三〇度の角度で降下した。ブルックヴィル・カントリークラブのうねるフェアウェイを飛び越えて操縦桿を右に切り、ヘゲマンズ・レーンの両側に立ち並ぶこんもりと繁った並木の上を飛ぶと、裏庭に到着だ。

フットペダルを調節しながら、着陸予定地点の上空六メートルで最終降下準備。左足にちょっと力を入れ、いや、右足をもう少し、操縦桿も軽く引いて、と悪戦苦闘した。ヘリはがたんと着陸したかと思うと、また舞い上がった。

「くそっ」ろれつの回らないののしり言葉を吐きながら焦って操作すると、またどすんと地面に落ちた。ひどいショックに、思わず首を振った。なんていうヤクの効きなんだ！　着地は完璧とはいかなかったが、それがどうした！　「どうだい、この着地ぶりは？」やっぱりろれつが回らない。

マークは四角い頭をかしげて、角張った眉を四角い額に上げて見せた。顔に、こいつ大丈夫かと書いてあった。だが彼はゆっくりとうなずき、薄笑いを浮かべた。「ああ、大したもんです。まったく。片目は閉じていたんでしょうね？」

私はうなずいた。「効果てきめんだった」と口ごもる。「あんた、最高だぜ！」

「光栄です」そう言って、小さく笑った。「とにかく、やっかいごとになる前に、私は退散します。警備員を迎えにこさせましょうか？」

「いや、大丈夫だ。私は大丈夫」そういって安全ベルトをはずし、マーク機長に大仰に敬礼をし、機から下りた。二、三歩歩き出したところで振り返り、下りた機のドアを閉めて、窓を二度叩いた。ちゃんと、ドアを忘れずに閉めたぞと知らせたつもりだった。この体調でそんなことに気が回るのが、妙に誇らしい。私はまたきびすを返すと、母屋の方へと歩き出した。ハリケーン・ナディンへとまっしぐらだ。

夜の闇は最高だった。頭上には無数の星が輝き、目映く点滅していた。一二月にしては季節はずれの暖かさだった。風はまったくなく、空気には土と木のにおいがこもっていて、子供の頃を思い出した。キャンプで戸外で眠った夜だ。兄のロバートのことも思い出した。しばらく会っていない。義姉が私の会社の一つをセクハラで訴えると脅したので、夫であるロバートを夕食に連れ出した時に飲み過ぎて、彼女のことをケツの穴だと言ったせいで疎遠になった。それでも、懐しい記憶だった。物事がずっと単純だった日々の、良き思い出だった。

母屋まで一八〇メートルほどというところに近づいたとき、深呼吸して我が邸宅の香りを胸に吸い込んだ。バミューダ芝は新鮮な匂いがした。松も、ぴりっとした快い香りを放っていた。果てしなく続くコオロギの鳴き声に神秘的なフクロウの夜鳴きにも気が安らぐ。そしてばかばかしい池と人工滝の水の音よ！

この邸宅は、ニューヨーク証券取引所の会長ディック・グラッソから買い取ったものだった。養鶏王の大物フランク・パーデューに似ている男だ。買い取ってから、あれやこれや数百万ドルもかけた。その大半はばかげた池や人工滝に消え、残りは最新設備を備えた警備所と警備システムに化けた。警衛所には二人の武装警備員が二四時間交替で詰めていた。名前は二人ともロッコ。警衛所の中は、邸内の二二ヵ所もの警備カメラのモニターがずらりと並んでいた。どのカメラも、モーション・センサーと投光照明につながっており、水も漏らさぬ監視網を作っていた。

その時、突風が吹きつけてきた。振り向くと、ヘリが飛んでいくところだった。吸い込まれるように後ろに何歩かよろめき、そのまま千鳥足になりつつ何とかバランスを取ろうとした。ああ、だめだ、倒れる……そう思って両手を突っ張ってバランスを崩したアイスケーターよろしく倒れかかったとき……光の目つぶしに気が遠くなりかけた。

「くそっ、何事だ！」射るような光に、思わず目を覆う。モーション・センサーが作動して、投光器が働いたのだった。あれこれのドラッグで虹彩は皿のように開いていたから、光が目にひどく染みた。

弾みでとうとう仰向けにひっくり返ると、光が消えた。そっと地面に手をつくと、芝地が柔らかい。倒れ込んだ場所が幸いだった。そもそも、倒れ込みには自信がある。ハリウッドのスタントマンがやるように、自然に身を任せるのがコツだ。さらに好都合なことに、お気に入りの鎮静剤クエイルードのおかげで、全身がゴムのように柔らかくなっている。

だが、クエイルードのせいで足がもつれたとは思いたくない。こんな良い薬の中毒になったのは幸いだった。これほど気持ちよくなれて、それでいて翌日に響かない薬がどこにあるだろう。私のように、重い責任を背負う立場の人間が、ドラッグの二日酔いを引きずるわけにはいかないのだ！

それに女房の奴……まあ、腹を立てるのももっともだが、それにしても何だってあれほど怒るのか？　私と結婚すれば、どんな生活になるかぐらい、わかっていたんじゃないのか？もともと愛人だった頃のことを思えば、見当がついていたはずだろう。そもそも、今夜だって、こっちが何をしでかしたって言うんだ。何もひどいことはしちゃいない。尻尾もつかんじゃいないくせに！

混乱した頭であれこれと自分の態度を正当化し、自己弁護し、それを否定してはまた正当化と自己弁護を繰り返しているうちに、だんだん腹が立ってきた。金持ちの男と女房の間には、原始人の頃から暗黙の了解があったはずだ。いや、少なくとも、ヴァンダービルトやアスターの時代からは、だ。権力のある男には、自由ってもんがある。身をもって勝ち取った自由があるはずだ！　もちろん、だからといって、こんなことをナディンに言って聞かせはしない。すぐに手が出る女だし、身体も私より大きい……あるいは、少なくとも同じほど背が高い。そこがまたしゃくに障るところだ。

その時、ゴルフカートのモーターの音が近づいてきた。夜勤のロッコだ。いや、日中勤務の方か？　交代の時間によるが、どっちにせよ、迎えにきてくれたのだ。こうしていつも、どうにかなるのは、驚くべきことだった。倒れ込んでも、結局、誰かが助けてくれる。ラリっている時に車を運転していて捕まっても、悪徳判事や汚職警官がどうにかしてくれる。夕食の席で気を失って「本日のスープ」に顔を突っ込んでも、妻や気のいいコールガールがマウス・トゥ・マウスで蘇生させてくれる。

私はまるで、防弾素材でできているようだった。いったい何度、死に神を欺いてやったことか？　だが、私は本当に死にたかったのだろうか？　罪の意識と良心のとがめにさいなまれるあまり、自殺傾向を帯びていたのだろうか？　命を幾度となく危険にさらしたあげくに、傷一つなし。泥酔して運転し、ラリって操縦し、ビルからは転げ落ちかけ、スキューバ・ダイビングの最中に失神し、世界中のカジノで何百万ドルも賭け、それでいて二〇歳の若者のような血色の良さ。驚くほかはなかった。

あだ名もいろいろつけられていた。ゴードン・ゲッコー、ドン・コルレオーネ、カイザー・ソゼ、果てはキングというのもあった。だが、自分で気に入っていたのは、「ウォール街の狼」だ。そう、私は羊の皮をかぶった狼だった。童顔だし、子供のように振る舞う。だが、三一歳にして中身は六〇歳。私はドッグ・イヤーを生きていた。リッチで、権力者で、美しい妻をめとっていた。生後四カ月の、お姫様のような娘もいる。

万事順調に思えた。どうした弾みか、一万二〇〇〇ドルの布団に眠る身だった。寝室を飾り付ける絹のドレープは、パラシュート中隊一個分のパラシュートを作れるほどだ。そして女房は……まあきっと、今回も許してくれるだろう。いつも、そうだったんだから。そう思ったとき、意識が遠のいていった……。

2　ベイリッジの公爵夫人

一九九三年一二月一三日

翌朝、より正確には数時間後、私は若い男には願ってもない夢を見ていた。豪華なキングサイズのベッドで独り寝をしていると、コールガールのヴェニスが近寄ってきて、ベッドの脇にひざまずく。見事な肢体に、今ひとつ手が届かない。チェスナット・ブラウンの髪……美しい顔立ち……みずみずしく弾けんばかりの乳房……柔らかな秘所も欲望に濡れそぼっている。

「ヴェニス」私は言った。「こっちへ来てくれ、ヴェニス。さあ、来るんだ、ヴェニス！」

ヴェニスは、四つんばいでやってきた。肌は白く、きめ細やかで、まるで絹のような光沢だった。それをいうなら、あたり一面、絹ずくめだった。頭上にもたっぷりと絹を使った天蓋が下がり、ベッドの四隅からも惜しみなく垂れ下がっている。私は絹の海で溺れていた。こんな時に、下らない計算が脳裏に浮かんだ。この絹は一ヤード二五〇ドル、全部で二〇〇ヤードはある。つまり、五万ドル分のチャイニーズ・ホワイト・シルクの海だ。なんてばかげたことか！

　それも妻のあつらえだった。愛すべきインテリアデザイナー志望……いや、それは先月までの話か、いまは造園家に宗旨替えしたんじゃ？　それともワイン・マニアだったかな？　洋服のデザイナー？　いったい誰が、彼女の気まぐれを覚えていられるんだ？　マーサ・スチュワート気取りの妻だなんて、疲れることこの上ない。

　その時、一滴の水が滴ってきた。思わず天蓋を見上げる。何事だ？　雨か？　なぜ、豪華な寝室に雨が？　女房はどこにいるんだ？　なんてこった！　女房！　女房！　ハリケーン・ナディンの襲来だ！

　ぴしゃっ！

　文字通り冷や水を浴びせられて目を覚ました。怒った顔も麗しい二度目の妻、ナディンの顔が睨み下ろしていた。右手には空の一二オンス・グラス。プラチナの台座に七カラットの黄色いカナリー・ダイヤモンドの指輪が光る左手は、拳を固めていた。至近距離で上体を前後に揺らす姿は、まるでボクサーのようだ。パンチが飛んできたら、あの指輪には要注意だ。

「何のまねだ」私はわかりきったことを、寝ぼけ声で聞いた。濡れた目元を手の甲でぬぐいながら、ワイフ・ナンバー・ツーを見やる。まったく、なんていい女なんだ。こんな時でさえ、そう思わずにいられなかった。ピンク色の小さなシュミーズは、裸よりも煽情的だった。そして見事なあの脚！　だが、そんなことを言っている場合ではない。ここで図に乗られてたまるか。私は低くうなった。「神に誓う。殺してやるぞ、ナディン、いますぐ……」

「まあ、恐ろしいこと」ブロンドのかんしゃく玉は、人の話も聞かずに言った。忌々しげに首を横に振る拍子に、揺れるピンクの乳首が透けて見えた。いやでも視線を吸いつけられてしまう。「どうやら避難した方が良さそうね」吐き捨てるような口調が、金切り声になっていく。「それとも、尻を蹴り上げてやるかだわ！」

どうやら分が悪い。彼女が怒るのは当たり前だった。その上、ベイリッジの公爵夫人は、気が短くていらっしゃる。実際、出生国イギリスの国籍を持っているのだから、公爵夫人には違いない。そして彼女自身、折に触れてそれを自慢するのは、皮肉というほかはなかった。育った場所は、英国どころかブルックリンなまりのきついベイリッジだからだ。そこは若者が、ファックとかシットとかバスタードとかプリックなんて言葉を、T・S・エリオットやウォルト・ホイットマンばりの堂々たる態度で語る土地だった。イングランド、アイルランド、スコットランド、ドイツ、ノルウェー、イタリアの血を引いた雑種公爵夫人ナディン・カリディは、そこでローラースケートのひもを結びながら罵詈雑言を覚えたのだ。

何年か前、マーク・ハンナがベイリッジ出身の女とはつきあうなと警告してくれたのは皮肉だった。確か、寝ている間にガールフレンドに鉛筆で背中を刺されたと言っていたっけ。うちの公爵夫人は、水をかけるだけだから、まあいくらかましだ。

ともあれ、怒った公爵夫人の悪態は、まるでブルックリンの公共下水道に浮くあぶくのようだった。そして彼女を怒らせることについては、誠実な夫であるこの私、ウォール街の狼と怖れられ、五時間前にはヘルムズレー・パレスで尻の穴にろうそくを突っ込んでいた私の右に出るものはいない。

「さ、聞かせてもらおうじゃないの」公爵夫人は言った。「ヴェニスって、いったい誰よ、えっ？」額に青筋立てて一歩近づくと、片足を投げ出すように広げ、胸元で腕組みして乳首を丸出しにした。「どうせ、ケチなコールガールね。違いないわ」責め立てるように、青い目を細める。「あんた、何をやっているか、私にバレていないとでも思ってるの？　あんたみたいなチビ、その腐れ顔を粉々にしてやるわ」最後は、もう声にならなかった。ベージュと褐色の一二万ドルのエドワード・フィールズの特注カーペットを横切って一〇メートルほど隣のマスター・ベッドルームからグラスに水を汲んでくると、怒りはさらに倍増している様子だった。歯を食いしばると、モデルらしい角張ったあごが目立つ。地獄の公爵夫人の図、だった。

考えをまとめようにも、彼女の剣幕についていけない。どうやら、クエイルードのせいで、また寝言を口走ってしまったらしい。いったい、何をしゃべってしまったのか？　リムジン……ホテル……ドラッグ……コールガールのヴェニス……ろうそくを持ったヴェニス……あのろうそくは失敗だった……なんて言っている場合じゃないか。

ナイトテーブルのデジタル時計を見た。七時一六分。やれやれ、いったい何時に帰ってきたんだ？　頭を振って、目の前のかすみを振り払う。髪を手ぐしで梳くと、びしょ濡れだった。頭から水をかける妻がどこにいる。それに、チビだと？　よくもそんな情け容赦のないことが言えたものだ。

目と鼻の先で水入りのグラスを構える彼女は、鬼のような形相だった。だがそれでも……美しかった。見事なブロンド、輝く青い目、ほれぼれする頬骨の線、すらりと通った鼻、完璧にスムーズなあごの線、微かに割れたあご、匂い立つように白い若々しい乳房……娘のチャンドラに母乳をやっているせいで少しは崩れているが、腕の良い外科医に一万ドルも払えば、どうにでもなる。そしてあの脚……神の恩寵と言うほかはない。足首は見事に締まり、膝から上も量感に満ちて、実に美しい。この脚と尻こそが、彼女の最大の財産に違いなかった。

彼女と出会ったのは、わずか三年前。すっかり心を奪われ、心優しい最初の妻に即金で多額の慰謝料を払い、税控除対象外の月々五万ドルの生活費にも同意した。だから彼女は、私の身辺を洗い上げようともせずに、静かに去ってくれた。

それなのに、なぜみるみるうちにこんなことになってしまったのか？　そもそも、私がいったい何をしたというのだ。ただの寝言じゃないか。いったい何が悪いのか？　過剰反応もいいところだ。この際、こっちが逆ギレしても、おかしくない。このままなし崩しにベッドに引きずり込んでやるのも一興だ。私はため息をつき、無邪気に言った。「どうしてそんなに怒っているんだい？　何がなんだかわからないよ」

ナディンはあきれたようにブロンド頭をかしげた。「わからない？」吐き捨てるように彼女は言った。「聞いてあきれるわね。この……チビの……クズ！」またチビだと！　「何から言わせたいのよ？　帰宅が遅くなると電話もせずに、朝の三時にばかげたヘリコプターで帰還したことから？　それが、まともな夫のすること？」

「いや、しかし……」

「その上あんた、もう子供もいるのよ！　どっちが幼児だかわかりゃしない！　あのばかげたゴルフ練習場にバミューダ芝を敷き詰めた私の苦労も水の泡だわ。手間暇かけて造園家やゴルフコース設計家やらと打ち合わせしてあの庭を整えた苦労が、あんたにわかるもんですか。このばかげた家を整えるために、私がいったいどれだけ苦労したことか。人の気も知らないで！」

なるほど、今月は造園家志望だったのか。セクシーな造園家もいたものだ。何とか、形勢を逆転して組み敷いてやらなければ。起死回生の一言が必要だ。「ハニー、お願いだ。僕は……」

「ハニー？　冗談じゃない。二度と呼ばせないわ！」

「でも、ハニー」

ぴしゃっ！

今度は、一万二〇〇〇ドルの布団で放水を完璧にブロックした。やったぞと思ったのもつかの間、布団を下げると、また水を汲みに駆け戻る後ろ姿が見えた。

またグラスに水をいっぱい汲んで戻ってきた。青い目が殺気立ち、いかにもモデルらしい口元も、固く食いしばっている。そして……また美しい脚に視線が吸いついて離れない。だが、見とれている場合ではない。いまこそ、狼が牙を剝くときだ。無数の小さな真珠が縫いつけられた布団に引っかからないように腕を抜き出し、羽ばたく鳥のように突き出す。力強い二頭筋を見せつけながら、私はきっぱりと言った。「やめろ、ナディン。本気だぞ！　最初の二杯は勘弁してやる。だが、我慢にも限度がある……これじゃ血まみれの死体にナイフを突き刺し続けるのと同じだ。どうかしてるぞ！」

さすがにひるんだようだが、それも一瞬だった。ナディンは、あざけるように言った。「力こぶはやめなさい。ばかみたいだわ」

「力こぶなんか、作っちゃいない」私は腕の力を抜いた。「こんなに引き締まった身体の夫を持って君は幸運だ。そうだろう、スウィーティー？」精いっぱいの笑みを浮かべてみせる。「さあ、こっちへ来てキスしてくれ」言ったそばから、失言だったと思った。

「キスしろですって？　冗談のつもり？」言葉の端々に人を小馬鹿にした響きがこもっている。「あんたのタマを切り裂いて、私の靴箱に隠してやろうかと思ってんのよ。そうなりゃ、二度と使えないわね！」

その通り、彼女の靴用クロゼットはデラウェア州並みに巨大で、そうなれば私のタマは二度と見つからないだろう。私はできる限りの低姿勢で言った。「ああ、どうか僕の話も聞いてくれないかな、ハニー……いや、スウィーティー。どうか、頼むよ！　この通りさ」

不意に彼女の表情が緩んだ。「信じろって言う方が無理よ」微かに鼻を詰まらせながら彼女は言った。「私がどうしてこんな仕打ちを受けるの。私は良い妻よ。美しい妻だわ。それなのに、朝帰りの夫は寝言で女の名前をつぶやいてるなんて！」彼女はいかにも軽蔑した様子でうなり声を出し始めた。「あぁぁぁ……ヴェニス。さあ、来るんだ、ヴェニス！」

　なんてこった。クエイルードは本当にやばい薬だ。それに、もう彼女は泣き出していた。まったく、目も当てられない。泣いている女を、ベッドに引きずり込めるはずがない。作戦変更だ。私は、飛び降り自殺しようとしている人に語りかけるように言った。「さあ、グラスを置いて、スウィーティー。もう泣くんじゃない。この通りだよ。全部、ちゃんと説明するから。本当だよ」

　ゆっくりと、渋々と、彼女はグラスを持った手を腰のあたりまで下ろした。「言いなさいよ」彼女は、まったく信じていない口調で言った。「嘘をつくのが仕事でしょ。さあ、新しい嘘を聞かせてもらおうじゃないの」

　それは本当だった。狼の仕事は嘘をつくことだ。だがそれは、ウォール街で成り上がるための宿命だ。誰でも知っていることで、ナディンはとりわけよく心得ているはずだ。いまさら腹を立てるのは筋違いだろう。だが私は皮肉には取り合わずに、嘘を考える時間を稼ぐことにした。「第一に君は、話をあべこべに受け取っている。僕が昨夜、遅くなると電話しなかったのは、一一時頃までまさかそんなに遅くなるとは思っていなかったためだ。君は美容のためにぐっすり休みたがる方じゃないか。もう寝ていると思ったから、電話をかけるのを控えたんだ」

　ナディンは辛辣な皮肉を吐いた。「まあ、それはご親切だこと。こんなに思いやりのある夫を持って、神様に感謝しなくちゃいけないわ」

皮肉は聞き流し、一か八かハッタリをかましてやる。「とにかく、ヴェニスの一件も、まったく勘違いしている。昨夜はマーク・パッカーと、カナステルの支店を開く相談をしていたんだ。その場所がカリフォルニアのヴェニスで……」

ぴしゃっ！

「なんて嘘つきなの！」叫ぶが早いか、彼女は高級な白い椅子の背にかけてあったおそろいの絹のバスローブをひっつかんだ。

私は大仰にため息をついてみせた。「オーケイ、ナディン。今朝はもう、それで十分だろう。さ、ベッドに入って、キスしてくれよ。水をかけられても、君への愛は冷めちゃいない」

彼女は、軽蔑もあらわな目つきで言った。「いまファックしたいっていうの？」

私は眉を高く上げ、母親に「アイス食べたい？」と言われた七歳児のようにうなずいた。

「上等ね」吐き捨てるように、ナディンは言った。「一人でマスでも掻いてなさい！」

彼女はそう言い捨て、頑丈なマホガニーのドアを開けて出て行った。ずっしりと重く、高さは三・六メートルほどもあるドアは、一二キロトン核爆弾の攻撃にも破れはしないだろう。彼女はドアを静かに閉めていった。さもなければ、変わり者揃いの家事手伝いたちがどっと押し寄せるところだった。

それはまったく、変わり者揃いだった。スペイン語を話す愛想の良い太ったメイドが五人、そのうち二人は夫婦者。早口でよくしゃべり、本国の家族に月に一〇〇〇ドル分も電話してくれるジャマイカ人の子守が一人。甘えた犬のように公爵夫人の後をついて回るイスラエル人の電気技師、ヘロイン中毒のナメクジよりやる気のないクズ白人の雑役夫、どんな変わったことでも私の必要に気を回してくれる専任メイドのグウィン。泥棒につけいる隙を与えない武装警備員の二人のロッコ。とはいえ、オールド・ブルックリンで最後に犯罪が起きたのは、白人の入植者がマティンコック・インディアンから土地を掠め取った一六四三年のことだが。庭師が五人で、そのうち三人は最近、私の愛犬のチョコレート・ブラウン色のラブラドール・レトリバー、サリーに噛まれた。なにしろ、チャンドラのゆりかごの周囲三〇メートル以内に近づく者には片っ端から噛みつくのだ。とりわけ、茶色い紙袋よりも濃い肌の色をしている相手には手加減なしだ。最近加わったのは、海洋生物学者の夫婦で、年収九万ドル。始末の悪い池の生態系を保つのが仕事だ。ジョージ・キャンベルも忘れてはならない。リムジンの運転手で、肌の色はチャコール・ブラック。すべての白人を憎んでおり、私も例外ではない。

だが、それだけの人間が働いているにしては、私がひとりそぼ濡れて、気まぐれな後妻のせいで犬のように盛りがついているというのは、いったいどういう訳だ？

天蓋から垂れ下がっている絹の飾りを引っ張って顔をぬぐったが、どうやら防水加工でもしてあるようで、まったく水を吸わない。振り返ると、枕が目に入った。これならエジプト綿製だ。みっしりと目の詰まった生地は、いかにも高そうだった。ぴちぴちに詰め込みすぎた水鳥の羽毛の枕から枕カバーを引きはがし、顔を拭いた。うーん、いい気持ちだ。なんてよく水を吸うことか。ようやく、人心地がついた。

ベッドが濡れてしまったので、女房が寝る側に移った。暖かい布団を頭からかぶって、また眠りの世界に戻ろうとした。夢の世界でヴェニスと再会だ。深く息を吸い込むと……なんてこった、寝床にはナディンの匂いがこもっている。もはや、マスでも掻かなきゃ、やってられない。それに、すっきりした方が自分のためだ。妻に頭が上がらないのも、結局は急所を握られているからだ。

もう少しでイキかけたところで、ドアをノックする音がした。爆弾シェルター級のドア越しに聞こえるよう、声を張り上げた。「誰だ？」

「グウィンです」

おお、グウィン。すてきな南部訛りが実に心地よい。痒いところに手が届き、彼女とウィリーが授かることのなかった我が子のようにかわいがってくれる素晴らしいメイドよ。「入ってくれ」

重厚なドアが微かにきしみながら開いた。「おはようございます！」と南部訛りの間延びした元気な声で、グウィンは言った。氷の入ったアイスコーヒーのトールグラスと、バイエルのアスピリンを載せた純銀のトレイを掲げている。左腕には、バスタオルが下がっていた。

「おはよう、グウィン。今朝の加減はどうかね？」おどけていかめしく言ってやった。

「おかげさまで、快適です。奥様の側《がわ》でお休みですね。そっちにまわって、アイスコーヒーをお届けしましょう。柔らかいタオルもお持ちしましたから、ぬぐってください。奥様が、ご主人がお水をかぶってしまわれたとおっしゃっておられましたから」

まったく、なんて女だ！　できそこないのマーサ・スチュワートめ！　ふと気がつくと、勃起した一物が白い絹の掛け布団をサーカスのテントよろしく持ち上げていた。やばい！　野ウサギのように素早く、膝を立ててごまかす。

グウィンは公爵夫人側のナイトテーブルに回ってトレイを置いた。「さあ、拭いてあげましょう！」そう言うと、まるで幼児にするように、白いタオルで顔をぬぐってくれた。

なんてこった！　この家は、いったいどうなっているんだ！　ガチンガチンに一物を屹立させながら枕に身をゆだねて寛ぎ、目の前でしなびたおっぱいを揺らす前時代の遺物のような五五歳の黒人のメイドに五〇〇ドルもするプラテシの刺繡入りバスタオルで頭を拭いてもらっているなんて。もちろん、彼女はまったく黒くはない。それでは、この狂気の館には普通すぎるというものだ。彼女はむしろ、私よりも白いほどだった。察するところ、まだ南部が南部らしさを保っていた一五〇年ほど昔、彼女の家系図のどこかで、曾曾曾曾祖母がジョージアの金持ちのプランテーション領主と密会でもしたんだろう。

何であれ、少なくともグウィンのしなびたおっぱいを間近に見ているとすぐさま股間から血が抜けていき、本来の肝臓とリンパ系へと戻って解毒されていった。とはいえ、世話を焼いてもらうのがちょっと決まり悪く、自分でできるよと優しく言ってやった。

そう聞いて彼女はちょっとがっかりしたようだったが、「そうですか」と言っただけだった。「アスピリンはお服みになりますか？」

私は首を横に振った。「いや、いいよ、グウィン。気持ちだけいただくよ」

「そうですか。では、あの腰痛のお薬は？　とってきましょうか？」

朝の七時半にメイドからクエイルードを勧められるなんて、まったく狂気の沙汰だった。これでどうしてしらふでいられるだろう。どこに行っても、あの薬とは縁が切れない。そしてその点では、私の会社ストラットン・オークモントほどたちの悪いところはなかった。若いブローカーたちのポケットに、ありとあらゆるヤクが入っているのだから。

だが実際、腰は痛かった。ナディンと出会った直後の奇妙な怪我以来、私は慢性的な腰痛を抱えていた。彼女が飼っているあの忌々しいマルチーズのロッキーのせいだった。夏の終わりのある日、人をいらいらさせる以外に何の目的もなく鳴き続けるあの白いバカ犬を家の中に入れようとしたのだ。嫌がって周りをぐるぐる逃げまどう犬を、中腰で追いかけ回す格好になった。『ロッキー2』で、ロッキー・バルボアがアポロ・クリードとの再戦の前に、鶏を追いかけ回してトレーニングしていたシーンを思い出してほしい。だが、電光石火のスピードを身につけて再戦を制したロッキーと違い、私は腰を痛め、二週間も寝込む羽目になった。それから二度も腰痛の手術を受けたが、受けるたびに痛みはひどくなるばかりだった。クエイルードはその痛みをいくらか和らげてくれるのだった。それに、痛みに効かなくても、服み続ける口実になる。

あのバカ犬を憎んでいるのは私だけではなく、ナディン以外の誰もがそうだった。彼女はあの犬の唯一の庇護者で、いまもベッドの下であの犬を寝かし、パンティーをくわえさせている。それも、妙に腹立たしかった。だが、ナディンに串刺しにされずに始末する方法を考えつくまでは、やりたい放題が続きそうだ。

ともあれ、クエイルードを丁重に辞退すると、またもやグウィンはがっかりしたようだった。結局、気配りがすべて空振りに終わってしまったからだ。だが彼女は、こう言っただけだった。「そうですか。サウナを暖めておきましたから、もう入れるはずです。それから、昨夜、今日お召しになる服を用意しておきました。グレイのピンストライプ・スーツと魚の模様のブルーのネクタイでいいですか？」

まったく行き届いたメイドだ。ナディンにも、爪のあかでも煎じて飲ませてやりたい。たしかに、グウィンには相場の倍以上の年七万ドルも払っているが、それでもにこやかな奉仕で報われている！　それなのに、女房の浪費は月に少なくとも七万ドルは下らない！　あの何にでもなりたがる性格からして、おそらくその倍にはなっているだろう。金を使うのはいいとしても、それならそれで見返りがあるはずだろう。時々ちょっとあちこちで羽目を外して遊んだからって、どうしていちいちこんな扱いを受けなければならないんだ。まったくそうだ。違いない……私は一人、自分の考えにうなずいていた。

グウィンはそんな仕草を了承の返事と受け取ったらしく、「では、チャンドラの世話をしてきます。その間に、どうぞ気持ちよくシャワーでも浴びてください」と晴れやかに言って出て行った。

グウィンのおかげで、少なくとも股間の怒張は収まった。娘の顔を見るには好都合だ。女房のことは心配だが、まあどうにかなるだろう。間抜けな女だし、間抜けは根に持たない。

　そう思ってアイスコーヒーを飲み干し、アスピリンを六錠口に放り込み、ベッドから下りるとサウナへと向かった。昨夜キメた五錠分のクエイルード、二グラムのコカイン、ザナックス（抗うつ薬）を汗に流してやる。昨日はこれで、おとなしい方だった。


　白い絹ずくめのマスター・ベッドルームと違い、マスター・バスルームはグレイのイタリア製大理石ずくめだった。イタリア人の職工にしかできない寄せ木張り風の組み合わせが見事だ。どれだけ金がかかったかは、言うまでもない！　それでも、イタリアの盗賊どもには、即金で支払ってやった。結局、誰もがこぞってケツの毛を抜きあうことこそ、二〇世紀的資本主義の本質だ。勝つのは、誰よりもケツの毛を抜くのがうまい奴だ。その点では、私こそ無敗の世界チャンピオンだ。

　鏡に映る自分の姿をしばし見つめた。なんて、ちっぽけな男なんだ。確かに筋肉質だが、しかし……これじゃ、身体を濡らすにもシャワーの下でかけずり回ってしずくを受け止めなきゃならない。ドラッグのため？　まあ、そうかもしれない。だが、おかげで引き締まっても見えた。身長は一七〇センチ弱しかないが、昔ある賢い人物に、金はいくらあってもいいし、どれだけ痩せても痩せすぎということはないと聞かされたっけ……。鏡面を開け、後ろからバイシン（目薬）を取り出す。上を向いて片目に六滴ずつ垂らす。標準使用量の三倍だ。

　その時、妙なことを思った。いったい、何だって男が目薬なんて濫用しているんだ？　それを言うなら、アスピリンだって六錠も服む必要があるだろうか？　まるで無意味だった。クエイルードやコカイン、ザナックスなどなら量を増やせばそれだけのことはあるが、アスピリンやバイシンを濫用することには何の意味もなかった。

だが、皮肉なことに、それが私の日常そのものだった。何もかもが過剰だった。禁じられている一線を越え、絶対にすべきではないことをし、自分よりも危ない奴と出歩いて、自分の暮らしの方がまともだと思おうとするのだ。

そう思うと、ひどく落ち込んだ。いったい、あの女房をどうすればいいのか？　くそっ、今度こそやりすぎたか？　さっきはひどく怒っていたようだった。今頃はきっと、友人だか弟子だかなんだか知らないが、取り巻き連中相手に電話できゃんきゃん吠え立てているに違いない。きっと階下のどこかで、自分ほど完璧ではない友人相手に叡智の言葉を並べ立て、そうすれば自分並みに相手を完璧にしてやれると思っているんだろう。ああ、それが自分の女房なんだ。くだらない、ベイ・ファッキン・リッジの公爵夫人。彼女の取り巻きたちや、ストラットンの社員の若妻たちは、ナディンをまるでエリザベス女王扱いしていた。まったく、考えるだけでむかついてくる。

だが、彼女には彼女なりの役回りというものがあり、それを完璧に演じているのも事実だった。彼女はストラットン・オークモント関係者みんなが抱えているゆがんだ忠誠心を嗅ぎ取り、主な従業員の女房連中を手懐けていた。そのおかげで、会社にもそれなりのまとまりというものが生まれていた。あざとい女には違いない。

いつもなら、彼女は出勤準備に浴室を使っている私の元で、話に興じる。悪態をついていなければ、彼女は良い話し相手だった。彼女を怒らせるのも、たいてい私の身から出た錆だったから、そもそも、私に彼女を責める資格はなかった。どうしたことか、彼女は良妻だった。万事マーサ・スチュワート気取りであるのが、うんざりするだけだ。

彼女は、一日に一〇〇回も「愛してるわ」と言ってくれたことだろう。やがては心から愛してるわだの、無条件に愛してるわだの、気が狂うほど愛してるの（それが私の一番のお気に入りだった）だの、様々な強意語も付け加えるようにもなった。

だが、それだけ美辞麗句を聞かされながら、彼女を信じていいのかどうか、私はまだ自信が持てなかった。結局は再婚相手だし、言うのはタダだ。彼女は、どんな時も、添い遂げてくれるだろうか？　愛情表現は惜しみない。いつもキスの雨を降らせ、人前に出かけるときにはいつも私と手をつなぎ、抱きつき、私の髪に指をくぐらせてくる。

だから私は、ひどく混乱した。最初の妻デニースに対しては、愛情など疑ったことはなかった。無一文だった頃からのつきあいであるだけに、誠意を疑ったことはない。だが私が初めて一〇〇万ドル稼いだときから、彼女は危険な兆しを嗅ぎ取っていたに違いない。どうしてまともな仕事では年に一〇〇万ドル稼げないのと聞いたからだ。その時はばかげた質問だと思った。だがあの日、私たちのどちらも、それから一年たらずで私が週に一〇〇万ドル稼ぐようになるとは思っていなかった。そしてどちらも、それから二年たらずで、ミラー・ライトのCMガール、ナディン・カリディが独立記念日の週末、私のウエストハンプトンの別荘に黄色いフェラーリで乗りつけ、超ミニのスカートに白いパンプスで降り立つとは思っていなかった。

　デニースを傷つけるつもりは、これっぽっちもなかった。だがナディンと私は、互いに崩れ落ちるように恋に落ちた。そんなとき、何が歯止めになるだろう？　そしていったんそうなったら――狂おしいほどにすべてを焼き尽くす恋、ひとときでさえ離れられなくなってしまう恋に落ちたら――それから目を背けられるだろうか？

　私はゆっくりと深呼吸をし、デニースの追憶を、胸の奥にしまい込もうとした。罪の意識やら良心のとがめなんて無価値だ――いや、そうじゃない。でも、その時の私には、そんなことに浸る暇はなかった。前進あるのみ。全力疾走して、後ろを振り向かないこと――それしかなかった。ナディンには、これから償いができる。

　五分ほどの間に二度も自分を納得させると、私は鏡の自分に向かって笑顔を作り、サウナへと入っていった。悪い根性をすっかり絞り出して、新鮮な一日を迎えるために。

3　どっきりカメラ

朝の解毒を始めてから三〇分後、私はグウィンが用意してくれたグレイのピンストライプ・スーツに身を包み、生まれ変わった気分でマスター・ベッドルームから出た。左手には、薄く控えめなデザインの一万八〇〇〇ドルのブルガリの金の腕時計をはめる。その昔、ナディンと暮らす前には、金無垢のぼってりしたロレックスをしていたものだった。だが、趣味の鑑定人を自認するナディンは、悪趣味だと言ってそれを捨ててしまった。彼女にそんなことを言う資格があるのかどうか、未だに疑問だった。ブルックリンでの少女期に見て育った最高の腕時計は、ディズニーのキャラクター付きだっただろうに。だが彼女はこの手のことには一家言あるようで、私も逆らわないことにしている。

とはいえ、私にも譲れないこだわりの一品がある。美しい黒のクロコダイル革製の手作りカウボーイ・ブーツだ。片足ごとに一匹ずつクロコダイルの一枚革を使っているため、まったく縫い合わせがない。二四〇〇ドルもしたが、愛しくてならない。もちろんナディンは、それを嫌っていた。今日、私はそれを大きな誇りを持って履いていた。彼女に主導権は握らせないと、はっきり誇示してやるためだ。

朝の抱擁をしてやるために、チャンドラの寝室に向かう。これが、一日の何よりの楽しみだった。チャンドラは、私の暮らしの中で唯一、完璧に純粋なものだった。彼女を抱き上げるたびに、すべての混乱と狂気が薄らぐ思いがした。

生後五カ月を目前にした完全無欠の我が娘。その部屋に向かうだけで、気持ちが浮き立つ。だが、いとしいチャニーちゃんの部屋のドアを開けると、なんてこった！　そこには、マミーもいた。私を待ち伏せていたのだ。

二人はこの上なく柔らかくて豪華なピンクのカーペットの真ん中に座っていた。これもまた、インテリアデザイナー志望だったマミーの散財の結果だった。彼女はそこで、虫も殺さない顔をしていた。チャンドラは母親のわずかに開いた股の間（！）に座り、母の引き締まった腹に仰向けに寄りかかっていた。ナディンは娘の胸の前で両腕を安全ベルトのように組んでいた。二人は美しかった。チャニーは母親に生き写しで、青い目と高い頬骨を引き継いでいた。

私は娘の寝室のかぐわしい香りを胸一杯に吸い込んだ。ベビー・パウダーにベビー・シャンプーにお尻ふきの混じったこの匂い！　母親の香りも楽しむ。ああ、一本四〇〇ドルのシャンプーと神の贈り物のコンディショナーの香りよ！　さらに敏感肌用のキールズの特注スキン・コンディショナー、惜しみなく使うシャネルのココの香りが、中枢神経系をゾクゾクさせ、股間を直撃した。

部屋も非の打ち所のない、小さなピンク色のワンダーランドだ。数え切れないほどのぬいぐるみが絶妙な配置で置かれ、右側の白いサークルベッドと新生児用ベッドは、マディソン・アベニューのベリーニで六万ドルで手に入れたもの（やっぱりママのお見立てだ！）。その上に吊されているピンクと白のモビールは、一二曲のディズニー・ソングを奏でながら、ディズニーのキャラクターが生き生きと回ってみせるものだ。やはり愛するインテリアデザイナー志望がわずか九〇〇〇ドル（モビールが？）で買ってきたのだ。だがここはチャンドラの部屋。金に糸目をつけるつもりはない。

私はしばし妻と娘を見つめた。息を飲むとはこのことだった。チャンドラは裸で、すべすべしたオリーブ色の肌には一点の染みもなかった。

そして、襟ぐりが大きく切れ込んだサーモン・ピンクの袖無しのミニドレスという、挑発的な装いの妻。胸の谷間は豊かで、金髪が朝日に輝いていた。ドレスは腰の上までたくし上げられていたので、ウエストまで目に入った。何かが欠けているような気がしたが、その正体はわからなかった。だから私は、ただ見つめ続けた。少し膝を曲げた脚を、先から付け根まで眺め渡す。マノロ・ブラニクの靴も、ドレスに絶妙に似合っている。まあ一〇〇〇ドルは下らないだろうが、たしかにそれだけの価値はある。

考えが千々に乱れてまとまらない。さっきにも増してナディンに欲望が募ったが、しかし娘が見ている。だが、幼児にそんなことはわかりはしないだろう。それにナディンは、もう私を許してくれたのか？　何か言おうと思っても、言葉が見つからなかった。私は妻を、そして娘を愛していた。彼女らを失いたくない。だからその時、きっぱりと心を決めた。もう、コールガールも真夜中のヘリコプター遊びもやめよう。ドラッグも……控えめにしよう。

許しを請おうとした時、チャンドラが満面の笑みで声を上げた。「ダダダダダ、ダー……ダダダダダ、ダー」

「グッド・モーニング、ダディ！」マミーが小声で赤ん坊をまねた。なんて愛らしい！なんてセクシーなんだ！「朝のキチュをしてくれないの？してほしいのに」

なんだって？本当に、こんなに簡単に許してくれるのか？私は思い切って言ってみた。

「ママと娘の両方にキスをしてもいいのかな？」唇を突き出してできるだけかわいらしい犬のような表情を浮かべて言い、全知全能の神に祈りを捧げる。

「あら、だめよ！」マミーはダディの膨らむ夢を針で突いた。「ダディはマミーにもうずっと長い間キスなんかできないの。でも、娘はキスしてほしがってるわ。そうよね、チャンドラ」

なんてひどい。だいたい、子供の口まね攻撃なんて卑怯じゃないか。「さあ、チャニー。パパの所にはいはいして行ってらっしゃい。さあ、ダディ。かがんで手をさしのべて、この子を抱き上げてやってちょうだい」

私は一歩前に進み出た。

「それ以上近よらないで」マミーはそう言い、右手で私を制した。「さあ、マミーが言ったとおり、かがみ込んで受け止めるのよ」

言われたとおりにした。麗しの公爵夫人と言い争うほど私もバカじゃない。

マミーはそっと、チャンドラを四つんばいにし、そっと背中を押して前に進ませた。チャンドラは「ダダダダダ、ダー……ダダダダダ、ダー」と言いながらゆっくりと這ってくる。ああ、何という幸福！　私ほど幸せな男がこの世にいるか？　「こっちへおいで」とチャンドラに言ってやる。「ダディの所においで、スウィーティー」そう言って、上目遣いでそっとマミーを見上げた。「ど、どうしたんだ、ナディン。気でも狂ったのか！」

「あら、どうしたの、パパ。見たいところが見えてなきゃいいんだけど。だってそこには、もう二度と手が届かないんだから」マミーは、美しい脚を大きく広げていた。スカートは脚の上までたくし上げ、パンティーは穿いていない。美しいピンクの外陰部が欲望に濡れそぼったまま、正面から睨みつけている。他に身につけているものといえば、その上の柔らかなひと房の茂みだけだった。今度はストリッパー志願者になったのか。私はただ、まともな夫ができる唯一のこと、犬のようにひれ伏すことしかできなかった。「どうか、ハニー、お願いだ。昨日は本当に悪いことをしたと思っている。神に誓うよ、もう二度と……」

「聞き飽きたわ」彼女は、手で中空を払いのけるような仕草をした。「ママにはわかっているの。パパは盛りがついたら神様への誓いも大安売りだってこと。でも、無駄な抵抗はやめることね。だって、ママの逆襲は始まったばかりなんだから。これからは、ママはミニスカートしか穿かないのよ。いいこと、パパ。超ミニだけよ。下着はなし、そして、こうよ……」そう言うが早いか、美しい妻は自信たっぷりに後ろ手を伸ばして上体を反らし、マノロ・ブラニクのデザイナーが決して想像もしなかったことをした。ヒールの先を軸にして、美しい脚を開閉して見せたのだ。二度、三度そんな動作をしてから、膝がピンクのカーペットに付くほど広げて止めた。「あら、どうしたのかしら、パパ。息苦しそうね」

まるで初めてのような言い方だった。だが、ママのこんなだまし討ちは初めてのことではなかった。エレベーターでも、テニスコートでも、公共駐車場でも、ホワイトハウスでさえ、彼女はこんな攻撃を仕掛けてきたことがあった。それからは完全に気を抜ける場所などなかった。しかも、その衝撃といったら！　私はまるで、相手のパンチがまったく見えないままに連打を食らい、ダウン寸前のボクサーよろしく打ちのめされた。

はいはいしていたチャンドラは、ピンクのカーペットに気を取られ始め、夢中でカーペットを引っ張っている。私はまた、謝罪の言葉を口にした。だがママはそれを聞いて、右手の人差し指を舐め始めただけだった。もう、私は言葉を失っていた。彼女は私がダウン寸前であることを悟っていた。ますます幼児語を強めて、彼女は言った。「まあ、かわいそうなパパでちゅね。いまにもパンツの中で発射しそうになりながら、謝り続けているんでちゅから。そうよね、パパ」

私は呆然としながら、世の中にこんな夫婦があるのかと思っていた。

「でも、パパ。いまさら謝っても、もう手遅れなのよ」彼女は美しい唇を突き出し、ゆっくりと教え諭すようにうなずいた。「それなのに、パパが罰当たりなことをした後で非常識な時間にヘリコプターで街中をうろつきまわっていたのは残念でならないわ。だってママはパパのことを本当に愛していて、いまはただ、パパと一日中、愛しあいたいだけなんですもの。

そしてママがいま何よりしてほしいことは、パパの大好きなあそこにキスしてもらうこと。そう、いまパパが見つめている、あそこに」

だが、ママはまた唇を突き出した。「でも、本当にかわいそうなパパ！　そんなことは実現しないんだから。なぜなら、ママはセックス封鎖令を発したからよ。パパはもう元日まで、ママとセックスできないの」あんまりだ！　「それも、それまで本当にいい子にしていた時だけ。もしパパが一つでも間違いを犯せば、元日が春の聖燭節の日まで延びるんだから！」

何てこった。本気で怒っている。恥も外聞もなくひれ伏しそうになったとき、とっておきの切り札が閃いた。言ってやるべきか？　いや、まずはもっと目の保養をしてからだ。

「それに、いつも絹の長い靴下を履こうと思うの。だってパパは、ママの長い靴下が大好きなんでちゅもの。そうでちょ、パパ！」

うなずくほかはない。

ママはさらに続けた。「そう、わかってるの。それにね、ママはもう下着を身につけるのがうんざりなの……ああ！　だから、下着はみんな捨てちゃうのよ！　だから、パパ、よく見ることとね」もう、やめさせるべきか？　いや、まだだ。「だってこれからしばらくは、家中でたっぷり見ることになるんですもの。でももちろん、封鎖令が出ているんだから、ぜったい触っちゃだめなの。それにマス搔きもだめよ。ママの許可が出るまで、手をそこに伸ばしちゃダメ。わかった、パパ？」

私は余裕を取り戻した。「でも、君はどうなんだ、ママ。その間、どうするつもりだ？」

「あら、ママは自分で気持ちよくなれるのよ、ああ……うーん……そう……」ファッションモデルは悶えた。「なんだか、考えるだけで燃えてきちゃったわ。ヘリコプターに八つ当りしたい？　パパ」

そろそろ潮時だ。「いや、別に。ママ、君は口だけさ。自分でいい気持ちになる？　疑問だね」ママはみずみずしい唇を引き締めて、ゆっくりと首を横に振った。「どうやら、パパには最初の教訓が必要なようね」おお、いい感じになってきた。チャンドラは相変わらず、無心でカーペットを引っ張っている。「パパはママの手をじっと見つめなくちゃならないの。さもなければ、聖燭節の日が復活祭の日になり、パパは欲求不満で悶絶することになっちゃうの。どっちがご主人様か、わかっているわよね、パパ」

私は爆弾を落とすタイミングを見計らいながら、時間を稼いだ。「ああ、ママ。だが、その手でどうしようって言うんだい？」

「シーッ！」ママはそう言うと、唇に当てた指を、朝日に照り返すまでじっくりと舐めて抜き差しした。そしてそれを、ゆっくりと、優雅に、淫らに、下ろしていく。深く切れ込んだ胸口……胸の割れ目……さらにへそを越え、そしてずっと下まで……。「そこまでだ！」私は右手を上げて制した。「それで、やめておくことだな！」

ママは驚き、怒った。どうやら彼女も、私と同じほどその瞬間を楽しみにしていたらしい。だが、さすがにここまでだ。「やらかしたわね！　これでキスもセックスも、独立記念日までお預けよ」

「なるほど。だが、マミー。ロッコとロッコのことは?」

ママは恐怖に凍りついた。「何ですって?」

私は手を伸ばし、カーペットで遊んでいるチャンドラを抱き上げて胸に埋め、頬に大きなキスをしてやった。こうして娘を安全圏に確保した上で、言ってやった。「話がある。それを聞いたら、ママだって、パパが止めてくれたことに感謝して、パパの過ちを帳消しにしなければならなくなるはずだ」

彼女は身じろぎもしなかった。「ロングアイランドはオールド・ブルックヴィルの小さなピンクの寝室で起きた物語だ。聞きたいかな?」

ママは美しいモデル顔に困惑の色を浮かべながらゆっくりとうなずいた。

「物語を聞いている間、おみ足を大きく広げたままにしておくと約束するかな?」

放心したようにうなずく彼女。

「よろしい。だって、それはパパが世界で一番好きな眺めだからね。そして、そのおかげでこの物語をする気にもなる。さて、ロングアイランドきっての高級住宅地に最高級の地所があり、そこには石造りの大きな館が建っている。ここに住む人はお金をいっぱい、いっぱい持っているんだ。そしてその館の二階には、小さなピンク色の寝室がある。でも、これがこの物語の大切なところなのだが、彼らは何でも持っていて、どんなものでも買えるのだけれど、それを全部足したよりもずっと大切なものが一つある。それは、幼い娘だ。

さて、パパは大勢の部下を抱えている。その多くは若くてほとんどしつけができていない。

だから、ママとパパは、その地所を高い鉄の柵でぐるりと取り囲むことにした。若い部下たちが、勝手に入ってこられないようにね。でも、信じられるかい、ママ。彼らはそれでも、勝手に入ってこようとしたんだ！」私は妻の顔から、ゆっくりと血の気が引いていくのを眺めながら言った。「とにかく、そんなことが引きも切らないので、二人の常駐警備員まで雇い入れることにした。でもね、ママ。すごく面白いことがあるんだ。二人とも、名前がロッコっていうんだよ！」妻はもはや、顔面蒼白だった。

「ともあれ、ロッコとロッコは裏庭の豪華な警備所で過ごすことになったんだ。それでママは、わざわざ最新鋭の警備システムを買ってきた。何でもきれいにはっきりと映る最新式のテレビカメラさ。しかもね、カラーテレビなんだ！　すごいだろ！」

　ママは見事なおみ足を広げたままだった。「それでね、二月ほど前の雨の日曜日の朝、ママはベッドの中でパパに、新聞で読んだ話をした。ベビーシッターや家政婦の中には、主人の子供たちを虐待している者たちがいるっていうんだ。パパは心配になり、ピンクの寝室に、隠しカメラと音声でスイッチの入る隠しマイクを二セット、装着しなさいとママに言ったんだ。その一つは、パパの肩越しにある」私は壁の小さな穴を指して言った。「それでね、ママ。焦点は君の素晴らしい秘所に合わされているんだよ」そう聞くが早いか、彼女の股は、銀行の大金庫よろしくぴたりと閉じられた。「そして愛するチャニーを守るため、この部屋の映像は警備所の真ん中に据えられている三二インチの大画面に映し出されているんだ！　さ、笑って、ママ。どっきりカメラにスマイルだ！」

ママは一瞬、凍りついた。そして、まるでピンクのカーペットに一万ボルトの電流でも通ったように、跳ね上がって叫び始めた。「ちくしょう！　何てこと、このくそったれ！　ああ、神様！　信じられないわ、ああ、くそっ！　おお、マイ・ファッキン・ゴッド！」彼女は窓辺に駆け寄って警衛所を見下ろすと、きびすを返して駆け寄ってきた。その時パンプスのエロティックなヒールが折れ、彼女は床に崩れ落ちた。

すかさず跳ね上がると、呆然としている私をよそに、彼女はドアを後ろ手に叩きつけ、走り去っていった。家中の変わった手伝い連中のことも眼中にないようだった。

「さて、と」私はチャニーに言った。「本物のマーサ・スチュワートなら、きっとドアを叩きつけたりはしないと思うんだけどね、スウィーティー」そして私は全能の神に、とりあえず祈った。チャニーが、私のような男と結婚しないどころか、デートさえしませんように――。まあ、夫として褒められたものでもない。それから彼女を抱いて、一階でおしゃべりなジャマイカ人乳母のマーシーに託すと警衛所に直行し、ビデオが『金持ちと機能障害のライフスタイル』の試写版としてハリウッドに送られないように念を押した。

4　ワスプ天国

私は盛りのついた犬のように、邸宅中の二四の部屋にママを探して回った。実際、六エーカーの宅地の隅から隅まで探したが見つからず、ついに残念ながら捜索を打ち切った。もう九時前だったし、仕事に行かなくてはならなかった。いったい愛すべきストリッパーは、どこに隠れたんだろう？　探し出して襲いかかるのはおあずけだ。

オールド・ブルックヴィルの邸宅を出たのは九時過ぎだった。白人嫌いの運転手ジョージ・キャンベルの運転するミッドナイト・ブルーのリンカーンのリムジンの後部座席に腰を落ち着ける。私の下で働いてもう四年、彼が私に口をきいたことは一〇回もなかった。そんな意地を腹立たしく思う朝もあったが、今日は夫婦げんかの後だけに、ひとときの安らぎにむしろほっとする。

だが、朝のしきたりの一環として、私はジョージに優しい言葉をかけてみた。無言。もうひと粘りだ。「ジョージ！　調子はどうだい？」

ジョージはほんのわずか顔を右に向けたので生き生きした白目がかいま見えたが、ただ微かにうなずいただけだった。まったく、頑固な奴だ。まさに貝のように押し黙っている。

だが、そんな彼でも口を開いたことはある。半年ほど前、入れ歯を新調したいから五〇〇〇ドル貸してくれないか（もちろん、「貸して」は余計だった）と言い出したのだ。私はたっぷりと一五分間質問攻めにしてから、金を渡してやった。どのくらい白いんだ、どのくらい長持ちするんだ、いまの入れ歯に何か問題でもあるのか——。だが、炭のように黒い額に汗を浮かべながら答えるジョージを見ていると、気の毒になった。

今日も彼は、いつも通りネイビーブルーのスーツを着て、六万ドルもの高給で許される限り、むっつりとした表情を浮かべていた。やはり私を憎んでいる、いや少なくとも嫌っているようだった。すべての白人の田舎者を嫌っているのだ。唯一の例外は、愛想の良いナデインに対してだけだった。

リムジンは超ロングタイプのもので、バー、テレビとビデオ、冷蔵庫、豪華ステレオ、そしてスイッチ一つで後部座席がクイーンサイズのベッドに早変わりする代物だった。ベッドは腰痛対策に追加したものだったが、結果的にこの車を九万六〇〇〇ドルの動く売春宿にしていた。まったく、我ながらどうかしている。向かうはロングアイランドのレイク・サクセス。かつては中流階級の住むひなびた田舎町だったが、いまではストラットン・オークモントの本拠地だ。

だがこの町はいまや、伝説の保安官ワイアット・アープのやってくる前のアリゾナ州トゥームストーンのようになっていた。私の下で働く若い証券ブローカーの必要や欲求、欲望を満たすために、あらゆるサービスが雨後の筍のように生まれていた。売春宿、もぐり賭場、営業許可時間後もやっているクラブやら何やら、あらゆるお楽しみが揃っている。地下駐車場には二〇〇ドルで客を取るコールガールもいた。

　当初、地元の店は私の部下たちの狼藉ぶりに憤慨していた。だが、彼らが、ストラットンのブローカー連中は勘定書を見もしないようだと気づくのに時間はかからなかった。そこで商売人らは暴利をむさぼり、ワイルド・ウエストよろしくひとときの平和が訪れていた。

　リムジンはチキン・バレー・ロードを西へとひた走っていた。ゴールドコーストでも最高の道の一つだ。私は窓を開け、新鮮な空気を入れた。ブルックヴィル・カントリークラブのみずみずしいフェアウェイを眺める。今朝は、ドラッグでよれよれになりながら、ここをヘリでアプローチしたのだった。カントリークラブは、私の邸宅からすぐ近くだった。実際、前庭から七番アイアンでナイスショットすれば、七番ホールのフェアウェイに乗せられた。だがもちろん、私は会員権を申請したこともなかった。卑しいユダヤ人が、ワスプ天国に足を踏み入れるなど、身の程知らずというものだ。

　それに、ユダヤ人を閉め出しているのは、ブルックヴィル・カントリークラブだけではなく、このあたり一帯のどのクラブもそうだった（実際、ブルックヴィルはカソリックはメンバーにしていたから、まだましな方だった）。〔公爵夫人と一緒にここに引っ越してきたとき、この土地のワスプ臭が鼻持ちならなかった。まるで秘密クラブかなにかのように思えたものだ。だがそのうち、ワスプなんてもう流行らないどころか、ニシアメリカフクロウ並の絶滅危惧種だと思うようになった。たしかにいくつかのゴルフコースや狩猟小屋では主人顔かもしれないが、いわば最後の砦のようなもの。ウォール街で金を作り、華麗なるギャツビーが住む場所を横取りするためなら、金でいくらでも横面を張る私たち野蛮なユダヤ人に踏み荒らされる前夜の、二〇世紀のリトルビッグホーンの虐殺現場に過ぎない。

リムジンはゆっくりと左折し、ヘゲマンズ・レーンに入った。左斜め向かいにゴールドコースト厩舎が見える。もっともオーナーたちは、「ザ・ゴールドコースト馬術センター」と呼びたがる。その方が、ずっとワスプらしい響きだからだ。

脇を通り過ぎながら、私はグリーンと白の縞の厩を眺めていた。公爵夫人の馬も、ここに預けてある。馬術は何から何まで悪夢だった。クエイルード中毒の腹の出た野蛮なユダヤ人オーナーからして最悪だった。輝かんばかりに愛想笑いを浮かべ、染めた金髪のワスプもどき女房と一緒に、三倍もの高値で駄馬を押しつけてきたものだ。それでも足りないかのように、私たちが買った馬は、なぜか奇妙な病気にかかり始めた。獣医代に餌代、調教料金と、ブラックホールのように金を吸い込んでいく。

それでも麗しの公爵夫人は、馬術家になりたい一心で毎日そこに通った。何頭もの馬に角砂糖やらニンジンやらを食わせ、乗馬のレッスンを受けた。頑固な馬アレルギーを発症し、帰宅すると鼻はぐしゅぐしゅ、咳は止まらないというていたらくだった。だが、ワスプ天国のど真ん中にいれば、ワスプに従え、だ。馬だって好きなふりをしなきゃならない。

リムジンがノーザン通りにさしかかったとき、腰痛がぶり返してきた。昨夜、立て続けに服んだドラッグがそろそろ抜けていく時間だった。だがそれは、腰痛が戻ってくるということてもあった。まるで残忍に怒り狂う竜が目を覚まし、火を噴くかのようだ。腰痛は左の臀部から始まり、左足へと下がっていく。灼熱の烙印を押されているかのような、ひどい苦しみだった。手を当てても、痛みは他の場所に移っていくだけ。

私はため息をつき、クエイルードに手を伸ばして水も飲まずに三錠飲み込みたい衝動と戦った。これから仕事だし、いくらボスだからってよだれを垂らしてラリってはいられない。日が暮れるまでは、そんな姿はお預けだ。代わりに、青天の霹靂が妻の飼い犬を感電死させますようにと祈った。

ノーザン通りもこちらの方まで来ると、だいぶ安っぽくなる。家もせいぜい一軒あたり一〇〇～二〇〇万ドル程度だ。貧しい出身の私が一〇〇万ドル単位の家を見て掘っ立て小屋のようだと思うようになるとは皮肉なものだ――そう思ったとき、ロングアイランド高速の入り口を示す緑と白の標識が見えた。もうすぐストラットン・オークモントの社屋に着く。別宅のようなそこでは、アメリカで最もワイルドな営業フロアが狂気さえ許される雰囲気を醸し出している。

5　最強のドラッグ

投資銀行ストラットン・オークモントは、ロングアイランドの低湿地帯に建つ黒い遮光ガラスの地上四階建てオフィスビルの一階を借り切っていた。ひどい立地に聞こえるかもしれないが、そう捨てたものでもない。湿地帯といっても一九八〇年代前半にはおおむね埋め立てられ、いまでは広大な駐車場や地下三層の屋内駐車場を備えた高級オフィスビルに生まれ変わっている。この地下駐車場で当社のブローカー連中は小休止を取ったり、コールガール連中のうれしい急襲を受けたりしていた。

今日もその姿を見て、いつもながら誇りがこみ上げた。鏡面加工を施したブラックガラスは朝日に目映く輝き、この五年間に成し遂げてきた成果を実感した。中古自動車屋の配電室で会社を立ち上げたとは思えない成功ぶりだった。

ビルの西側の正面玄関には、たいていの人が感心する。だが、ストラットンの従業員は例外だった。そちらから入るのは遠回りだったし、時は金なり。私も含めた誰もが、営業フロアに直結する南側の入り口を使っていた。

私はジョージに礼を言うと（もちろん奴はうなずいただけだった）リムジンから降り、入り口のスロープへと向かった。鉄製のドアを開けると、すでに怒号が微かに聞こえていた。暴徒のような咆吼が耳に心地よい。気合いを入れて近づいてゆく。

一〇歩あまり歩いた左が、ストラットン・オークモントの営業フロアだった。長さはフットボール場並、奥行きはその半分ほどの広大な部屋で、天井は低く、間仕切りは一切なし。メイプルカラーのデスクが教室のようにぎっしりと立ち並ぶ。白いぱりっとしたドレスシャツに身を包んだ若く生意気盛りのブローカー連中が、上着を脱いで忙しく行き来している。みんな黒い電話に向かって何事かを叫び、それが咆吼のようなざわめきを作り出していた。全米のビジネス・オーナーたちに資産を当社に預けるよう、屁理屈や詭弁を弄しているのだ。

「何言ってるんです、ビル。腹を決めませんか？　何を迷っているんです」小太りのボビー・コッチが言った。高卒の二二歳のアイルランド系で、コカイン中毒だが、年収は一二〇万ドル。中西部のどこかに住んでいる裕福な社長さんを電話で叱りとばしている。どのデスクにもグレイのコンピュータ端末が置かれており、画面ではグリーンの文字がリアルタイムの株価を表示しているが、そんなものを見ている者はほとんどいない。誰もが大きな茄子のような黒電話に向かって大汗をかきながら口角泡を飛ばしている。

「決めてください、ビル。さあ、たったいま、この場で！　スティーブ・マデンこそいまやウォール街で最もホットな新規公開株です。何も考える必要などありません！　午後までには吹き上がってしまいますよ！」ボビーは麻薬中毒患者療養施設ハズルデン・クリニックから出てきてまだ二週間だったが、すでに発作は再発しかけていた。アイルランド系らしいがっちりした頭蓋骨から目玉が飛び出さんばかり。午前九時半だというのに、額に滲む汗からコカインの結晶が浮き出ているかのようだ。

髪をオールバックにした逞しい顎と猪首の若手ブローカーも、投資の意志決定に妻を関わらせることの是非を、クライアントに説いて聞かせていた。「女房に話さないとですって？　どうかしてんじゃないスか？」きつすぎるニューヨーク訛りの悪印象は自覚していないようだ。「奥さんは靴を買う時、あなたに相談しますかね？」

その三列後ろでは、茶色いカーリーヘアに少年のようなニキビを浮かべた若手ブローカーが、黒電話を肩と頬の間に挟んだまま仁王立ちしていた。腕を飛行機のように横に突き出している。シャツの腋の下が、汗でじっとりと濡れて染みになっていた。電話口にどなりつける彼の伸ばした腕の長さを、出入りの洋服屋アンソニー・ジルベルトがワイシャツをあつらえるために採寸していた。一日中、社内をうろつき回って、若手ブローカーたちのスーツを一着二〇〇〇ドルで作るのだ。採寸中のブローカーは、腕をいっぱいに広げたまま後ろに伸び上がった。まるで、一〇メートルの背面飛び込みでもしようとしているかのようだった。彼は、思案に暮れたように言った。「ミスター・キルゴア。ご自身のために、一万株ほどお買いになりませんか？　どうかそうしてください。私を困らせないで。このままでは、すぐさまテキサスに飛んであなたの腕をねじ上げなければならなくなってしまう。どうか、私にそんなことをさせないでください」

ニキビ面のブローカーが、洋服を買いながら株を売り込んでいるなんて、何という献身ぶりか！　私のオフィスは、フロアの奥にあった。ブローカーたちがひしめく中を歩いていくと、人の海が割れて道をあける。カウボーイブーツを履いたモーゼになった気分だった。ブローカーたちはみんな、通りがかる私に、この世の天国のご相伴にあずかっている感謝の印にウインクや微笑みを投げかけた。そう、彼らは私の部下だ。希望と愛と助言と指示を求めている。そして私は、彼らよりも一〇倍もクレージーだった。だが、私たちには、一つの資質が共通していた。この狂乱の咆吼に対する愛だ。実際、この興奮はどれだけ聞いても飽き足りない。

「電話に出てちょうだい、電話に。頼むから！」金髪の小柄なセールスアシスタントが叫ぶ。

「一度だけ、お願いしますよ！」

「八ドル五〇で二万株ですね？」

「一〇万株ほど買わないと」

「屋根を突き破る勢いです！」

「スティーブ・マデンこそウォール街の注目株ですってば」

「メリルリンチが何です！　あんなゴキブリ連中、ウチが朝飯にして食ってやりましたよ」

「地元になじみの株屋がいるですって？　ファック！　昨日の『ウォール・ストリート・ジャーナル』読むのに忙しいような連中ですか」

「Bワラント。二万だ。発注頼む」

「そんなクソみたいな価格でいけますかっての！」

「てめえこそファックしな。てめえのあのフォルクスワーゲンもクソの固まりだぜ」

どこもかしこもファックだらけのシットまみれだった。これがウォール街の言葉遣いなのだ。それがこの力強い咆吼の核であり、うなる騒音を突いて耳に飛び込んでくる言葉だ。それが酔わせ、興奮させてくれる！　心から解放され、自分でも信じられないほどの目標をやり遂げさせてくれる。誰もがこんな弾む言葉に心を浮き立たせるが、私はとりわけそうだった。

一〇〇〇人ものブローカーでごった返す営業フロアとはいえ、三〇歳以上はほとんどおらず、大半は二〇代も前半だった。虚栄心の塊で、ヤりたい盛りで、ほとんど匂い立つほどだった。男女比は一〇対一ほどで、誰もが誰もとファックしていた。男たち――いや、少年たち、だ！――の制服はオーダーメイドのスーツに白シャツ、絹のネクタイに金無垢の腕時計。女性は人をなめた超ミニスカートに胸ぐりは大きく開けてよせ上げブラで武装し、細いヒールは高ければ高いほど上等だった。会社の人事規定では厳しく禁止されている服装だったが、経営陣（つまり私）はガンガン推奨していた。

もはや歯止めはきかなくなっており、若いブローカーたちはデスクの下、トイレの個室、ロッカールーム、地下駐車場、そしてもちろんビルのガラス張りのエレベーターの中などで発情した。しまいには、いくらかでも秩序を保つふりをするために、午前八時から午後七時までは館内ファック禁止のメモを回覧するほどだった（バックでナニする男女の棒線画に駐車禁止を示す丸に斜め線の標識をのせたイラスト付き）。ウォール街でも初めての偉業だろう。しかし、効果はまるでなし。

だがそれで良かったし、まったく理にかなっていた。誰もが生き生きした若者だったし、若さを楽しんでいた。いまを楽しめ――それが社訓になり、一〇〇〇人もの若い社員たちの心に燃え盛って、青年期を脱したばかりの敏感な快感中枢を刺激していた。

それに、これほどの成功ぶりに誰がケチをつけられただろう？　稼ぎは、まったく驚くほどだった。新人のブローカーの初年度の収入は二五万ドルがめど。それより少なければ、先行きが怪しい。二年目に五〇万ドルも稼げなければ、無価値な弱虫と思われた。三年も経って一〇〇万ドル稼いでいない奴は、まったくのお笑いぐさだった。そしてこれでも最低額で、稼ぎの良い連中はその三倍はつかみ取っていた。

そして拝金主義は、ブローカー以外にも染み渡っていた。実態はていの良い秘書に過ぎないセールスアシスタントでも、年に一〇万ドルは稼いでいた。代表電話の交換手でさえ年に八万ドル以上も稼いでいた。古き良きゴールドラッシュそのもので、レイク・サクセスはブームタウンだった。若い子供のような社員は、ここをブローカーのディズニーランドと呼び、その誰もがひとたび会社を追い出されたらもう二度とこれだけの大金にはお目にかかれないことを心得ていた。そしてそれが、若い社員たちの胸の奥に巣食う怯えになっていた。この会社の一員になれば、人生を謳歌するのが当たり前だった。派手な車に乗り、話題のレストランで食事し、最高のチップをはずみ、最上級の服を着て、ロングアイランドの高級住宅街ゴールドコーストの大邸宅に住む。もし仕事は始めたばかり、これという財産を持っていなくても、そんな相手にまで貸し込むバカな銀行から高利に目をつぶってたんまりと借金をする。それだけの生活がふさわしいかふさわしくないかは別にして、人生を謳歌し始めるのだ。

タガはすっかり外れ、ニキビも抜けずひげを剃り始めたのも最近という青二才が、豪邸を買い込む始末だった。中には、幼さのあまり両親の住む家の方が気楽で、買った家に移らない者たちさえいた。夏になると温水プール付きのハンプトンの豪邸を借り、大西洋の美しい眺めを楽しんだ。週末になると乱痴気パーティーで羽目を外し、度が過ぎて警察に解散させられるのが常だった。パーティーでは生バンドが演奏し、ＤＪが皿を回し、若い女性社員はトップレスで踊り、ストリッパーやコールガールは来賓扱いで、そのうち欲情した若い社員が素っ裸になって青空の下で、そして納屋で、動物の種付けよろしく一発おっぱじめ、そこに見物客が押し寄せるという騒ぎだった。

だが、それが何だっただろう？　彼らは若さに酔いしれ、強欲に勢いづき、天高く舞い上がっていた。そして彼らのライフスタイルに必要なものを提供してあぶく銭を得る人も日に日に増えていった。彼らに邸宅を売りつける不動産業者もいた。その資金を手当てするローン業者もいたし、その建物をぼったくり価格で飾り付ける内装業者もいた。庭師は庭を整えたし（自分で芝を刈っているところを見られた社員は死刑宣告を受けたも同然だった）、外車ディーラーはポルシェやメルセデスやランボルギーニ（それ以下の車を運転しているところを見られたら恥もいいところだった）を売ったし、最高のレストランで奉仕してくれる給仕長らもいた。ソールド・アウトのロックコンサートやスポーツイベント、ブロードウェイのショーの最前席を売りつけるダフ屋もいた。宝石業者、時計業者、洋服のデザイナー、靴屋、花屋、ケータリング屋、美容師、ペットのグルーマー、マッサージ師、整体師、車のセールスマン、その他様々なニッチ・サービスの担い手（特にコールガールとドラッグの密売人）が白昼の営業フロアに現れては、その場でサービスを提供して若く忙しい社員の手間を省いた。いや、それを言うなら、暮らしの憂いをすっかり拭って、たった一つの活動――電話をかけること――に専念させていた。仕事はそれだけだった。出勤してきて、笑顔を一つ浮かべ、電話をかけ始める。退勤するまで、ずっと電話。そして、気合いが抜ければ、あるいは全米五〇州の企業の社長秘書連中が一日に三〇〇回も耳元で電話を叩き切ってくれることに耐えられなければ、後釜希望者は一〇倍も列を作って待っている。ひとたびやめれば、それっきりだ。

では、生意気な青二才がこれほどまでの金を儲けるために発見した秘密とは、いったい何だったか？　それはおおむね、二つのシンプルな真実だった。まず、アメリカの最富裕層トップ一％は、おおむね退廃的なギャンブラーのような人物で、不利ないかさま博打とわかっていてさえ、さいころを回し続けなければ気が済まない連中だったこと。もう一つは、世間の常識に反して、盛りのついた水牛か、ＬＳＤを二、三発キメたフォレスト・ガンプ並みのＩＱの若い男女に、ウォール街の天才トレーダー風に見せかける演技を仕込むことは可能であることだった。どんなバカな若者にも、話すべき内容を一字一句紙に書いて、一日二回、一年間教え続ければ、そういう話し方を仕込めるのだ。

そしてこの小さな秘密――ただ出勤して命令通りにし、オーナーに忠誠を誓えば金持ちにしてもらえる――がロングアイランド中に広がると、若者たちは先を争って押しかけてきた。当初は五月雨式だったが、あっという間に、堰が切れた。最初はクイーンズやロングアイランドの郊外の中流家庭出身者たちだったが、すぐにニューヨーク市の五つの行政区すべてから人が押し寄せた。気がついたときには全米から若者たちが押しかけてきて、私に仕事を乞うた。ただのガキどもが全米からやってきて、ウォール街の狼に忠誠を誓ったのだ。そしてそれから起きたことは、業界の伝説になっている。

いつものように、私の極私的アシスタントのジャネット（仮名）は、不安げに私の出勤を待っていた。いまも右手の人差し指でとんとんとデスクを叩きながら、「どうして私の一日はクソ上司の気まぐれな出勤時間に翻弄されているのかしら」と言いたげに首をかしげている。それともそれは私の妄想に過ぎず、ただ退屈していただけだったのか。ともあれ、彼女のデスクは、まるでクォーターバックを守るオフェンスのラインマンよろしく私のオフィスの前に陣取っていた。だがそれも当たらずとも遠からずだった。彼女は様々な仕事を担っていたが、その一つは門番だった。私に会いたければ、あるいは電話で話すだけでも、まずはジャネットを通過しなければならなかった。そしてそれは、容易ではなかった。彼女は幼獣を守る雌ライオンのように私を守ったし、強行突破を試みる不心得者には容赦しなかった。

ジャネットは私の姿を見るやいなやにっこりと笑い、私も手短に挨拶をした。彼女は二〇代後半だったが、もう少し年上に見える。ダークブラウンの髪が濃く、肌は透き通るように白く、引き締まった小柄な体型をしていた。美しい青い目には、まるで、年に似合わず悲劇を見過ぎたように、いくぶん悲しげな色が浮かんでいた。おそらく、毎日、死神のような黒ずくめの格好をして職場に現れるのもそのせいだ。今日も例外ではない。

「おはようございます」とジャネットは明るい声に、微かに苛立ちを滲ませて言った。「今日は、ずいぶんゆっくりでしたね？」

私は微笑んだ。実際、葬儀屋のような服装と私の私生活に対する飽くなき好奇心にもかかわらず、彼女の姿を見るのは心安らぐ。彼女は、いわばグウィンのオフィス版だった。私の請求書の支払いであれ、投資口座の管理であれ、スケジュール管理、旅行手配、コールガールへの支払い、ドラッグの密売人とのやりとり、妻につく折々の嘘と、どんなことにもいそいそと取り組んでくれる。そしてひどく有能で、絶対に失敗を犯さない。

生まれはベイサイドだったが、両親とは子供の頃に死別していた。母は良い人だったが、父は母を顧みないクズだった。だから私は、できる限り彼女に愛情を示し、やりがいを持たせてやった。私たちは、互いを守り合っていた。

先月は、彼女のために豪華な結婚式を開いてやり、父親の代わりに誇らしくバージンロードを一緒に歩いた。その日、彼女はヴェラ・ワンの純白のウェディングドレスを着た。支払いは私、選んだのはナディンで、彼女は当日の花嫁のメイクアップにも二時間を費やした（そう、公爵夫人はメイクアップ・アーチスト志望でもあるのだ）。その日のジャネットは、非の打ち所のない美しさだった。

「おはよう」私は気さくに微笑んだ。「今日はフロアの騒音もいい感じだね」

彼女は感情を押し殺した声で言った。「いつも通りの良い響きですが、私の質問にお答えくださっていませんね。今日は、どうしてこんなに遅く？」

やれやれ。ため息がもれた。「ないとは思うが、ナディンから電話でも？」

「ありません。どうかしたのですか？」矢継ぎ早の質問だった。どうやら、おいしいゴシップを嗅ぎつけたようだ。

「何もないよ、ジャネット。昨日は遅くなったので、逆鱗に触れて水を一杯かけられた。それだけだ。いや、実は三杯だったが、どうでもいい。とにかくそれからのことは奇妙奇天烈で言うに堪えないが、彼女に花を送りたいんだ。さもなければ、今日中に三人目の女房を見つけなきゃならなくなる」

「お幾ら分ほど？」彼女はリングで綴じたメモとモンブランのペンを手に言った。

「さあ……三、四〇〇〇ドル分ほどかな。花屋に車に積めるだけ積んで届けてくれと言ってくれ。ユリをたっぷり入れるのを忘れずに。彼女が好きなんだ」

ジャネットは目を細めて唇を突き出した。あたかも、どんなに生臭いことでもすべてを知る権利があるのも私の待遇のうちという暗黙の了解を破る気かと言わんばかりだった。だがプロらしく、ただ「なるほど。まあ、いずれ聞かせてください」と言っただけだった。

私は曖昧にうなずいた。「まあ、いずれね。で、何か聞いておくことは？」

「そうですね、スティーブ・マデンがうろうろしていました。どうやら、ちょっと臆病風に吹かれているようです。先が思いやられるわ」

一気に血管にアドレナリンが駆けめぐった。スティーブ・マデン！　なんてこった。朝っぱらからあれこれてんやわんやで、今日がスティーブ・マデン・シューズの株式公開日であることをすっかり失念していた。実際、二〇〇〇万ドルは売り上げるはずだった。小商いではない。そしてスティーブもこのフロアで、売り込み依頼の手短なスピーチをする予定だ。クレージーな若い社員たちの視線にさらされて、肝っ玉を試されるのは見物だ。

こんなスピーチは、ウォール街の伝統だった。株式の公開などがあると、CEOがなじみのブローカー連中を相手に自社を紹介してみせ、将来がどれほど輝かしいかなどというお決まりのスピーチをする。なあなあと見せかけの友情の陳腐なショーだ。

だがストラットンでは、血を見ることもある。当社の社員は企業の将来などまったく眼中にない。ただ株を売って儲けたいだけなのである。だから、何とかして開口一番に興味を引かないと、あっという間に退屈し、ブーイングや野次を飛ばし始め……挙げ句の果てには、ののしり言葉や悪態が始まる。やがて、講演者に物を投げ始める。手始めは丸めた紙つぶて程度だが、あっという間に食べ物に代わり、腐ったトマトやら囓りかけのチキンレッグやら食べさしのリンゴやらになる。

まさか、スティーブ・マデンにそんなことがあってはならない。第一に、彼は私のナンバー・ツーであるダニー・ポルシの幼なじみだ。第二に、私自身がスティーブの会社の半分以上を所有しており、実質的には自社を株式公開するようなものだった。一六カ月前、スティーブに五〇万ドルの創業資金を出してやり、それによって会社の八五%以上を所有する最大株主になったのだ。二、三カ月後、三五%を五〇万ドルあまりで売って当初資金を回収したので、手元に残る五〇%を売ればすべて利益。こんなうまい儲け話があるだろうか？

　こんなやり方で株式を公開させることこそが、ただでさえ札束の印刷機を持つも同然の当社を、高性能集金マシーンにしていたのだった。そして、仕掛けた会社の株を公開し、営業力にものを言わせることで、私の資産は雪だるま式に増えていった。ウォール街ではマーチャント・バンキングと呼ばれる方法だったが、私にとっては毎月宝くじを当てているようなものだった。

　私はジャネットに言った。「彼なら大丈夫だ。いざとなったら、私が登壇して救い出す。他には何か？」

　ジャネットは肩をすくめた。「お父様がお探しでしたよ。お怒りのようでした」

「くそっ！」父のマックスは当社の事実上のCFO（最高財務責任者）であり、ゲシュタポ主任も自任していた。朝の九時から神経を苛立たせたあげく、手にはストリチナヤ・ウォッカの紙カップ、唇には二〇本目の煙草をくわえて、フロアを練り歩いている。車のトランクにはミッキー・マントルにサインしてもらったルイスビルスラッガーのバットを忍ばせ、愚かにも彼の定位置に駐車したバカなブローカーがいると、その車の「くそ窓」を叩き割る。

「何か言ってたかい？」

「いえ、何にも。私も御用向きを聞いたのですが、犬のように唸るばかりでした。何かに怒っているのは確かですが。察するところ、一一月分のアメリカン・エキスプレスの請求書じゃないでしょうか？」

私は顔をしかめた。「そう思うかい？」たしか、五〇万ドルくらい使ったんだっけ？

「手に請求書を持っていましたが、こんなにぶ厚かったし」ジャネットはうなずきながら、親指と人差し指の間をたっぷり六～七センチは開けた。

「うーん……」と考え始めたところで、何かが視界の端に入った。動いている。何だ、あれ？　私は目を細めてよく見た。何てこった。赤白青のビーチボールがブローカーの頭上を行き来していた。ここは、ローリング・ストーンズを待つスタジアムのアリーナか。

「……こんな日に、あのいまいましい金魚鉢を掃除しているなんて」とジャネットは言った。

「まったく、信じられないわ」

ジャネットの話の語尾だけがようやく耳に入ったので、私は上の空で言った。「ああ、まったくだよ。その通りだ……」

「話を聞いてもいないくせに。心にもない」とジャネットは言った。

まったく、親父以外に、私にそんな口の利き方をする者がいるだろうか？　まあ、妻は例外だろうが、それはたいてい向こうに分があるからだ。そんな毒舌ぶりにもかかわらず、しかし私は、ジャネットを愛していた。「結構だ。もう一度話とやらを聞こうじゃないか」

「あの小僧よ」ジャネットは二〇メートルほど先の席を指していった。「あの子、名前なんて言ったかしら。ロバートとか何とかね。公開株の売り出し日だって言うのに、金魚鉢を掃除していいるわ。ヘンじゃありません？」

ジャネットが指さしていたのは、若い社員……いや、若手の落ちこぼれだった。茶色いぼさぼさ頭にボウタイをしている。金魚鉢をデスクの上に置いているのは、別に驚くことではなかった。ペットの持ち込みは禁止されていない。イグアナ、フェレット、スナネズミ、インコ、カメ、毒蜘蛛、ヘビ、マングース……金に飽かして買えるペットは何でもいた。五〇以上もの単語を覚えているコンゴウインコもいて、株の売り込みの真似をする合間に「てめえでファックしな！」と叫んでいた。おしめとローラースケートを履かせたチンパンジーを連れてきた時には、さすがにやめさせたが。

「ダニーを呼べ」と私は言った。「あのクソガキを見せてやれ」

ジャネットはうなずくと、ダニーを呼びに行った。その間、私はその男を見て啞然としていた。いったい何だってあのダサいボウタイ男はあんなことを？　場中で金魚鉢の掃除だなんて、当社の営業フロアではもってのほかだ！　背徳行為だ。まったく社の倫理規定にもとる。そしてその処罰は……さあ、どうしよう？　まあ、ジュニア・パートナーのダニー・ポルシにまかせよう。問題社員を扱う手際の良さでは、奴の右に出る者はない。実際、彼もそんな仕事に情熱を燃やしていた。ダニーがジャネットを従えてこちらにやってきた。表情が怒りに燃えている。ボウタイ男は、もはや棺桶に片足を踏み入れたも同然だ。近づいてくる彼と視線を交わしながら、まっとうな装いぶりに忍び笑いが漏れた。グレイのピンストライプ・スーツにアイロンの効いた白いドレスシャツ、赤い絹のネクタイに身を包んだ彼を見ると、フロア中のセールスアシスタントと寝ると公言し、その達成を目前にしている男とはとても思えない。

ダニー・ポルシはひどく野蛮なユダヤ人だった。身長一七五センチ、体重七七キロと中肉中背で、容姿はユダヤ系らしくなかった。氷のように冷たい青い目でさえ、ユダヤ人ばなれしている。

そしてそれは、少なくとも彼にとっては、結構なことだった。ユダヤ人の常で、彼もワスプに見間違われたいという願望を秘めており、精いっぱいそれらしく装っていた。歯は漂白とボンディングを繰り返した末、不自然なほど白く光っていたし、鼈甲の伊達メガネ（視力は両眼とも二・〇だった）からつま先飾りを鏡のように磨き上げた特注の黒い革靴に至るまでが、すべてそんな努力の小道具だった。

そして彼は、ぞっとするような過去を持っていた。三四歳という脂の乗りきった年齢にあって、異常心理学の枠にも収まりきれない男だ。おそらく、六年前に出会った時に、気づくべきだったのだろう。前の会社で、ダニーは私の下で証券ブローカーの見習いをしていた。ある春の日、マンハッタンの会計士を訪問するため、彼の車に便乗した。向こうに着くと、ちょっとハーレムでクラックを吸っていこうと言う。そこで彼は、それまで経営していた二社――メッセンジャー・サービスと車椅子の介護サービス――も、結局コカインで棒に振った過去を問わず語りに語った。さらに、実のいとこであるナンシーという女性とも結婚しており、それは彼女がひどくいい女だったからだという話もした。近親交配の危険は考えなかったのかと聞くと、知的障害の子供でもできれば、施設の階段に置き去りにすればいいだけのことだと答えた。

たぶんその時、こんな男とつきあっていれば自分の最悪の側面が引き出されると知るべきだったのだろう。だが代わりに私は、彼に立ち直りの資金を貸し付け、証券ブローカーとして仕込んでやった。一年後、ストラットンを起こした私は、ダニーに少しずつ会社の株を譲り、やがてパートナーにしてやった。これまでの五年間、ダニーは武勲を立て続けた。邪魔者は誰彼なくなぎ倒し、社のナンバー・ツーの地位をもぎ取ったのだ。だが、それでも、とりわけ秘めた狂気にもかかわらず、ダニーはとびきり頭が切れて、狐のようにずるがしこく、フン族のように野蛮で、何よりも犬のように忠実だった。実際、いまや私は、どんな汚れ仕事でも彼を頼るようになっていた。そして彼は、ほとんど想像を絶するほどいそいそとそんな仕事に取りかかるのだった。

ダニーは私に、暖かいハグに両頰へのキスというマフィア風の挨拶をした。それは忠誠と尊敬の証であり、ストラットン・オークモントの営業フロアでは崇められる行為だった。もっとも視界の端には、目玉を回して皮肉な表情を浮かべるジャネットが映っていたが。

ダニーはつぶやいた。「あのガキ、必ずぶっ殺してやります！」

「ああいうのは感心せんな。特に今日は」私は肩をすくめた。「奴にすぐに金魚鉢を捨てに行かなければおっぽり出されるのはお前だと言ってやれ。ま、やり方はまかせるよ」

ジャネットも火に油を注いだ。「まあ、あの男、ボウタイをしているじゃないの！　信じられる？」

「あのクソガキ！」ダニーは尼さんをレイプしたあげくに殺した犯人でも見たかのようだった。「私流に、きっぱりと片をつけてやります」ダニーは肩を怒らせて、くだんのブローカーに近寄り、二言三言言葉を交わした。

ブローカーはすぐに首を横に振った。さらに話すダニー。ブローカーはまた首を横に振る。ダニーは堪忍袋の緒が切れかかり、自ら首を振り始めた。

賢人ジャネットは言った。「何を話しているのかしら？　ああ、『600万ドルの女』のような超人的聴力を持っていればなあ。ねえ、そう思いません？」

私はうんざりしながらうなずいた。「アホ臭くて返事する気にもなれないが、参考までに言うなら、『600万ドルの女』なんてのはない。『600万ドルの男』の女版は『バイオニック・ジェミー』だよ」

ダニーは、ブローカーが左手に持つたも網に手を伸ばし、指先でそれを寄越せと合図した。ブローカーは身体をねじって渡すまいとする。

「あの網をどうするつもりかな？　ああ、そうだ、違いない……」

私が言い終わらないうちに、ダニーはスーツの上着を脱ぐと床に叩きつけ、シャツの袖を肘の上までたくし上げ、前腕をどっぷりと金魚鉢に突っ込んだ。顔に憎悪をたぎらせて、金魚をつかみ取ろうと腕をかき回す。

近くの若いセールスアシスタントたちが席から飛び上がって、罪のない金魚を追いかけ回すダニーをこわごわと遠巻きにした。

「ああ……神様……なんてこと」ジャネットがつぶやいた。「彼、金魚を殺そうとしているわ」

ちょうどその時、ダニーは目を見開き、大きく口を開いた。「捕まえたぞっ！」とでも言っているのだろう。オレンジ色の金魚を握りしめたまま、彼は金魚鉢から手を引き抜いた。

「金魚をつかんでるわっ！」ジャネットが手を口に当てた。

「ああ。だが、あの金魚をどうするつもりかな？」私はちょっと首を傾げてから言った。

「一〇〇対一で一〇〇〇ドル賭けないか？　ダニーはきっと、あの金魚食うつもりだぜ。どう、乗る？」

ジャネットは弾かれたように答えた。「一〇〇対一ですって？　乗ったわ！　するわけないわよ。グロ過ぎるわ。だって……」

言い終わらないうちに、ダニーはデスクの上に乗って、磔にされるイエス・キリストよろしく両腕を伸ばして叫んだ。「新規公開の日にペットなんかとファックしてやがったらどうなるか、よく見ておけ！」さらに彼はちょっと考えてから付け足した。「それに、営業フロアじゃやばかげたボウタイは禁止だ。まったく……クソ食らえ！」

ジャネットの腰が砕けた。「さっきの賭け、たったいまキャンセルするわ！」

「おあいにく様、もう遅いよ！」

「おねがいよ、ずるいわ！」

「それが人生さ、ジャネット」私はこともなげに肩をすくめた。「君だってわかってるだろ」そしてダニーは、大口を開けてオレンジ色の金魚を食道に落とした。一〇〇人ほどのセールスアシスタントが一斉に息をのみ、その一〇倍ほどのブローカーたちが無実の水生生物の処刑人ダニー・ポルシに熱狂的に拍手した。浮かれ騒ぎ立てない者は一人としていなかった。ダニーはブロードウェイのショーよろしく、恭しくお辞儀をしてみせた。それから彼は、デスクから飛び降りてファンにもみくちゃにされた。

私はジャネットににやにやと笑いながら言った。「支払いは気にしなくていいぜ。天引きしておくから」

「嘘でしょ！」彼女は噛みつくように言った。

「いいだろう。じゃ、貸しにしておくよ！」私はにっこり笑ってウインクをした。「さ、花を注文してコーヒー一杯届けてくれよ。仕事、仕事……と」私はにっこり笑って自分のオフィスに入り、ドアを閉めた。もうどんなことでも、受けて立つ準備はできていた。

6　規制当局くそくらえ

それから五分もしないうちに、私はいかにも独裁者風のデスクを前に、王座のような椅子に座っていた。横に向けた椅子から、二人の同席者たちの方を向く。「つまり、ここに小人を連れてきて、投げ飛ばして楽しもうと？」

二人は同時にうなずいた。

詰め物ではち切れそうなくすんだ赤褐色のレザーチェアに腰掛けていたのは、誰あろう、ダニー・ポルシだった。金魚の刺身で腹をこわした様子もない。彼は、思いつきを私に売り込んでいた。五〇〇〇ドル払って小人を呼んできて、ブローカーたちに投げ飛ばさせて遊ばせようというのだ。ロングアイランド初の小人投げ競技には違いない。ばかばかしさの極みだが、思わず興を引かれてしまう。

ダニーは肩をすくめた。「それほどばかげてもいないんです。別にあたり構わず小人を投げ飛ばそうっていうんじゃない。フロアの前にレスリングのマットでも敷いて、マデン株の売上トップ五人のブローカーに、一人二回ずつ投げさせるんです。レスリングマットには的を描いておき、ベルクロ（マジックテープ）を貼っておきます。だから、小人はそこで止まるわけです。イケてるセールスアシスタント二、三人に得点ボードを持たせます。飛び込み競技の審査員が持っているような奴です。投げるフォームの美しさ、距離、難易度とか、そんなクソ基準で採点です」

私はあきれて首を振るばかりだった。「どうやって、いまから小人を探すつもりなんだ」私はダニーの隣に座っているアンディ・グリーンを見やった。「ウチの渉外弁護士として、君はどう思う？　何か、意見はないのか……」

アンディは思慮深そうにうなずいた。適切な法的助言を考えてでもいるようだった。彼は信頼する旧友で、最近、社のファイナンス部門のトップに就任したばかりだった。会社に日に数十件は寄せられる事業計画から、私に報告すべき案件を絞り込むのが仕事だった。要するに、ファイナンス部門は打ち出の小槌だった。新興企業を見つけ出し、株やワラントを新規公開するのだ。

アンディは典型的なストラットン人風の装いをしていた。ジルベルトの高級スーツにワイシャツ、絹のネクタイ、そして、一目でそれとわかるかつらをかぶっていた。社内で「ヅラ男」の異名を奉られているのも、このためだ。

「そうですね」とヅラ男は言った。「問題回避の点では、小人から提訴権放棄の同意書に署名を取っておき、なんらかの免責事項を入れておけば、小人が首の骨を折っても別に当社には何の責任も発生しないと思います。しかし、まっとうな人なら取るようなあらゆる予防措置は講じておかなければなりません。こうした場合、それは明らかに法的要請になるからです……」

このバカ！　別に、小人投げの法的意見を聞きたい訳じゃない。ブローカーたちの士気が上がるかどうか意見が聞きたかっただけだ。だから私は、片目でデスクの両側に置いてあるコンピュータ・モニターの株価表示を眺め、もう片目で床から天井までの一枚ガラスの窓越しにフロアの様子を見た。

ヅラ男とは、小学校以来のつきあいだ。当時の彼は、トウモロコシの穂のように豊かな美しい金髪の持ち主だった。だが、一七歳頃には、櫛を通すのもこわごわというほど薄くなってしまった。

高校生にしてハゲタカ頭になる恐怖に駆られたアンディは、地下室に引きこもり、安物のメキシコ製マリファナを五〇〇〇巻きも吸い、テレビゲームをし、朝、昼、晩と冷凍ピザを食べ、母なる自然が残酷な遊びに飽きてくれるのを待った。

三年後に地下室から出てきた彼は、五〇歳の偏屈なユダヤ人のようになっていた。髪の毛はほんの幾筋か、腹は突き出し、性格は『クマのプーさん』に出てくる悲観的なロバのイーヨーと空が落ちてくる杞憂に悩むチキン・リトルを足して二で割ったようになっていた。その後、大学入試統一試験でのカンニングがばれ、ニューヨーク北部のフレドニアという街に追放される憂き目にも遭った。夏でさえ震えるほど寒いこの最果ての街で、ニューヨーク州立大学フレドニア校に入学。どれだけカリキュラムの厳しい一流大学様か知らないが、卒業は五年半後だった。愚鈍な落ちこぼれを絵に描いたような人生である。その後は南カリフォルニアの得体の知れぬロースクールにどうにか潜り込み、お菓子のおまけ程度の価値しかない学位を取って卒業。

　だが、もちろん投資銀行ストラットン・オークモントでは、そんな些細なことはどうでも良かった。大切なのはコネと忠誠心だ。だから、私という幼なじみの身に降りかかった幸運を風の便りに聞いたヅラ男ことアンドリュー・トッド・グリーンは、私を捜し当て、忠誠を誓い、ボロ儲けの口に群がった。一年あまり前のことである。一応、ロースクールの卒業証書（娘の完璧なお尻を拭くのにも使おうとは思わない紙くずだが）を持っていたので、基本給は五〇万ドルからスタートした。その時以来彼は、この会社での典型的な出世の手段として、立ちはだかる者はすべて足を引っ張り、裏切り、操り、おだて、ゆすり、食物連鎖のトップにたどり着いていた。

　とはいえ、奴はまだ、資金ほしさのあまり出資と引き替えに所有権の大半を譲り渡す新興企業探しという当社の巧妙なファイナンス技術を習得していないので、未だに手離れしなかった。

「……おわかりですか？」

　と、言われて初めて、彼が何か私に訊いたことに気づいたが、小人に関することだというほかには何の話か見当もつかなかったので、黙殺してダニーの方を向いた。「で、こんなに急に、小人をどこから連れてくるんだ？」

　彼は肩をすくめた。「これという確かな当てがあるわけではないのですが、了承をいただければ、まずはリングリング・サーカスにでも電話してみようと思います」

「あるいは、世界プロレス連盟ですかね」と信頼する弁護士が口を挟んだ。

まったく、何というボケなす揃いなのか。思わずため息が漏れる。「いいか、お前たち。小人をなめるんじゃない。連中はクマより強い。ちなみに私も小人は怖い。だから、この話を許可するには、いざ奴らがぶち切れた時にもびしっと仕切れるレフリーも要るな。トランキライザーの注射、手錠、催涙ガスも一缶用意しておけ」

「それに拘束服も」とヅラ男が口を挟んだ。

「電気式の牛追い棒も必要だ」とダニー。

「その通り」私は笑いながら言った。「そして、いくらか硝石のボトルも用意しておけ。小人たちも盛りがついたら、セールスアシスタントの尻を追いかけ回すだろう。チビども、ウサギのようにファックしやがるに違いない」一同がどっと笑った。「だが、真面目な話、これがマスコミにでも漏れたらえらいことになるぞ」

ダニーは肩をすくめた。「どうですかね、まあ、言い訳はあるでしょう。小人にどれだけ仕事の口がありますか。いわば、慈善のようなものですよ」彼はまた肩をすくめてみせた。

「とにかく、別に誰も何も気にしやしません」

その通りだった。実際、当社についての報道なんて、どれもこれもろくなものではなく、いまさら誰も気にしちゃいない。ジョーダン・ベルフォートとワイルドな転向者の取り巻き、ロングアイランドの私製帝国とその片棒担ぎの若造ブローカー、そこでは行動規範などあらばこそ……。マスコミの目には、ストラットンと私はシャム双生児のように、分かちがたい存在のようだった。私が虐待被害児童のための基金に寄付をしたときでさえ、マスコミは難癖をつけ、慈善について一パラグラフを割く一方で、あることないこと三、四ページも書き連ねた。

マスコミのバッシングが始まったのは一九九一年、『フォーブス』の無礼な記者ローラ・カラフが私を「現代版の歪んだロビンフッド——金持ちから金を巻き上げ、自分自身と愉快な取り巻きブローカーたちに投げ銭」と書いた時からだった。ご明察というほかはない。私も当初は怯んだが、やがて過賞に与ったものだと悟った。実際、二八歳の若造で『フォーブス』に書き立てられる者がどれだけいるだろう？　それに、私の気前よさについては、ロビンフッドのたとえももっともだった。この記事が掲載されてからしばらくは、入社志願者が列を作って押しかけたものだ。

実際、私がリンドバーグの赤ん坊の誘拐犯以外の万事で責め立てられたにもかかわらず、社員の士気はますます高く、フロアを「僕らは愉快な取り巻きブローカー！」と連呼して練り歩いた。中にはロビンフッドの部下をまねてタイツを穿いてきた者もいたし、粋なベレー帽をかぶってくる者もいた。果てはロビンフッドに処女を捧げる美女というコンセプトを思いついた者もいたが、どこを探しても——少なくともフロアには——処女が見あたらなかった。

だから、そう、ダニーの言う通り、いまさらマスコミに叩かれても、どうということはないだろう。だが、それにしても小人投げとは？　もっとも、いまはそんなことを話している場合ではない。スティーブ・マデンの株式公開幹事引き受けについてまともな仕事を片づけなければならなかったし、片手に五〇万ドルのアメックスの請求書、もう一方の手に冷えたストリチナヤを持って迫っているに違いない親父のことも何とかしなければならない。

私はヅラ男に言った。「スティーブ・マデンを探して、ちょっとハッパをかけてやれ。スピーチは手短に夢のある話にし、婦人靴への情熱などについて長広舌は厳に慎むように、と。そんなことをだらだらと話し始めたら、ブローカーたちに吊し上げられるぞ」

「了解」とヅラ男は腰を上げながら言った。「ヘボ靴屋に靴の話はさせません」

だがダニーは、まだ彼が部屋にいるうちにヅラをくそみそにけなし始めた。「あの安物のヅラはいったい何です？　まるで死んだリスでも頭に乗せているようだ」

私は肩をすくめた。「せっかくのヘア・クラブ・フォー・メン・スペシャルだ、そう言うな。あいつは生涯、ヅラを手放さないさ。ドライ・クリーニングでもした方が良さそうだがな。とにかく、まじめな仕事の話だ。スティーブ・マデンの一件、まだ例の話が片づいていない。もう時間がないぞ」

「NASDAQが上場を認可したはずでは？」

私は首を横に振った。「上場はできるが、そのためには我々の持ち株分を五％以下にしなければならない。それだけだ。残る持ち株は、取引開始までにスティーブの名義にしなければならない。ということは、午前中に書類に署名する必要がある！　しかもそれは、上場した後にスティーブが我々を裏切らないことを信じることでもある」私はゆっくりと頭を横に振った。「だが、どうもすっきりしない。腹に一物ありそうな気がしてならないんだ。いざとなったらどう出るか、信用できん」

「奴なら大丈夫、信用してください、JB。絶対に裏切りません。古いダチですし、沈黙の《オメル》掟《タ》を誰よりもわきまえた奴です」ダニーはマフィア用語の「沈黙の掟」の意味を、人差し指と親指で唇をひねり上げる仕草で示してみせた。「とにかく、これまでさんざんあいつの面倒を見てやりました。飼い犬に手を噛まれるようなことはありません。スティーブはバカじゃありませんし、私の〝指人形〟としてたんまりと稼げる身分を棒に振るはずがない」

「指人形」とは社内用語で、名目上は株の名義人だが実際には傀儡となる人物のことだ。名義人になること自体は、きちんと税金を支払い、取引そのものが証券取締法を守っていれば、まったく違法ではない。むしろ、ウォール街では広く行なわれていることで、大口の投資家は密かに株を買い集める時によくこの手を使う。どこかの会社の五%を越えて直接保有すればSEC（証券取引委員会）の13D規定によって開示しなければならないが、それまでは誰の名義で企業を所有しようが、完全に合法だった。

　だが、当社の株式名義人の使い方――自社が幹事として上場させる企業の株の大部分を買い付けるやり方――は様々な証券取締法に違反するものだったので、SECは新法で当社の活動にたがをはめようとしていた。だが、現状の証券取締法はスイスチーズよりも穴だらけ。実際、私たちばかりか、ウォール街の誰もがそれにつけ込んでいた。当社はただ、よそよりもあからさまかつ鉄面皮であっただけだ。

私はダニーに言った。「奴がお前の指人形なのはわかるが、金を持った人間を操るのは、言うほど簡単ではない。この点では、お前より経験豊かな私を信用しろ。問題は、これまでのつきあいより、今後にどう気を持たせるかだ。儲けられる間はいい顔をするが、形勢が変わればクソ食らえが人情だ。恩を売られるのは誰だって嫌なものだし、とりわけ親しい友人にはそうだ。だから、いずれ指人形連中は、お前を逆恨みし始める。私もこれまでに、そうやって何人もの友人を失ってきた。お前も、同じ経験をするのは時間の問題だ。とにかく、金で買った友情は長続きはしないし、忠誠心もそうだ。だから、ヅラ男のような旧友が、ここでは何より貴重な存在なんだ。ああいう忠誠心は、金では買えない。わかるか？」

ダニーはうなずいた。「はい。そして、それが私とスティーブの関係です」

私は悲しげにうなずいた。「誤解しないでほしいが、お前とスティーブの関係を見くびるつもりはない。だが、少なくとも八〇〇万ドルが絡む話だ。成り行きによっちゃ、その一〇倍にもなる」私は肩をすくめた。「となれば、誰に今後がわかる？　私だって、未来を映し出す水晶玉はポケットに入っちゃいない。入っているのは、クエイルードが六錠分だ。市場が閉まったら、分けてやるよ」私はすばやく三度、眉を上げてみせた。

ダニーは笑って親指を上げてみせた。「楽しみです」

私はうなずいた。「とにかく、真面目な話、この株は本当に大バケしそうな予感がする。そしてそうなった暁には、当社の持ち株は二〇〇万株。一株一〇〇ドルで二億ドルだ。スティーブ・マデンでなくても、そう聞いて妙な気を起こさない奴がいるか？」

ダニーはうなずいた。「お話はよくわかります。そして、すべておっしゃる通りにします。ですが、スティーブの忠誠心は本物です。唯一の問題は、奴からどうやってそれだけの金を受け取るかです。一度に多額は受け取れないし」

もっともだった。指人形にまつわる問題の一つは、どうやって密かに現金を引き出すかだ。これは言うほど簡単なことではない。特に、一〇〇万ドル単位の金となるといっそうだ。

「方法はある」私は自信ありげに言った。「顧問料を受け取ってもいいしな。だが、一〇〇〇万ドル単位の金となったら、できる限り控えたい手だが、スイスの銀行口座も活用せねばならん。なにしろ、我々が扱っているのはスティーブ・マデン・シューズだけではない。他にも、転がしている玉が一五社もあるんだからな。そして、スティーブを信用できなければ、それらの経営者連中はおよそ赤の他人もいいところだ」

ダニーは言った。「スティーブについて、何か私にできることがあれば、何なりと言ってください。それでも、あいつだけは大丈夫だと言わせてもらいますよ。あいつは、あなたについてはまったく下にも置きません」

スティーブが私について美辞麗句を並べているのは、私もよく知っていた。おそらく、いくらか知りすぎているほどだ。だが、彼が手塩にかけて育てた会社に私が投資をして、その見返りに社の八五％を所有しているのは、冷徹な事実だった。マハトマ・ガンジーの生まれ変わりでもなければ、自分の名を負う会社の大半を牛耳る私を、少なくともいくらかは憎んで当然のところだ。

それに、スティーブについては、他にもダニーに相談できない気になる点があった。ダニーを外して私とサシで話をしたがるそぶりを見せていることだ。ごまをすりたいだけなのだろうが、そうだとすると、これほど的外れな手はなかった。こすっからい本性、そして何より強欲ぶりの馬脚を現しているからだ。だから、私よりも大きく、うまい儲け話をもたらしてくれる相手を見つけたら、奴は裏切るに決まっている。

今のところ、スティーブは私を必要としていた。だがそれは、当社が奴に七〇〇〇万ドル稼がせてやったからでもなければ、ダニーが指人形として三〇〇〇万ドル作らせてやったことも、さらに関係がなかった。それはもう、終わった話だ。これからも私がスティーブを操れるのは、公開後の奴の会社の株価を意のままにできるからだった。私はこの会社の支配的な大株主として株価を思うままに操作できた。スティーブが反旗を翻せば、奴の株券を文字通り紙くずに売り崩してやることもできる。

実際、この切り札こそが、当社の出資を受けた企業経営者の首根っこを押さえつける秘訣だった。そして私も、それを十分に発揮して連中をいいなりにしてきた。すなわち、当社あてに大幅に割安な第三者割り当てをさせて、営業力を駆使して売りさばいて濡れ手に粟の利益を得ていたのだ。

もちろん、この体のいい金融的強請を考えついたのは、私だけではない。実際、ウォール街で最も名のある大手投資銀行、たとえばメリルリンチでもモルガン・スタンレーでもディーン・ウィッターでもソロモン・ブラザーズその他多くの証券会社でも、うまく手駒にならない企業は、良心の呵責のかけらもなく売り崩すだろう。

皮肉なことだ、と思った。何しろ、米国を代表するまともな金融企業とされている会社が、債券市場をつり上げ（ソロモン・ブラザーズ）、カリフォルニア州オレンジ郡を破産させ（メリルリンチ）、おじいちゃんおばあちゃんの年金から三億ドルもの金をむしり取っている（プルデンシャル・ベーチェ）のだから。だが、連中はワスプ連中にぬくぬくと保護されながら、未だに看板を上げ続けていた。

だが、マイクロキャップ投資銀行業務――あるいは、マスコミの好む呼び方でいえばペニー株取引――にいそしむ当ストラットン・オークモントには、そんな保護はなかった。とはいえ、当社が幹事になって新規公開に持ち込む株は、いずれも四ドルから一〇ドル程度で売り出されるので、まったくのペニー株というわけではない。規制当局はこの点をそっくり見落としており、そのためたっぷりと臍を噛むことになった。実際、ＳＥＣの間抜けども――特にいま当社の会議室にこもっている二人――はこのために、私に対して起こした二二〇〇万ドルの訴訟で手も足も出なくなっていた。つまり、当社をペニー株会社として提訴しておきながら、蓋を開けてみれば事実はまったく異なっていた。

ペニー株会社は、全国に無数の支店を持つ事業構造で悪名高い。だからＳＥＣに提訴されると、それだけで現場が動揺して自滅する。しかしストラットンには支社は一つもなかった。そのため、ＳＥＣの提訴を受けた後に営業陣の動揺を抑え込むのも容易だった。そしてペニー株会社は通常、素人投資家を餌食にする。せいぜい数千ドル程度のなけなしの金を、投機的な取引に注ぎ込ませるのだ。一方ストラットンは、全米の最富裕層をターゲットにしており、数百万ドル単位の金を賭けさせていた。SECはペニー株会社を訴えるときに、株式投資には不適格な人々に投機的な株を売りつけているという論法をよく使う。だがそれは、当社には当てはまらなかった。

SECは、こうした事々を吟味せずに当社を提訴した。さらに、ストラットン・オークモントなど悪い評判が広まればそれだけで倒産に追い込めると高をくくっていた。だが社内は動揺しなかったし、SECは提訴後にようやく当社の新規開設口座書類を精査し、顧客は億万長者ばかりだと知るはめになった。

つまり私は、薄暗い中間点を見いだしたのだ。資産などあるやなしやの一般大衆に一ドルにも満たないクズ株を売りつけるのではなく、全米で最も裕福な一%の人々に五ドルの株を組織的に売り込んだのである。ウォール街にはDHブレアという、このアイデアを二〇年以上も温めながら、十分には生かし切っていない会社があった。それでも、同社のオーナーである残忍なユダヤ人J・モートン・デイヴィスは大儲けをし、業界で伝説的存在になっていた。

だが私は、徹頭徹尾この戦略を追い求め、しかも時の追い風を受けた。証券市場はちょうど大暴落から立ち直りつつあった時期だったし、資本市場ではまだ混乱が秩序に勝っていた。NASDAQはそんな時代の落とし子として生まれ、もはやニューヨーク証券取引所の新たな継子ではなくなっていた。高性能パソコンがどんどん普及し、全国に一瞬にしてデジタル・データを届け、物理的にウォール街にいる必要もなくなっていた。それは変化の時であり、激動の時だった。そしてNASDAQの取引総額が増えるに従って、私は若い社員に一日三時間の速習研修を仕込んでいた。投資銀行ストラットン・オークモントは、大暴落の余塵くすぶる中から、生まれたのだ。そして規制当局が変化に気づいたときには、すでに原子爆弾のような営業力で全米に勢力を伸ばしていた。

私はあることを思い出した。「SECのバカどもは今日、なんと言っていた？」

「これといって、何も」とダニーは言った。「これまでもずっと静かなもんです。話すことと言えば、駐車場が高級車でぎっしりだということくらいでね。普通のことですよ」彼は肩をすくめた。「連中、相変わらず何も気づいちゃいません！　まるで当社がいまも開業中であることとさえ、わかっていないようです。いまだに一九九一年の取引記録を調べているんですから」

「ふーむ」と私は思慮深げにあごを撫でながら言った。ダニーの返答は、別に驚くものではなかった。何しろ、会議室の様子は一カ月以上前から盗聴している。SECに対する対敵情報活動にはぬかりはない。そして証券取り締まり当局について私が学んだことは（彼らがまったく人間味のない連中であることを除けば）、組織内の連絡がまったくないことだった。ワシントン本部の連中がスティーブ・マデンの新規株売り出しに許可のサインをしている一方で、ニューヨーク支所の人間は暗中模索で私の会社に出張ってきているのだから。

「会議室の温度は？」私は興味津々で聞いた。

「一五度弱ほどですかね。上着を着込んで震えていますよ」

「ばかもの、ダニー。なんでそんなに暖かいんだ！　言ったろう、凍えさせてマンハッタンに追い返すんだ。私がわざわざクソ冷房屋でも呼んで自分で言い聞かせなきゃならんのか？連中の鼻の穴からつららを垂らしてやれ。これだけ言ってもわからんのか？」

ダニーは笑った。「まあ、まあ、JB。連中を凍らせるのも釜茹でにするのもほしいままです。屋根裏に屋外用の石油ヒーターでも仕込んで、塩の錠剤でも飲まなきゃ死んじまうほど暑くすることだってできるでしょう。でも、連中をそうやって追い出してしまったら、もう盗聴もできなくなりますよ」

私はため息をついて苦笑いした。ダニーの言う通りだった。「なるほど、そうかもしれん。連中は老衰で死なせてやろう。だが、マデンについては、一つ手を打っておきたい。奴に書類に署名させるんだ。あの株は、どれだけ値上がりしようと、売り出し目論見書に何と書いてあろうと、やはり本当は当社のものだと。さらに、奴の名義になっている株券も第三者預託させて、こっちの意のままになるようにしておきたい。預託代理人はヅラ男にしよう。そして、このことはオメルタだ。だからスティーブが反旗を翻さなければ、ともなし、だ」

ダニーはうなずいた。「手配しておきます。しかし何の意味がありますかね。こっちが密約を破ろうとする時には、奴と同じほどこっちにも弱みができる。もともとこっちには膨大な――」私のオフィスは盗聴探索をしたばかりだったが、ダニーは「法律違反があるんですから」という言葉を飲み込んだ。

私は両手を上げて、なだめにかかった。「まあまあ、落ち着け。第一に、この部屋は三〇分前に盗聴器捜索をしたばかりだ。それから仕掛け直したのでもなければ、心配は要らない。それに当社は〝膨大な〟法律違反なんてしちゃいない。せいぜい二、三……まあ、五つくらいか。ま、どちらにせよ、誰にバレる気遣いもない」私は肩をすくめ、驚いたように言った。「とにかく、ダニー。お前がいま言ったことには驚いた。密約契約書は表沙汰にはできないが、役に立つものだ。奴に妙な気を起こさせない強力な抑止策になる」

その時、ジャネットの声がインターコムから聞こえた。「お父様がやってきますよ」

「会議中だと言ってやれ、くそったれ！」ぴしゃりと言ってやる。

ジャネットも負けじと切り返した。「ファック・ユー。自分で言いなさいよ。私は知らないわ！」

何て傲慢な奴だ。厚かましいにもほどがある。だが数秒ほど考えて私の口をついて出たのは、こんな優しい言葉だった。「まあ、そう言うな、ジャネット！　ただ私が重要な会議中だとか、電話会議で中継中だとか、何とか言ってくれればいいだけだ」

「嫌といったら嫌よ」感情のない声が返ってきた。

「ありがとう、ジャネット。君はまったく非の打ち所のないアシスタントだ。二週間後のクリスマス・ボーナスの時には、ぜひ今日のことを覚えておこう。いいね？」

インターコムは沈黙したままだった。何て奴！　私は断固として続けた。「親父はどこまで迫っているんだ？」

「もう五〇メートル切ったわ。すごい勢いよ。額に血管が浮き出ているのが見えるわ。それに煙草も……ああ、二本も同時にくわえてる。まるで火を噴く竜ね」

「心強いよ、ジャネット。まあ、ちょっとでも時間を稼いでくれるかな？　火災報知器でも鳴らしたらどうだ？　その……」その時、ダニーが腰を浮かしかけた。私は片手で制した。

「どこに行くつもりだ！」椅子に人差し指を突きつける。「ちょっと待て、ジャネット。切るなよ」ダニーに向き直る。「ちゃんとそこに座ってろ！」黒いインターコムに向き直り、私は言った。「いいか、ダニー。アメックスの請求書の、少なくとも五、六万ドル分はお前も一緒に使ったものだ。だから、一緒に親父の雷を受けるんだ。枯れ木も山だ」また、インターコムの方を向く。「ジャネット、今すぐケニーを呼べ。奴も道連れだ。それからドアを開けて、フロアのざわめきを聞かせろ」

ケニー・グリーンは古いパートナーで、ダニーとは大違いだった。実際、これほど対照的な二人というのも珍しい。ダニーの方が賢く、意外かもしれないが、ずっと洗練されていた。だがケニーの方がはるかに覇気があり、知識欲や知的向上心が強かった。ところが、知識も知性もまるでなかった。そう、ケニーは抜けていた。とりわけ、大切な会議中に、ひどく的はずれな発言をする天賦の才能を持っていた（だから、私はもう彼を会議に呼ばなかった）。ダニーにとってはもっけの幸いで、折に触れて私にケニーの様々な欠点を言い含めるのだった。ちなみにケニー・グリーンとアンディ・グリーンには、何の血縁もない。

ドアが勢いよく開き、力強い強欲の咆吼が押し寄せてきた。それを私は余すところなく愛した。それが地上最強のドラッグだった。腰痛も、会議室で震え上がっているバカな規制当局者も忘れさせてくれる、最高の刺激だった。

そしてそれは、自ら雄叫びを上げて突進してくる私の実父の狂気よりも、強烈な刺激を与えてくれた。

7　小さなことにくよくよしろ

「お前ら三人がそのにやけたアホ面をすぐさまやめなければ、頭ごと刈り取るぞ！」青い目をマンガのようにひん剝きながら、マッド・マックスは不気味なうなり声を出した。

烈火のごとく怒りながら、ゆっくりと歩き回り始める。右手には、おそらく今日二〇本目にはなるだろう火のついた煙草、左手にはストリチナヤの入った紙カップ。一杯目であればいいが、おそらく二杯目だろう。

彼は不意に足を止めると、検察官よろしくかかとを軸に向きを変え、ダニーを見た。「何のつもりだ、ポルシ。営業フロアのど真ん中で、クソ金魚を飲み込んでみせるなんぞ、お前、思った以上のバカだな。いったいお前のクソ頭はどうなっているんだ」

ダニーは立ち上がって笑みを浮かべると言った。「まあまあ、マックス！　たいしたことじゃありません。あのガキにゃあれがお似合い……」

「黙って座っていろ、ポルシ！　まったく生き恥もいいところだ。家族にとっても面汚しだ。神様、どうか彼の家族にご加護を」マッド・マックスはちょっと間をおいてから言葉を継いだ。「そして、そのにやにやするのもやめろ！　くそったれめ！　お前の牙を見ていると目に悪い！　てかてか光ってサングラスが必要なくらいだ！」

　ダニーは座って、口を閉じた。私は仲間たちと目配せし、笑いをかみ殺した。こんな時に笑みを浮かべても、ろくなことはない。ヅラ男が座っていた椅子に腰掛けるケニー・グリーンを横目で見ると、薄汚れた靴に視線をぴたりと落としたままだ。いかにもウォール街風にシャツの袖をたくし上げ、金無垢のロレックス・プレジデンシャルを剝き出しにしている。公爵夫人に趣味が悪いと言われた私のお下がりだった。だが、ケニーは悪趣味には見えず、かといって切れ者風にも見えなかった。刈り上げたばかりのGIカットのせいで、頭はますます四角く見えた。ブロック頭だ。

　室内には、気まずい沈黙が渦巻いていた。どうやら、私が何とかしなければならないようだ。私は前屈みになって、精いっぱい父が喜びそうな言葉遣いで直言した。「父さん、こんな馬鹿げたこと、もういいでしょう！　これは私の会社だし、私にはきちんと社用費枠というものがある。それに――」

　だが、マッド・マックスは最後まで言わせてくれなかった。「お前たち三人で菓子屋に潜り込んだ悪ガキのようなことをしておいて、私に黙れと言うのか？　物事には限度というものがあるのがわからんのか？　お遊びは底なしか？　正直言って、会社に対するこの馬鹿げたたかり行為には、うんざりだ！」

　そう言うと彼は、黙って私たち三人を見下ろした。まずは、実の息子の私からだ。おそらく、このガキは本当に自分の子なのだろうかと思っているのだろう。彼の視線が外れたのをいいことに横目で盗み見ると、なかなかしゃれた格好をしている。あれこれとうるさい親父だが、ぱりっとしたネイビーブルーの上着、大きく広がった英国風のシャツの襟、きりっとした紺色のネクタイ、黄褐色のギャバジンのズボン、どれもオーダーメイドで糊が効き、三〇年来贔屓にしている中国人の洗濯屋の仕事らしい完璧な仕上げぶりだった。父は何事もきっちり習慣づけるタイプだった。

私たちは、しつけの良い学童よろしく、彼の次の口撃をおとなしくじっと待っていた。だが、まずその前に、煙草を一服吸うはずだ。彼はたっぷり一〇秒はかけながらメリット・ウルトラ・ライトを深く吸い込み、敵を威嚇するフグのように胸を普段の倍も膨らませた。ゆっくりと煙を吐き出すと、胸はいつも通りに戻った。だが肩は相変わらず逞しくいかっており、前のめりな姿勢や白いものの混じった髪とも相まって、身長一六七センチあまりの猛牛のように見えた。

それから彼は、紙カップに入った灼けるような酒を、冷たいエビアンよろしく勢いよく喉に放り込み、頭を振った。「これだけ稼いでおきながら、お前たち三人のばかガキは、まるで明日がないかのような浪費ぶりだ。まったく、見ちゃおれん。いったい何を考えているんだ？　お前たちがこのクソ会社を台無しにするのを、わしが黙って見過ごすとでも思っているのか？　どれほど大勢の生活がかかっているのか、考えたことがあるのか？　会社をどれほど危険にさらしているか、想像したことさえないのか……」

マッド・マックスのお叱りはいかにも彼らしい長広舌だったが、私には馬耳東風だった。

むしろこれほどの罵詈雑言をほとんど即興でまとめあげ、それでいて個々の言葉遣いがひどく詩的であることにうっとりしていた。彼の悪態は、実に美しかった。口の悪いシェイクスピアのようだ。そして罵詈雑言の語彙を競うこの会社では、悪態のつき方がうまいというのは、何よりのほめ言葉だった。だがマッド・マックスのそれは群を抜いており、いまのように本気で罵り出すと、ほとんど耳に快い念仏のようだった。

いまや彼は、うんざりしたように――あるいは信じられないといったように――首を横に振っていた。まあ、たぶん両方だろう。ともあれ、一一月度のアメックスの支払いが四七万ドルで、彼の計算によると、そのうちまともな社用費といえるのはわずか二万ドルだけだという。残りは私用だというのだ。もったいぶって、彼は言った。「お前たち、墓穴を掘っていることに気づかんか？　早晩、国税の監査が入る。誰かがこんな馬鹿げた散財ぶりに歯止めをかけなければ、三人ともどっぷりとクソまみれになるぞ。だからわしが一人ずつヤキを入れてやっているんだ」彼は自ら納得するように首を振った。「こんな請求書、二度と見せてくれるな。それから、お前のクソ給料明細から、四五万ドル差っ引いておくからな！　文句あるか！」

な、なんてことを！　ここは一発、ガツンとねじ込まなければ。「まあ、ちょっと待ってよ、父さん。そりゃないぜ。信じるかどうかは勝手だが、そのうち、かなりの部分はまともな経費だ。落ち着いて聞いてくれるのなら、ちゃんと話すから……」

だが父はまた最後まで言わせず、今度は私を真っ向から攻撃し始めた。「ウォール街の狼だかなんだか知らないが、この狂った若狼め。これが我が息子か！　こいつがわしの一物から生まれたとは嘆かわしい。いったい、どうすりゃこんなバカな息子が生まれるんだ？　まったく、落ちこぼれもいいところだ。どうすれば、八万ドルもする毛皮のコートを二着も買えるんだ？　このアレッサンドロ・ハウス・オブ・ファーとかいうクソ毛皮屋には、ちゃんと電話して確認したぞ。何かの間違いに違いないと思ってな。だが、あのカスどもがなんと言ったか、わかるか？」

私は茶化すように訊いた。「いや、カスども、何て言ったの？」

「お前がまったく同じミンクのコートを二着買ったと言うじゃないか。色もデザインもまったく同じものをだ」そういうと、マッド・マックスは顎を鎖骨の間に埋めて上目遣いに睨みつけた。「女房は一着じゃもの足りんのか？　いや、待て。ははあ、さては二着目はコールガールに買ってやったな？」彼はまた、煙草を深く吸った。「これまでずっと目をつぶってやってきた。貴様まさか、わしがEJエンタテインメントとやらの正体を知らないとでも思っとるのか？」父は目を細めた。「お前ら三人は、会社のクレジットカードでコールガールのケツを追い回しているのか？　だいたいクレジットカードで払えるコールガールなんているのか？」

私たち三人は視線を交わし合ったが、何も言わなかった。そもそも、何を言えばいいのか？　実はコールガールはクレジットカードで払える。少なくとも、当社のカードは受け取ってくれる。実際、コールガールはあまりにも当社のサブカルチャーになじんでいたので、ここでは公開株のように彼女たちを分類していた。「ブルーチップ（本来は米国を代表する大企業株）」といえば、超高級コールガールたちだ。たいていは売れないモデルか、学費や洋服代の支払いに困っているとびきり美人の女子大生で、数千ドルも払えばおよそ何でもしてくれ、何でもさせてくれる。それに次ぐのが、一段低く見られる「ＮＡＳＤＡＱ」ガールたちで、「株価」は三〇〇ドルから五〇〇ドル程度。私のように、たっぷりとチップをはずまなければ、コンドームをさせられる。最も安いのが「店頭取引銘柄」たちだ。夜の街角に立ったり、夜中にエロ雑誌や電話帳の広告に盛りがついて電話してくる男たちに応じるのが仕事だ。たいていは一〇〇ドル以下で、コンドームをしなければ翌日にはペニシリンの注射をし、ナニが腐って落ちないことを祈るばかりだ。

とにかく、ブルーチップはクレジットカードで支払えるし、そうであるなら、税金の控除をして何がいけないのか？　国税だって、それくらい知っていて目こぼししているんじゃないのか？　昼飯を食いながら酔っぱらっていられた古き善き時代、「マティーニ三杯まで」は税金の控除の対象としてちゃんと認められていたじゃないか！　「ＴアンドＥ《トラベル・アンド・エンタテインメント》」という費用項目までであった。それを「おっぱいと尻《ティッツ・アンド・アス》」に拡大解釈しただけのことだ。

金遣いについては、まあ、とにかく私とは考え方が根本的に違うとだけ言っておこう。私はクラップスで五〇万ドルすっても別に構わないし、その場で美人のコールガールに五〇〇ドルのグレーのポーカーチップを投げてやれる。しかし親父は、社用クレジットカードに関して難癖じみたことを言うだけではなかった。なにしろ厳格なのだ。

要するに、この会社の水に合わないのだ。彼は六五歳で、それだけで平均的な社員よりも四〇歳は老けていた。非常に高い教育を受け、公認会計士の資格を持っており、ＩＱは成層圏を突き抜けそうなほど高い。一方で、平均的な社員は教育などあらばこそ、知能は頭蓋骨の中に石が詰まっているのかと思うほどだ。生い立ちも場違いだった。彼が育ったのはブロンクスの古いユダヤ人街で、その日の夕食の当てもたたない大恐慌の余燼さめやらぬ頃。同世代人と同じく、大恐慌時代のメンタリティを育んでいた。リスクを避け、変化には常に抗い、金融に対する深い懐疑心を持ったのだ。そしていま彼が財務を担当する当社の本質は、おりおりの変化に対応することだけ。大株主のオーナーは（ちなみに息子の私だが）生まれついてのリスク・テイカーときている。

私はため息をついて立ち上がり、デスクの端に回ってそこに腰掛け、苛立たしげに腕組みをした。「聞いてくれ、父さん。この会社では、きっと父さんには理解できないことが起きているのだろう。でも、何よりこれは私の金だし、それをどんな馬鹿げたことに使おうが私の勝手だ。実際、私の散財で会社のキャッシュフローが滞りでもしていないのなら、黙って支払い続けてくれればいい。それに、私が父さんを愛していることはわかっているだろうから、下らないクレジットカードの請求書くらいで腹を立ててるのを見て心を痛めているのもわかるだろう。ただの請求書だ。どのみち払わなきゃならないものなんだから、腹を立ててるだけ損じゃないか。今日一日で、当社にはまた二〇〇〇万ドルが転がり込んでくる。五〇万ドルがどうしたって言うんだ？」

ブロック頭が口を挟んだ。「マックス。その請求書には、私が使った分はほとんど含まれちゃいない。だから、立場はあなたと同じはずだ」彼は自信たっぷりにうなずいた。

大変な失言をしたな、と私はほくそ笑んだ。マッド・マックスの相手をする時には、二つの経験則がある。第一に、絶対に責任逃れをしないことだ。第二に、どんなに間接的にであっても、彼の愛息に責任を押しつけてはいけない。父はケニーに向き直った。「私に言わせれば、グリーン。お前が使う額は一セントであれ多すぎる、このカス！　少なくともわしの息子は、この会社を回している金を稼ぎ出している！　お前が何をした？　会社を胸の大きなセールスアシスタントからのセクハラ訴訟に巻き込んだだけだろうが」父はうんざりしたように首を横に振った。「口をつぐんで、せいぜいこんな能なしでもパートナーにしてもらえる幸運が続くよう祈ることだな」

私は取りなすように笑った。「父さん……父さんってば。まあ落ち着いて。いまに心臓発作でも起こすよ。言いたいことはわかるが、別にケニーにも他意はないんだ。僕たちがみんな父さんを愛し、尊敬し、この会社の理性の声として頼っていることもわかっているだろう？　さあ、だからちょっと落ち着いて……」

振り返れば、父はいつも一人でいきり立っていた。毎日が目に見えない敵との戦いの連続だった。初めてそれに気づいたのは、五歳の時だ。父は当時乗っていた一九六三年製の緑色のダッジ・ダートを、まるで人間のように「彼女」と呼んでいた。問題は、彼女のダッシュボードの裏から、原因不明の異音がすることだった。父は、ダッジの工員が嫌がらせでわざと何か仕掛けたのだと思っていた。その雑音は、父にしか聞こえなかった。いや、もう一人いた。母だ。実際には聞こえもしない雑音を聞こえるふりをして、父の感情が爆発しないようガス抜きをしていたのだ。

それだけではない。父が冷蔵庫に向かうだけでも、家族は緊張した。父は牛乳を容器から直接飲む癖があり、その時に牛乳がのど元に一筋でもこぼれると、かんしゃく玉を破裂させた。容器を床に叩きつけて、叫び出すのだ。「まったくこのばかげた容器め、顎から垂れないように牛乳を飲める容器ひとつ設計できないバカがどこにいる！」

そう、もちろん悪いのは、牛乳の容器の方だった。だからマッド・マックスは、異音のするダッシュボードや牛乳のこぼれる容器などの邪悪な不意打ちに満ちた世界から身を守るための、奇妙な習慣を作った。毎朝起き抜けにケントを三本吸い、三〇分間もシャワーを浴び、折りたたみ式カミソリでじっくりとひげを剃り、そのあいだも煙草をくわえ続け、次の煙草に火をつけて流しに置いておく。次に服を着るのだが、まず白いボクサー・ショーツを身につけ、それから黒い膝丈の靴下を履き、エナメル革の靴を履く。そう、ズボン抜きでだ。その格好で、アパートの中を歩き回る。朝食を取り、また何本か煙草を吸い、心ゆくまでじっくりと排便をする。それからゆっくりと髪を整え、ドレスシャツを着用し、ゆっくりとボタンを留め、タイを締め、その間立てていた襟を下ろし、上着を着る。そしていよいよ家を出る間際になってから、ようやくズボンを穿くのだ。どうしてそんなことをするのか皆目わからないが、しかしそんな様子を長年見せられて、私もどこかおかしくなったような気がする。

さらに妙だったのは、出し抜けに電話が鳴るのを毛嫌いすることだった。そう、マッド・マックスは電話の呼び出し音が大嫌いだった。それを思うと、いま一〇〇〇本以上もの電話回線が引き込まれた会社に勤めているのが、とても信じられない。ここでは、彼がオフィスに入る九時きっかりから（もちろん決して遅刻はしない）、退勤時（それがいつかは彼が決めることだが）まで、電話が鳴り止むことはない。

ちっぽけなクイーンズのアパート暮らしはもちろん波瀾含みで、特に電話が鳴り、その上それが彼あてだったときにはいっそうだった。だが彼は意地でも電話に出なかったので、聖なるレアこと母は、電話が鳴った瞬間に陸上選手並みのスピードでダッシュした。呼び出し音が一つでも少ないほど、後で父をなだめるのが楽だとわかっていたからだ。

そして母が「マックス、あなたによ」と言う羽目に陥った気の毒な時には、父は白いボクサー・ショーツひとつで居間の椅子から立ち上がり、台所へと向かいながらつぶやくのだった。「まったく……ふざけたクソ電話め……いまいましい……いったいどこのすっとこどっこいがこのクソ日曜日の午後だっていうのにクソ電話なんかよこしやがる……」

だが、電話にたどり着いたときには、奇妙奇天烈なことが起きる。もう一人の自分に早変わりし、英国貴族風のアクセントで話すマナーも完璧な洗練された紳士になってしまうのだ。父が薄汚いサウス・ブロンクスで生まれ育ち、英国など訪れたことさえないことを思えば、それも奇妙だった。

電話に出たサー・マックスは、「ハロー？　どちら様でしょう？」と言うのだった。唇を心持ちとがらせ、頬に力を入れると、ますます英国貴族風の発音になった。「なるほど、了解いたしました。まったく、結構ですな。それでは、失敬！」そして電話を置くやいなや、彼はマッド・マックスにまた戻ってしまうのだった。「まったく……ふざけたクソ電話め……いまいましい……このクソ日曜日の午後にこのクソ家にクソ電話なんかよこすダチがいるか……」

そんな奇癖にもかかわらず、子供のリトルリーグでにこやかにコーチするのも、誰あろうマッド・マックスだった。日曜日の朝から早起きをして、外で子供たちとキャッチボールをするのもそうだ。アパートの前で自転車の後ろを支えて乗り方を教えてくれたのも、夜には寝室で夜の闇を怖がる私の髪を指で梳いてくれたのも彼だった。学校の児童劇は欠かさずに見に来てくれたし、それをいうなら先生との面談だって、音楽会だって何だってそうだった。いつも大切にしてくれたし、慈しんでくれた。

父は複雑な人物だった。成功に野心を燃やす一方で、性格が仇になってそれを逃してしまう。だいたい、こんなわかりにくい男が、企業社会でうまくやっていけるだろうか？　そんな振る舞いが許されるか？　こんな奇矯な性格のために、いったい何度、仕事を棒に振り、どれほど昇進のチャンスを見逃してきたことか？　そして、マッド・マックスというペルソナのおかげで、いったいどれほど、目の前でぴしゃりとドアを閉ざされてきたことだろう？

だが、ストラットン・オークモントではすべてが違った。ここは、マッド・マックスのペルソナを、何のとがめも受けずに解放できる場所だった。実際、当社の社員にとっては、贅沢三昧の代償に彼の叱責を受けることほど、忠誠心を示すものはなかった。だから、駐車位置を間違えてバットで車のガラスを叩き割られたり、人前で面罵されたりするのは若い社員にとっては通過儀礼のようなもの、名誉の印だった。

つまり、彼にはマッド・マックスとサー・マックスの二面があり、問題はいかにして後者を引き出すかだった。まずは、一対一アプローチを試してみることにした。私はケニーとダニーを見やった。「ちょっと父と二人で話がしたいんだ。外してくれないか？」

もちろん文句のあろうはずもなく、二人は私と父がすぐそばのカウチに到着しないうちに、そそくさと出て行った。父は腰を下ろすとまた煙草に火をつけ、深々と吸った。私は彼の右側にどっかりと腰を下ろし、背もたれに身体を投げかけて、ガラスのテーブルに足を投げ出した。

私は悲しげな笑顔を浮かべて言った。「神に誓って言うよ、父さん。腰痛がひどいんだ。これはわかってもらえないだろう。痛みが、左足に稲妻のように走るんだ。気がおかしくなるほどの痛みなんだ」

父の表情がみるみる和らいだ。どうやら、幸先は良さそうだ。「医者は、なんと言っているんだ？」

うーん、まだ英国風のアクセントは混じっていないな。だが、腰痛がひどいのは事実だったし、話が好転しかけているのは間違いない。「医者？　あんな連中に何がわかる？　手術を受けるたびにひどくなっているのに、気分が悪くなる薬を処方するだけで、痛みなんかどうにもしちゃくれない」私はまた首を横に振った。「まあ、とにかく、心配しないで。ちょっと愚痴っただけさ」コーヒーテーブルから足を下ろし、背もたれにもたれかかって、その上に両腕を伸ばす。「それでさ」と静かに切り出した。「ここで起きている馬鹿げたことが理解できないのはわかるよ。でも信用してほしい。馬鹿げたことなりに僕のやり方だし、特に出費についてはそうなんだ。連中に夢を持たせ続けるには、それも必要なんだよ。それより大切なのは、連中を無一文に保つためにもだ」私はフロアとの間の一枚ガラスを指さした。「連中を見てごらんよ。あれだけ大枚稼いでおきながら、一人残らず破産同然さ！　金を稼いじゃ、僕の暮らしぶりをまねて無一文だ。いつまで経っても追いつけっこないのに。だから、毎年数百万ドルも稼いでおきながら、内証はいつも火の車。父さんの金銭感覚では信じられないだろうが、それが現実なんだ。

ともかく、連中を金欠にしておいた方が、使いやすいんだ。考えてみてほしい。奴ら一人残らず、めいっぱい借金をして車やら家やらボートやら、あれこれがらくたを買い込んでいる。それでいて、給与袋を一度失えば、クソの谷間に真っ逆さまだ。いわば、金の手錠をかけているようなものさ。やろうと思えば、もっと給料を上げることもできる。でもそうなれば、連中はもう僕を必要としなくなる。一方、給料をケチれば恨まれる。だから、僕の言うことをいそいそと聞き、ここの仕事を失うわけにはいかない程度に払うんだ。そうしておけば、連中の首根っこを押さえたも同然さ」

父はじっと私を見たまま、聞き入っていた。「いつか」私はあごで一枚ガラスの方を指した。「すべてが消えてなくなる。僕に対する忠誠心もだ。そしてその時、父さんには社の内幕を何一つ知らずにいてほしい。ときどき僕が父さんを避けるのはそのためだ。信用していないわけでも、尊敬していないわけでもない。父さんの考えをないがしろにしているつもりもないんだ。正反対さ、父さん。隠し事をするのは、僕が父さんを愛しているからだ。すべてが瓦解し始めたときに、尊敬する父さんを守りたいからだ」

サー・マックスは心配そうに言った。「なぜ、そんなことを言うんだね？　なぜ、すべてが瓦解したりするんだ。お前が公開してきた企業は、みんなまっとうな会社ばかりじゃないか」

「そうさ。彼らには関係ない。それに、ウチもよその投資銀行と何一つ違っちゃいないよ。ただもっと派手にうまくやっているから、やり玉に挙げられるだけだ。とにかく、仕事については心配しないで。ただ、ちょっと気がふさいだだけさ。大丈夫だよ、父さん」

その時、ジャネットの声がインターコムから聞こえた。「お邪魔して申し訳ありませんが、アイラ・ソーキン先生や他の弁護士の先生方との電話会議のお時間です。もう先方は電話に出ていますし、時間単位で料金を請求されますよ。待たせますか？　それとも、予定を繰り延べますか？」

電話会議？　そんな予定は入っていないはずだが……？　そうだ、ジャネットの助け船だ。

私は父を見て肩をすくめた。

私と父はハグを交わし、互いに謝罪の言葉を口にした。私はこれからは散財も控えめにすると言ったが、口先だけなのは二人ともわかっていた。とにかく父は、ライオンのように駆け込んできて、羊のように出て行った。いつものことだ。ドアが閉まるのを見送りながら、クリスマスにはジャネットに何かはずんでやらないと、と思った。今朝はぼろくそに言ってくれたが、本当に頼りになる。まったく切れる女だ。

8　ヘボ靴屋

スティーブ・マデンは、余裕たっぷりにフロアの入り口へと向かった。完璧な売り込みのできる自信を漂わせた落ち着きぶりだった。だが部屋の前に着いたときには、その表情は真っ青になっていた。

しかもその格好のみすぼらしいこと。まるで、ウイスキー数杯と飲み屋街への片道切符と引き替えにゴルフクラブまで手放した、打ちっ放しの落ちぶれレッスンプロのようだった。ファッション業界の経営者とはとても思えない。芸術家気取りで珍妙な格好をし、珍妙なドタ靴を持って街中を走り回っては、来シーズンにはこの靴に目の色を変えない娘はいないと言い募るルンペンのようだった。

皺だらけのネイビーブルーのブレザーも、やせぎすの身体に垂れ下がる安物の帆布のようだった。皺の寄ったグレイのTシャツも、白いスリムのリーバイスも同じほどひどく、染みがついていた。

だが、何よりひどかったのは、彼の靴だった。靴デザイナーとして売り出したければ、人前に出るときには靴くらい磨くものだろう。だが、スティーブ・マデンはそうではなかった。

安物の茶革のペニー・ローファーは、一度も磨いたことがなさそうだった。そして薄くなる一方のストロベリー・ブロンドの髪は、下町風に輪ゴムでポニーテールにし、トレードマークのロイヤルブルーの野球帽に隠されていた。

スティーブはメイプルカラーの演説台のマイクにこわごわ手を伸ばし、二、三度ほど咳払いをし、スピーチを始める構えを取った。社員たちは、ほとんど嫌々と言っていいほどゆっくりと電話を切り、椅子にどっかりと腰掛けた。

その時、大きな人影が左側から近寄ってくる気配がした。見ると、体重一八〇キロは下らない巨漢ハウィー・ゲルファンドだった。

「やあ、JB」ハウィーは言った。「もう一声お願いしますよ。マデンをもう一万単位割り当ててほしいんです。どうです?」満面の笑みを浮かべると、彼は頭を傾げて馴れ馴れしく私の肩に手を回した。

私もデブのハウィーは嫌いではない。それをさておいても、もう一万単位割り当てろというのもわからないではない。ストラットンの新規売り出しは、金よりも価値があった。計算してみれば、どんなにおいしい儲けかわかる。売り出し一単位が普通株一株とワラント(新株引受権付社債)二口分で構成されているとする。この二口のワラントをAとBと呼ぶが、いずれも新株を公開した際の売り出し価格を少し上回る程度の価格で株を買える権利である。マデン株の場合は公募価格は一株四ドルに設定されており、Aワラントの行使価格は四ドル五〇セント、Bワラントは五ドルになっている。そして株価が上がれば、それにつれてワラントの値打ちも上がる。だから、実際の含みは、実買株の何倍にもなる。

当社が企業を新規に公開させる際には、四ドルで二〇〇万取引単位を売り出すことが多く、それ自体は必ずしも投機的な価格設定とは言えない。だが、フットボールの競技場ほどの広さの営業フロアを埋め尽くす若手社員が、にこやかに電話をかけまくって、人々の目玉を剔り抜くおかげで、需要はたいてい供給を大幅に上回る。その結果、取引が始まるやいなや、取引価格は二〇ドルかそれ以上にもなる。だから、顧客に一万取引単位を割り当てるというのは、一〇万ドル単位の贈り物をしたも同然なのだ。実際、贈り物そのものと言っていい。だから、顧客にも相当のつきあいが求められる。すなわち、新規公開株を募集価格で一単位割り当てられるたびに、公開後にその株を市場で一〇倍は買い、株価を支えるのである。

「いいだろう」私はつぶやいた。「もう一万単位、割り当てよう。お前はいい奴だし、忠実だからな。とにかく、心臓発作を起こす前に、ちょっと痩せた方がいいぜ」

にっこりと笑ったハウイーは温かい口調で言った。「JB万歳！　JB万歳！」敬礼の真似をする。「あんたは王様だ……狼だ……すべてだ！　どこまでもついて行きますよ！」

「さあ、もういいから行け、ハウイー。部下のガキどもがマデンにブーイングしたり、物を投げたりしないようにちゃんと目を光らせておけ。わかったな？」

ハウイーは数歩退いて、王に拝謁した者が退くように、私に向かって腕を突き出すように敬礼した。

まったくバカなデブだが、売り込みの腕はさすがだった。ここでは古株の社員の一人で、一九歳の頃に雇った。初年度は二五万ドル、今年は一五〇万ドルに届きそうな稼ぎの勢いだったが、住まいは両親と同居だった。

ちょうどその時、マイクの音声が聞こえた。「ああ……失礼します、皆さん。念のために自己紹介まで。スティーブ・マデンです。私は社長として……」

「んなこたぁ、わかってるよ！」

「好きだぜ、そのクソ野球帽！」

「タイム・イズ・マネーだ。要点を言えよ！」

やがて舌打ちやらブーイングやら野次やらが始まった。

スティーブが救いを求めるように私を見た。口を微かに開き、目は皿のようだった。私はトレーダーたちに向かって両手を広げ、二、三度、抑える仕草をした。場内が静まりかえった。

スティーブはうなずいて、深呼吸をした。「まず、少しばかり自分と靴業界での来歴についてお話ししたいと思います。それから、当社の輝かしい今後の計画についてです。私は一六歳の時に靴屋で働き始めました。倉庫の掃除が初仕事でした。仲間たちが女の子の尻を追いかけ回しているとき、私は婦人靴について学んでいました。朝から晩まで靴の仕事漬けでした……」

また罵声が飛んだ。「マイクが遠すぎて聞こえないよ！　もっと口元に！」

スティーブはマイクを動かした。「……すみません。とにかく、このように私はずっと靴店で、倉庫係でした。最初に職を得たのはシーダーハーストのジルドー・シューズという店で、倉庫係でした。それからセールスマンになり、まだ青二才のうちに、婦人靴と恋に落ちてしまったのです。おわかりでしょう、私は正真正銘……」

彼は一〇代の初め頃からどんなに婦人靴の仕事が好きだったかについて、微に入り細をうがって語り始めた。何かのきっかけで婦人靴のデザインの無限の可能性に魅せられてしまったという。ヒール、ストラップ、フラップ、バックル、生地、飾り金具……様々な要素の組み合わせで、デザインが無限に展開できる喜びに夢中になったという。あげくに、婦人靴を愛撫し、その甲に指を這わせるのが無上の喜びだとさえいう。

フロアを見回すと、トレーダーたちはみんな唖然としていた。普段はいくらか礼儀を保っているセールスアシスタントたちまでもが、首を傾げて困惑している。中には、目を回してあきれている者たちもいた。

そして突然、彼らの攻撃が始まった。

「この気色の悪いホモ野郎！」

「ビョーキだぜ、お前！」

「気持ち悪い！　勝手にやってろ！」

ブーイングや罵詈雑言がつのり、足踏みまで始まった。もっと激しい第二次攻撃の明らかな予兆だった。

ダニーが首を振った。「まったく、こいつが幼なじみとは、こっちが恥ずかしいぜ！」

私もうなずいた。「まあ、奴も少なくとも持ち株を第三者預託することには同意したんだ。今日、契約書を用意しておかなかったのはこっちも不覚だったが、仕方がない。とにかくあいつ、この与太話をやめないと、八つ裂きにされるぞ」私は首を振った。「しかし、さっき話したときは大丈夫そうだったのに。いい会社を持ってるんだから、それをちゃんと伝えたらいい。まあ、お前の幼なじみかなんか知らんが、あいつ、まったくどうかしているな！」

ダニーが感情のない声で言った。「あいつはいつでもそうでした。小中学校の頃からです」

私は肩をすくめた。「まあ、なんでもいいけどな。あと一分やらせてから救済してやるか」

その時、スティーブは私たちの方に救いを求める視線を向けた。額には、玉の汗を浮かべていた。胸元にも、小さな汗の染みが浮き出ている。私は手首をぐるぐるまわして、「巻き」を合図し、「今後の事業計画を聞かせてくれ！」と叫んだ。

彼はうなずいた。「さて、それではスティーブ・マデン・シューズの起こりと、当社の明るい未来について、お話ししたいと思います！」そう聞いて目玉を回したり首を振る者もいくらかいたが、幸いにも暴動には至らなかった。

スティーブは、また話し始めた。「会社は、一〇〇〇ドルと一足の靴を元手に始めました。マリリンという靴です」ああ、もう、まったく！「いわば、木靴の西洋版のようなものです。素晴らしい靴でした。私の最高傑作とは言いませんが、それでも良い靴には違いありません。とにかく、ツケで五〇〇足その靴を作ってもらい、車のトランクに積み込んで、片っ端から靴屋に売って回りました。あの靴をどう説明すればわかってもらえるでしょうね……？　そう、底が分厚くてつま先が開いているけれど、トップは……まあ、それはいいでしょう。要するに、本当にファンキーな靴だったってことです。それが、当社のトレードマークです。スティーブ・マデン・シューズは、ファンキーな靴なのです。

とにかく、会社を大成功に導いてくれた靴は、マリー・ルーという名のモデルでした。これは、まったく普通の靴ではないのです！」まったく、何というイカレ野郎なんだ！「それは、はるかに時代を先取りした靴でした……はるかにです！」スティーブは「いや、マジで」と言わんばかりに、手を空中で振り、さらに話し続けた。「とにかく、どんな靴だったか、ちょっとお話しさせてください。この点が重要だからです。本来マリー・ジェーンという靴があったのですが、それのエナメル革版です。足首のストラップは細めで、つま先がぽっこりと膨れあがっている点が特徴です。女性の方なら、どんなものか、ありありと目に浮かぶでしょう？　つまり、本当にイケてる靴だってことです」彼は賛同の合いの手を待ったが、セールスアシスタントたちはただ首を振るばかりだった。場内を不気味な沈黙が支配する。カンザスの田舎町をトルネードが襲う直前の静けさのようだ。

視界の隅に、紙飛行機がどこへともなくすうっと飛んでいくのが見えた。少なくとも、スティーブに向けて、直接ものを投げつけたわけではない。良かった！　まだ間に合う。私はダニーに言った。「みんな、しびれを切らしかけている。そろそろ私の出番かな？」

取り上げた。

「あなたが行かなきゃ、私が行きます。まったく、むかむかする！」

「いいだろう、私が行こう」私はまっすぐスティーブの方へと向かった。

私が登壇したとき、彼はまだマリー・ルーの話をしていた。これが高校のダンス会にどんなにうってつけで、値段も手頃で、長持ちする靴かを力説しているところで、私がマイクを取り上げた。

彼は話に夢中で、何が起きたのか、わかっていなかった。自分のデザインした靴の話に夢中になるあまり、額の汗も引いていた。実際、興に乗って吊し上げ直前であることにまったく気づいていなかった。

彼は私に小声で言った。「何をするんです？　みんな、私の話を楽しんでいるのに。さあ、下がって。私がうまくフォローしますから」

私は目を細めた。「すっこんでろ、スティーブ。連中、お前さんにトマトを投げつけようとしているところだ。お前の目は節穴か？　ドタ靴の話なんぞ、誰も聞いちゃいない。ただお前の株を売りまくって、金儲けしたいだけだ。さあ、ダニーの所に行って、一休みしてろ。さもなきゃ、連中にその野球帽をはぎ取られ、残りわずかな毛まで抜かれるぞ！」

スティーブはとうとう抵抗をやめ、舞台から降りていった。私が右手を挙げて一同を制すると、場内は静まりかえった。私はマイクを口に、ちょっと皮肉な調子でいった。「さて、みんな。スティーブ・マデンと彼の素晴らしい靴に大きな拍手を。何しろ、マリーだかいう靴の話を聞いただけで、顧客に電話したくてうずうずしたほどだ。だから、みんな、いいか。

セールスアシスタントもだ。みんなスティーブ・マデンと彼のかわいらしい靴、マリー・ルーに大きな拍手を！」私はマイクを腋に挟むと、手を叩き始めた。

フロアから、嵐のような咆吼が湧き上がった。社員全員が、手を叩き、足を踏みならし、大声を上げて狂乱した。私はまたマイクを宙に差し向けて静聴を促したが、今度ばかりは、おいそれと騒ぎは収まらなかった。

ようやく会場が静まったところで、私は「ＯＫ」と切り出した。「みんな気が済んだことと思うが、ここで、どうしてスティーブがああも変わっているか、話しておきたい。それには、わけがある。とにかく、彼は創造的天才なんだ。それなら、どこかしらおかしくて当然だろ。彼自身のためにも、狂気の天才デザイナーのイメージが必要だ」

私は自信ありげにうなずきながら、曲がりなりにも筋が通っているかどうか、我ながら不安になった。「だが、みんな、よく聞いてほしい。スティーブが神に授かった才能は、靴の流行をあれこれ捕らえるだけじゃない。本当の実力は、他のどんな靴デザイナーにも欠けているものだ。それは、彼自らが、流行を作り出すタイプのデザイナーであることだ。

実際に流行の方向性を決め、それを実現していくことがどんなに希有な能力か、わかるか？　そんな人間は、一〇年に一人出るかどうかだ！　そして彼らこそが、有名ブランドに名を残すのだ。ココ・シャネルしかり、イブ・サンローランしかり、ベルサーチしかり、アルマーニやダナ・キャランしかり、だ。そんな人間は、決して多くない」

私は、マイクを持ったままフロアに降り、要点を強調する説教師のように声を下げた。

「そして彼のような人間を戴くことこそ、会社の果てしない急成長に必要なのだ。これは、どれだけ強調してもしきれない！　これこそ、私たちがずっと待っていた会社だ！　これこそ、ストラットンを新たなる高みへと押し上げる企業なんだ。これこそ当社が……」

私は波に乗っていた。そして、夢中で話しながらも、頭の中ではソロバンを弾いていた。いま手をかけようとしている二〇〇〇万ドルの姿がちらついた。見込みは手堅かった。売り出す二〇〇万単位のうち、一〇〇万ドルは指人形が持つ。私はそれを一株あたり五、六ドル程度で買い取り、自社の自己勘定売買口座に入れる。それから自社の営業力にものを言わせて、株価を二〇ドル程度にまで押し上げる。それだけで一四〇〇万から一五〇〇万ドルの含みになる。だが実際、株価を二〇ドル近辺にまで押し上げるのに、自ら手を汚す必要もない。ウォール街が、いそいそと汚れ仕事を引き受けてくれるからだ。当社の顧客がいずれその株を高値で買うとわかっている他の証券会社は、いそいそと株価を押し上げる。業界の黒幕数人に話を漏らしておけばいいだけだ（既に仕込んである）。ストラットンがスティーブ・マデンを二〇ドルで買い戻すつもりであることはウォール街の噂になっており、他社はうずうずしながら売り出しを待っていた。信じられないことに、これほどぼろい儲けが、何の犯罪にもならないのだ！　たしかに指人形を使っている点は必ずしも公明正大とは言えないが、尻尾を捕まれる気遣いはない。資本主義の暴走とは、我々にとって褒め言葉だった。

「……成層圏までロケットよろしく飛び抜けていくために必要な会社なんだ！　株価がどこまで上がるか、わかったものじゃない。二〇ドル？　三〇ドル？　仮にそうなら、大バーゲンだ。実際、スティーブ・マデン・シューズの真価には、較べるべくもないのだから。目をしばたいている間に、五、六〇ドルになってもおかしくないんだ！　遠い将来の話ではない。たったいま、この瞬間の話をしているんだ！

聞いてくれ、みんな。スティーブ・マデン・シューズは、婦人靴業界上げてのホットな株だ。いまこの瞬間も、注文は屋根を突き破らんばかりだ。全米のすべての百貨店――メイシーズ、ブルーミングデール、ノードストローム、ディラード――どこでも、品切れ続出だ。あまりに流行りすぎて、入荷するそばから売れていってしまう！

みんな、このフロアで、これから幾ら稼ごうとしているか、わかっているか？　この株を買うことで、君たちの顧客がいくら儲けるか、わかっているか？

忘れないでほしい。君たち証券ブローカーは、顧客に義務を託されている。それは、私のこのスピーチが終わった瞬間に電話に飛びついて、何が何でも、必要とあらば彼らの目玉を刳り抜いてでも、最後の一セントまではたきださせて、スティーブ・マデン・シューズを買わせる義務だ！　君たちがこの点を理解していることを心から祈る。なぜなら、もうこれだけ言ってもわからなければ、私と君たちとの間には、深刻な問題が発生しかねないということだからだ。

君たちには義務がある！　自分の顧客への義務だ！　この会社への義務だ！　そして、自分自身への義務だ！　いいか！　今すぐこの株を客の喉にぎゅうぎゅう押し込み、連中に〝二万株もらおう〟と言わせるまでのど元を締め上げろ！　なぜなら、彼らがはたく一ドル一セントまでが、大きな利益になって彼らの元に返ってくるのだから！ スティーブ・マデン・シューズの輝かしい将来は、どれだけ語っても語りきれない。ファンダメンタルズも申し分なしだ。新店開店予定、調達コストの競争力、人気があるから宣伝料もほとんどかからず、大規模流通からはロイヤリティを支払ってでも入荷してほしいと注文が殺到していること……だが、とどのつまり、そんなことはどうでもいい！ 君たちの顧客が何より気にするのは、この株が上がるということだ。それだけだ！」

私はちょっとテンポを落として話し続けた。「いいか、君たち。やりたいのはやまやまだが、私が電話を取って君たちの顧客に電話をするわけにはいかない。それができるのは、君たちだけだ。結局はそれに尽きる。行動だ。行動だ。行動が伴わなければ、世界最高のアイデアだって、ただの企画倒れだ」

私は深く息を吸って、さらに言った。「これを見ろ」私は目の前のデスクに載る電話を指さした。「この小さな黒い素晴らしい発明を見るんだ。そう、電話だ。わかるか？ で・ん・わ、だ。さて、諸君。この電話という奴は、自分で勝手に番号を回しはしない。そう、その通り。君たちが自分で行動しない限り、これらはただのプラスチックの塊に過ぎない。まるで熟練した海兵隊員を待つ装塡済みのM16のようなものだ。M16を殺傷兵器に変えるのは、訓練された海兵隊員、筋金入りの殺し屋たちだけだ。そしてこの電話に命を吹き込むのは、君たちだ。訓練を受けた、売り込みのプロ、ストラットン社員諸君の行動だ。相手の注文以外は何も受け付けない、相手が買うか死なない限り電話を切ろうとしないプロだ。電話が通じるたびに取引が成立し、それを担っているのは自分だと心得るプロだけだ。君は、その売れる電話の掛け手か？　会話を主導できる売り込み技術を持ち、意欲があり、根性があり、とどのつまり注文が取れるプロか？　それとも、説き伏せるのは顧客の方か？　タイミングが悪い、女房や事業パートナーと相談しなくちゃ、いやいやサンタクロースと相談だ、おとぎ話の妖精に話を聞かなくちゃと言って、君たちを撃退する顧客の方が一枚上手か？」

　私は目を回してうんざりしたように首を振った。「死んでも忘れるな。君たちの目の前に置いてある電話は、殺傷兵器であることを。そしてやる気のある当社社員にとってそれは、金を刷る印刷機でもあることを。そして何より、これさえあれば相手と対等に渡りあえることを！」私は最後のせりふをフロアに響き渡らせた。「君たちがしなければいけないことはただ、電話を取って、私が教えた通りに話すことだけだ。それだけで、全米のどんな強力なＣＥＯたちとも、対等に渡り合えるのだ。君たちがハーバード出だろうが、ヘルズ・キッチンの卑しい通りの出身だろうが、私は気にしない。この小さな黒電話があれば、誰だって何でもできるからだ。

　電話は金だ。君たちがどれだけ悩みを抱えていようが、私にはどうでもいい。どんな悩みや問題も、金で解決できるからだ。そう、その通り。金は人類が発明した、唯一最大の問題解決器なのだ。そうでないという奴は、クソでも食らえ。実際、私はそんなことを言うくそったれは、びた一文持っていない奴だと断言する」私は手を挙げてボーイスカウトの誓いのポーズを取り、決然と言った。「馬鹿げたことを言い出す奴らは、いつもそんな連中だ。金が腐敗を呼ぶ？　邪悪の元凶になる？　まったく、おめでたい！　金を持っていることは素晴らしいことだ！　そして、是が非でも金持ちにならなければならない！

いいか、みんな。清貧などというものはない。私にも金がある時期とない時期があった。どっちがいいかといえば、金がある方だ。少なくとも、私は問題に取り組むときには、リッチな男として二〇〇〇ドルのスーツに身を包み、二万ドルの金時計をはめ、ストレッチ・リムジンに乗って出かけられる。そしてどんな問題を解決するにも、そんな格好ならずっと簡単になるものだ」

私は、肩をすくめてみせた。「とにかく、もし私をクレージーだとか、同意できないと思う者がいれば、今すぐここから出て行ってくれ！　その通り、このフロアを後にして、マクドナルドでハンバーガーでもひっくり返してろ！　そんな奴には、それがお似合いだからだ！　マクドナルドが雇ってくれなきゃ、バーガーキングに行け！

だがこの勝者でいっぱいの部屋を後にする前に、隣にいる者をよく目に焼きつけておけ。なぜなら、そう遠くない将来、君たちがぼろぼろのフォード・ピントを赤信号で停めたとき、隣にぴかぴかのポルシェが停まる。若く美しい妻を隣に乗せてハンドルを握っているのは、彼だからだ。そして君の隣に座っているのは誰だ？　醜い化け物だ。三日も顔を剃っていない袖無しのムームーやホームドレスを着た化け物。きっと車のトランクには、ディスカウント量販店で買い込んだ安物食料品がぎっしりだろう！」

その時、私は動揺の色をありありと浮かべている社員にぴたりと視線を据えた。「嘘だと思っているのか？　ふん、そんなのはまだ序の口だ。もしちゃんとやっていきたければ、これからも自尊心を保っていきたければ、今すぐ金持ちになることだ。大企業に生涯勤めて企業年金もらって生涯安泰なんて日々は、もはや古代史だ！　いざとなったら社会保障費で何とかしてもらえると思っているのなら、頭を冷やせ。現在のインフレ率なら、公的年金など薄汚い養老院の成人用おむつ代がせいぜいだ。そこでは、体重一四〇キロ弱のひげを生やしたジャマイカ人のばあさんがスープをストローで飲ませてくれるだろう。そして機嫌が悪けりゃ、ひっぱたかれるんだ。

だから、しっかり私の話を聞いておけ。いま抱えている問題は何だ？　クレジットカードの支払いが追いつかない？　いいだろう。電話を取って、ダイヤルしろ。

ふん、大家に追い出されそうだって？　それが悩みなのか？　いいだろう。電話を取って、ダイヤルしろ。

何？　彼女との間がちょっとだって？　君が負け犬だからって、見捨てられそう？　いいだろう。電話を取って、ダイヤルしろ。

どんな悩みであれ、金で解決しろ！　自分の悩み事に、正面からぶつかれ！　今すぐあれこれと金を使いまくれ！　自分を追いつめろ。背水の陣を敷け！　成功以外に道がないところまで、自分を追いつめろ！　失敗したら手のつけようもないほどの状況に身を追い込んで、必死になって成功しろ！

だから、私は口を酸っぱくして言うんだ！　らしく振るまえ！　態度が人を作るのだ！

金持ちらしく行動すれば、絶対に金持ちになれる！　誰よりも自信を漂わせていれば、人々は君の助言に従うようになる。大成功しているように振る舞えば、そしていまここに立つ私のように行動すれば、君はきっと成功する！

さあ、後一時間もしないうちにマデン株の売り出しが始まる。だから今すぐ、クソ電話にしがみついて、顧客全員に電話を掛けまくれ！　容赦するな！　獰猛に襲いかかれ！　闘牛のように勇み立て！　電話テロリストになるんだ！　私の言った通りにすれば、数時間後には、いまより一〇〇〇倍も私に感謝するようになる。その時には、君たちの顧客全員が儲けているんだ！」

私は万雷の拍手の中、センターステージを降りた。社員はすでに、我先に電話を手に取り、私の言った通り、顧客の目玉を刳り抜いていた。

9　プロージブル・ディナイアビリティ

午後一時、ＮＡＳＤ（全米証券業者協会）の秀英たちは、スティーブ・マデン・シューズをＳＨＯＯ（シューと読む）のシンボルでＮＡＳＤＡＱに登録した。なんてかわいらしく、ぴったりな登録名だろう。

そして、長年の馬鹿げた責任逃れの慣行に則って、初値の設定を「ウォール街の狼」と呼ばれるこの私に委ねた。それはＮＡＳＤの愚にもつかない取り決めの一つで、つまり、ＮＡＳＤＡＱで新規上場される株は、当社がらみであろうとなかろうと、すべて何らかの価格操作がされているということだった。

いったいなぜＮＡＳＤはこんなに顧客そっちのけの馬鹿げた取引規制ばかり作るのかと、私もさんざん頭をひねった。私なりに出した結論は、ＮＡＳＤは、当の証券会社たちが持つ自主規制団体だからだ、というものだった（実際、ストラットン・オークモントもその会員だった）。

要するに、ＮＡＳＤの唯一の目的は、顧客の側に立っているように見せかけることだ。その実、その努力さえろくすっぽしようとしない。ＮＡＳＤの活動はせいぜいおためごかしで、監督官庁であるSECの逆鱗に触れない程度にお茶を濁していれば、それでいいのだ。

だから、公開株の初値も需給の自然な成り行きで寄りつかせれば良いものを、筆頭証券引受業者に決定権を委ねており、この場合それは私だった。つまり私は、どんなに気まぐれで手前勝手な価格であれ、好きな価格で初値を決められた。だから、思う存分、気まぐれで手前勝手な価格をつけることにし、一単位五・五ドルからにした。それは貴重な権利だった。なぜなら、取引開始直後に、この価格で指人形たちから一〇〇万単位を買い戻し、ボロ儲けの準備ができるからだ。指人形たちにしたら、もう少し値上がりしてから売り戻したいだろうが、そうは問屋が卸さない。初値で買い戻すことは密約だった（規制上は、もちろん厳禁されている）。指人形たちだって、公募価格一単位あたり四ドルとの差額の一・五ドルを、何のリスクもなければ、取引手数料もかからずに手に入れられる。そしてこれからも甘い汁を吸いたければ、黙って私の筋書き通りにし、万が一にも規制当局からどうしてそんなに安く当社に売り渡したのかと尋ねられたら、とにかくしらを切り通す。

この筋書きなら、どこを突かれても大丈夫だった。取引開始とともに指人形から五・五ドルで株を買い戻してわずか三分後の午後一時三分、ウォール街はスティーブ・マデン株を、すでに一八ドルにまで吹き上げていた。すなわち、一二五〇万ドルの含みを得たのだ。一二五〇万ドルを、わずか三分で。さらに投資銀行手数料として一〇〇万ドルかそこら稼げるし、二、三日後には、やはり指人形の手の内にあるつなぎ融資分を買い戻して、もう三、四〇〇万ドルほど手に入る。指人形とは、何とおいしい存在か！　そして最大の指人形は、スティーブ自身だった。NASDAQが上場条件として、私に強制的に手放させた分の一二〇万株を持っているからだ。現在の単位価格一八ドルで考えれば、一単位は普通株一株と二株分のワラントで構成されているから、実際の一株分の株価は八ドルになる。すなわち、スティーブが私のために「預かって」いる株は、約一〇〇〇万ドルの価値があるのだ！　またしても、ウォール街の狼してやったりの図だった。

この過大評価価格の株を顧客に売りつけるのは、私の部下たちだった。彼らが、すべての株を顧客に売りつけるのだ。新規公開株一〇〇万単位分、指人形たちから買い戻して当社が自己売買する分の一〇〇万単位分、そして数日後に指人形たちから買い戻すつなぎ融資分、さらには株価を一八ドルにまで引き上げてくれた全証券会社から当社が（協力の見返りとして）買い戻すすべての株も、結局は当社のブローカーたちが顧客に売りつける。他の証券会社も、惜しみ惜しみ当社に高値で買い戻させ、甘い汁を吸うことだろう。それやこれやで、今日中に三〇〇〇万ドル分のスティーブ・マデン株を売り上げる必要があった。それだけ売れば、八方丸く収まる上に、ストラットンの自己勘定売買の宿敵である空売り屋連中の攻撃も余裕で踏み上げてやれる。空売り屋は、借り株を大量に売って暴落させてから、安く買い戻して借り株とその手数料を精算し、利ざやを稼ぐ。だが、こっちが顧客に株を買わせまくって株価を引き上げれば、結局は売った借り株を高値で買い戻さなければならず、逆ざやを食わされることになるのだ。そして、三〇〇〇万ドル分の売りさばきなど、私の愉快な取り巻きブローカーたちにとっては、ものの数でもなかった。特に、今朝の演説で芯から奮い立っているとあれば、いっそうである。

私はいま、社のトレーディング・ルームでヘッド・トレーダーのスティーヴ・サンダースの肩越しに取引の模様を監視していた。片目でスティーヴの前に置いてあるコンピュータのスクリーンを見て、もう片目でガラス越しに営業フロアの様子を眺める。ブローカーたちは、半狂乱で電話に向かって怒鳴りながら株を売りまくっていた。数秒ごとに、たっぷりしたブロンド髪に襟ぐりの大きく開いたセールスアシスタントたちがガラス窓に駆け寄ってきて、おっぱいを押しつけんばかりにして注文票の束をその下の穴に突っ込む。すると四人の注文係が我先に駆け寄り、注文をコンピュータに入力していく。その結果がスティーヴの目の前のコンピュータ・スクリーン上の数字になって点滅し、彼が実際に時価で買い注文を出すのだ。

私はスティーヴの目の前で点滅する画面を見ながら、密かな喜びを嚙みしめていた。壁一枚隔てた会議室で震えている二人のSECのバカ職員が、昔の取引記録をひっくり返しながら怪しげな取引の痕跡を探している目と鼻の先で、バズーカ砲をガンガンぶっ放してやるのは胸のすく思いだった。盗聴した会話から察するに、連中は凍死対策に大わらわで、フロアの大攻撃には気づいてさえいない様子だった。

いまや、マデン株の狂騒曲には、五〇社もの証券会社が関わっていた。だが、そのすべてに共通していたのは、後場の引けまでにストラットン・オークモントにマデン株をそっくり、最高値で売り戻すつもりであることだった。そして実際に買っているのが他社である以上、

SECは私が株価を一八ドルに吊り上げていると責めることはできないはずだった。どこを叩かれても埃は出ない。実際に株を買い込んで高値に誘導しているわけではないのだから、私に何の非があるだろう？　実際、こちらはむしろ、もっぱら株を売る側なのだ。おこぼれにあずかっている他社は、今後も当社の売り出す新規公開株を買い続けるだろう。だが、それも場の引けまでにこっちが買い戻せる限りだ。実に微妙なバランスの問題だったが、他の証券会社が買い手になっているという単純な事実は、SECに対する有力な「プロージブル・ディナイアビリティ」（何かを否認したときに、その主張を裏づける根拠）になっていた。そして一カ月後、SECが取引記録を押収してスティーブ・マデン株公開の内実を精査したときには、ただ全米の証券会社が一斉に公開株をせり上げていたとわかるだけ。何一つ、不正の痕跡はない。

私はスティーヴに、何が何でも一八ドルを維持しろと指示を出して、トレーディング・ルームを後にした。せっかく株価操作に協力してくれたウォール街の仲間たちを裏切っては、寝覚めが悪い。

10　邪悪な中国人

午後四時には、スティーブ・マデン株の公開は記録を樹立していた。後場が引けると、全米ひいては全世界で最も取引の多い銘柄だったという評判は、ダウ・ジョーンズのニュース速報サービスを通じて流れていた。まったく、大変な騒ぎになったものだ。

売買高は八〇〇万株、単位価格の終値は一九ドルを目前にしていた。一日で五〇〇%近い儲けだった。NASDAQ、NYSE（ニューヨーク証券取引所）、AMEX（アメリカ株式取引所）その他世界中のどんな証券取引所の記録と較べても、比類のない上昇ぶりだった。そう、世界中でトップだった。凍てついたノルウェーはオスロのOBXから、カンガルー天国オーストラリアはシドニーのASXに至るまで、世界中の証券取引所でトップの上昇率だった。

もちろん、ストラットン・オークモントには、それだけの力があるのは事実だ。実際、ストラットンは力そのものであり、私は、リーダーとしてその実権を握り、組織のトップに君臨していた。そんな力が、全身にみなぎってくるのを、私自身も感じていた。

いま私は、フロアの中で自分のオフィスのガラス窓にもたれかかり、勝ち将軍よろしく腕組みをしてあたりを睥睨していた。フロアにはいまも咆吼が響き渡っていたが、もはやさっきまでの切迫感は影を潜め、いくらか穏やかさが感じられた。

　宴の時はもうじきだった。ズボンのポケットの中に六服分のクエイルードがちゃんと入っているかどうか、右手で触って確かめた。クエイルードは時々、不意に蒸発してしまう。もっともそれは、「友人」たちが勝手にかっさらっていってしまうか、自分で服んでラリったあげくに覚えていないかだ。それがクエイルードの四段目の高揚感で、記憶を失うという最も危険な段階でもある。第一段階は、ぞくぞくする感じがする。次に、ろれつが回らなくなってくる。第三段階は、よだれを垂らして歓喜に浸る。そしてその後のことは……覚えちゃいない。

　とにかく、愛しいクエイルードは、ちゃんとそこで私を待っていてくれた。ポケットの中で指先で転がしていると、なぜだか気持ちが浮き立った。四時半頃に服むのが良さそうだった。それならちょうど午後の一五分の会議と、女性の髪を剃るというバカ騒ぎを見終わった頃に薬が効き出すだろう。あと二五分のお預けだ。

　若いセールスアシスタントの一人が、ブラジル人も裸足で逃げ出すような紐ビキニを着て、フロアの前に置いた木製のスツールの上で髪を剃らせることになったのだ。彼女は美しい金髪で、最近、Dカップに豊胸手術したばかりだった。髪を剃らせて稼ぐ一万ドルで、金利一二％で受けた手術代を支払うつもりだった。八方円満な取引だった。彼女の髪は半年もすれば生えるし、Dカップは借金から解放される。

ダニーに小人投げの許可を与えてやるべきだったか、という思いが頭をかすめた。実際、それほど悪い考えでもなさそうだった。聞いたときにはちょっと馬鹿げているようにも感じたが、いまとなると、捨てたものでもない。

小人を投げ回して遊ぶ権利なんて、まさに勇敢な戦士の戦利品だ。大人の余興をことごとく否定してしまったら、いったいどうやって成功を味わえばいいのか？　小人投げは馬鹿げているが、そうはいってもそれだけの何かがある。たしかに若すぎるうちに成功した者は、感心しない行動を取るのかもしれない。しかし、賢明な若者なら、馬鹿げた行動を道徳の負債の欄に記帳し、いずれいくらか分別がついたときに、資産の部に善行を積んでそれを帳消しにするのではないか？

それとも我々は、ただの腐った狂人揃いなのかもしれなかった。タガが外れきった自己満足集団ではないのか。ストラットンは、腐敗行為によって栄え、それを頼みにさえする悪の華だった。

だからこそ、腐敗行為に面の皮がすっかり厚くなった私は、ダニー・ポルシをリーダーにチームをまとめ、次々に腐敗した余興を探し出す必要があった。いわば腐ったテンプル騎士団だ。テンプル騎士団の聖杯探しの永遠の旅は、伝説になっている。ストラットン・チームは、世界中をくまなく探し回って悪徳の所行を見つけ出し、他の社員たちを酔わせ続けなければならない。それは、ヘロイン中毒などのような安っぽいことではなかった。筋金入りのアドレナリン中毒で、ますます高い岸から、ますます浅い瀬へと飛び込まずにはいられないようなものだ。

こんな堕落の連鎖が始まったのは、一九八九年一〇月のことだった。ストラットン設立当初の八人の社員たちの一人で、二一歳のピーター・ガレッタが、社屋のガラスのエレベーターの中で一七歳のセールスアシスタントにフェラチオやらバックでキメてエレベーター中に発射したことが皮切りだった。ちなみにその少女も当社初のセールスアシスタントで、良くも悪しくも、ブロンドで美人でひどく尻の軽い女だった。

当初は私もあきれて、よほどピーターをクビにしようかと思った。だが、一週間で、その少女は本物のチーム・プレイヤーであることを証明した。八人衆全員に「リップサービス」をしてくれたのだ。そのほとんどはガラス製のエレベーターの中、私にはデスクの下でだった。しかも彼女のそれはやり方が変わっていて、社内の伝説になっていた。私たちはそれを「ひねり抜き」と呼んでいたが、舌でなめ回しながら両手でしごき続けるのだ。とにかく、それから一月後、ダニーはなぜか彼女を交えて3Pをしようと私を説き伏せ、日曜の午後、お互いの妻がクリスマス用のドレスを買いに行っている間に決行した。皮肉なことに三年後、幾多の社員と寝た彼女は、とうとうその一人と結婚した。相手は八人衆の一人で、彼女の所行を数え切れないほど目撃していた。おそらく、よほど「ひねり抜き」が気に入ったのだろう。なんであれ、その男は入社したとき、わずか一六歳だった。高校をドロップアウトして、この会社で精いっぱい人生を謳歌しようとしたのだった。だが、短い結婚生活が破綻した後に鬱になり、自殺した。当社の最初の自殺者になったが、最後にはなり損ねた。

ともあれ社内では、常識を興ざめと考える風潮がはびこっていた。だが、腐敗行為など、ある意味では相対的なものではないのか？　悦楽にふけっていたローマ人は、堕落を自覚していただろうか？　気に入らない奴隷がライオンに食われるのを観ながら、お気に入りの奴隷に平然と葡萄を食べさせてもらっていたに違いない。

その時、ケニー・グリーンが口を半開きにし、眉をつり上げ、あごを微かに上向けて歩いてきた。何か訊きたいことがあってうずうずしている顔だ。何しろブロック頭のことだ、きっとひどく馬鹿げているか下らない質問に違いない。ともかく私も、軽くあごをしゃくって、挨拶してやった。こうして見ると、ロングアイランドで最も四角い頭をしているとはいえ、奴はなかなか男前だった。ちょっと少年の面影もあったし、そこそこ良い体つきをしていた。中肉中背だったが、奴の母親のことを思えば、それは意外だった。

ブロック頭の母グラディス・グリーンは大女だった。どこもかしこもが大きかった。金髪はユダヤ人らしい輪郭の頭から優に一五センチは突き立っていたし、タコだらけの大足に至るまで、何かと作りの大きな身体だった。首もアカスギのように太く、肩はＮＦＬのラインバッカーのようだった。両手も巨大だった。そして腹は……たしかに大きいが、まったく脂肪がないロシア人の重量挙げ選手のような腹だった。

彼女が最後に激怒したのは、安物スーパーの急行精算列（買い物の点数が少ない人専用のレーン）に並んでいたときだった。規則違反にこだわる典型的ユダヤ人のデカ鼻女性店員が、よせばいいのに急行精算列の制限点数を超えていると言って譲らなかったのだ。グラディスは、右のクロスをかまし、店員が伸びている間にさっさと精算を済ませ、平然としたものだった。

　そんな母を持つだけに、ケニーがダニーに負けず劣らず狂っていることに無理はなかった。肩入れするわけではないが、奴の来し方を振り返れば、それももっともだった。彼が一二歳のときにガンで死んだ父は、煙草の配給権を持っていた。死後にわかったのは、商売の運営がひどくまずく、数十万ドルもの税金を滞納していたことだった。そんなこんなで、グラディスはシングルマザーになると同時に、経済的にも追いつめられた。

　彼女に、いったいどんな道があっただろう？　ホームレスになることか？　生活保護の申請か？　まさか！　彼女は母性本能をフルに発揮し、ケニーを煙草の抜け荷という怪しげな商売の道に引きずり込んだ。マルボロやラッキーストライクのカートンのパッケージをすり替え、偽物の印紙を貼り、ニューヨークから煙草の税率が高いニュージャージーに持ち込んで、税率の差額をポケットに入れる秘技を教え込んだのだ。そして幸運にもこの仕事はうまくいき、一家はなんとか糊口をしのぐことができた。

　だがそれは、ほんの始まりに過ぎなかった。グラディスは、一五歳になったケニーが友人と一緒にそれまでと違うタイプの煙草を吸っていることに気づいた。マリファナだった。グラディスが怒ったかって？　ぜんぜん。何のためらいもなく、ケニーのマリファナ密売人としてのキャリアのスタートを応援することにしたのだ。資金を貸してやり、励ましてやり、安全に商売ができる場所を提供し、もちろん得意のみかじめまでしてやった。

　たしかに、ケニーの友人たちは皆、グラディス・グリーンの手の早さは知っていたし、武勇伝も聞いていた。だが、まさか体重一〇〇キロ近いユダヤ人の母ちゃんが玄関先まで押しかけてきて、マリファナの代金を取り立てるなんて、一六歳の少年に想像がつくだろうか？　その上その女は、紫色のポリエステルのパンツスーツを着て特大の紫色のパンプスを履き、レンズの大きさが自動車のホイールキャップほどもあるピンクのアクリル製のサングラスをしていた！

だが、グラディスはその程度で済ませるタマではなかった。マリファナが好きかどうかは人それぞれだが、他のドラッグにハマるきっかけになることは周知の事実で、ティーンエイジャーにとってはいっそうだった。それだけに、ケニーとグラディスが、ロングアイランドの一〇代のドラッグ市場には大きな空白地帯が残っていたことに気づくまでに、時間はかからなかった。そう、ボリビアのマーチング・パウダーことヘロインの利益は、二人のような熱心な資本主義者にとって、とても目を背けられるものではなかった。だが今回は、ブロック頭の幼なじみである三番目のパートナーを引き入れることにした。ヴィクター・ワンである。

ヴィクターは変わった男で、地上で最も大きな中国人だった。頭の大きさはジャイアントパンダ並み、目は細く、胸板は万里の長城のように広かった。実際彼は、『007／ゴールドフィンガー』の登場人物オッド・ジョブにそっくりだった。鉄で補強した山高帽を投げて一五〇メートル先の相手を倒せる悪漢である。

ヴィクターは中国人に生まれながら育ちはユダヤ的環境で、ロングアイランドきってのワルいユダヤの若者がひしめく街ジェリコとサイオセットで育った。私の最初の部下一〇〇人は、まさにこのアッパー・ミドルクラスのユダヤ人ゲットーの出身者たちばかりだった。いずれも、ケニーとヴィクターのドラッグ密売の顧客たちである。

そしてその他のロングアイランド出身の無学な夢追い人たちと同様、ヴィクターもやがて私の部下となったが、それはストラットン・オークモントにおいてではなかった。私の衛星ベンチャー企業の一つである公開会社ジュディケイトのCEOになったのである。ジュディケイトのオフィスは、この建物の地階にある。「NASDAQコールガール」軍団から、石を投げれば当たるほどの距離だ。仕事はADR（裁判外紛争処理）と呼ばれるもので、要するに引退した元判事を使って保険会社と原告側弁護士との間の民事紛争を調停するというものだ。

この会社は最近になって、やっとどうにか収支とんとんになったばかりだった。計画上は素晴らしいように見えるが、現実社会ではなかなかそうはいかないという、典型的な実例である。ウォール街には、こうした頭でっかちな会社がいくらでもある。残念ながら、私のような仕事の人間、すなわち小口ベンチャーキャピタルは、こぞってそんな会社をつかんでしまうようだった。

ともあれジュディケイトはゆっくり死につつあった。それはまったくヴィクターのせいではなかったが、彼にとって何よりの自責の元になっていた。ADR商売は根本的に企画倒れであり、誰一人それで成功していない、少なくとも大きな成功をつかんだ者はいないようだった。だがヴィクターは中国人であり、その例に漏れず、面目を失うくらいなら、まよわず自分のタマを食ってみせることを選ぶ男だった。だが、この場合、そんな選択肢はない。ヴィクターはやはり面目を失ったのであり、それは何とかしなければならない問題だった。そしてケニーがヴィクターに肩入れしてやまないことは、私の頭痛の種になっていた。

だから、ケニーから「後で、ヴィクターと一緒に解決策を打ち合わせしたいんですが、都合はいかがです？」と聞かされたときも、私は少しも驚かなかった。

「何の解決策だ？」私はしらばっくれた。

「よしてくださいよ」彼はせき立てた。「奴に会社を持たせる案について、話し合いたいんです。奴はあなたの承認をうずうずして待っているんです。私も、さんざん突き上げられているんですよ」

「私の承認がほしいのか、金がほしいのか、どっちなんだ？」

「両方です。両方必要です」とケニーは言った。

「ふーん」私は気のない様子で言った。「で、与えなければ？」

ブロック頭は、大きなため息をついてみせた。「ヴィクターの何が気に入らないんです？もう、嫌と言うほど、忠誠を誓っているじゃありませんか。そして、今日も、三人で集まってそうしようというのです。言わせてもらえば、あなたを別にして、ヴィクターほど頭の切れる奴はいませんよ。奴は、大変な金づるになりますよ。誓ってもいい！すでに、証券会社の売買ブローカーを通じて、ただ同然の出物も見つけてあるんです。デューク・セキュリティーズという会社です。金を出してやるべきですよ。たったの五〇万ドルだけでいいんです」

私はうんざりした様子で首を振った。「誓いは安売りするもんじゃないぞ、ケニー。とにかく、デューク・セキュリティーズの将来を議論するのは、時期尚早だ。こっちの方が、もう少し大事だろう」私は即席の床屋の準備をしているセールスアシスタントたちをあごで示してみせた。

ケニーは首を傾げてそれを見ると困惑顔のまま、何も言わなかった。

私は長いため息をついて、ゆっくりと話し始めた。「いいか。ヴィクターについては、ちょっと気になることがあるんだ。お前も見当がつくだろう。もちろん、この五年間、居眠りでもしていたなら別だがな！」私は笑い出した。「わからんようだな、ケニー。鈍い奴だ。ヴィクターの孫子流の筋書きが読めていないな。すべて、メンツを保つための必死のたわごとだ。そんなこと、湊も引っかけてやるつもりはない。それこそ、誓ってもいい！とにかく、お前もこれ以上、そのブロック頭をこのことに突っ込まんことだ。ヴィクターは決して忠誠を尽くさない。決してだ！お前にも、私にも、奴自身にもだ。奴は一人で空回りして人を陥れ、結局は貧乏くじを引く。それでいて、いきり立っている相手は自分自身なんだ。わかったか？」私は皮肉に笑った。

ちょっと間をおいて、少し口調を和らげた。「まあ聞け。私がどれだけお前のことを思っているかは、わかっているだろう。そして、お前に一目置いているかも」我ながら、あまりの巧言ぶりに吹き出しそうになった。「お前がそういうなら、仕方がない。奴をなだめてやろうじゃないか。だが、それはファック野郎ヴィクター・ワンのためじゃない。あいつは大嫌いだ。ケニー・グリーン、信用するお前のためだぞ。ついでに言っておくが、ジュディケイトを投げ出すことは許さない。少なくとも、今のところはまだだ。私がしなければならないことをするまで、奴にジュディケイトにとどまらせるのは、お前の役目だ」

「お任せください」ブロック頭は張り切って言った。「ヴィクターは、私の言うことなら聞きます。つまり、どれだけ……」

ケニーのばかげたご託は聞き流すことにした。実際、奴の目を見ると、私の真意をつかんでいないのは明らかだった。実際問題、もしジュディケイトが倒産したら最も痛手を負うのはヴィクターではなく、この私だった。私は三〇〇万株あまりを持つ最大株主だったが、一方でヴィクターはストック・オプションしか持っておらず、それは二ドルという現在の株価水準では無価値だったからだ。それでも私の持ち分は六〇〇万ドル分ほどはあった。だが、これも名目に過ぎず、実際にはこんな不振企業の株は売るに売れず、無理やり売れば数セントになってしまう。

だが、もちろん私にはストラットン営業軍団がある。

自社の営業力にものを言わせて、ジュディケイト株をそこそこの値で売り抜けることもできるだろう。しかしこの出口戦略には、ある障害があった。この株はまだ売れないのだ。私はこの株をSEC規約一四四条によって取得したから、二年間は売却できないのである。そして後一月で、その厄が明ける。だから、ヴィクターにはもう少し、場つなぎをさせる必要があった。だがそれは、思ったより骨の折れることだった。この会社は、バラの茂みを歩く者のように出血を続けていたからだ。

実際、ヴィクターのストック・オプションは株価低迷のために無価値になっていたから、報酬は年に一〇万ドルの給与だけ。階上で仲間が稼いでいる額に較べたら、スズメの涙だった。そしてケニーと違い、ヴィクターはバカではなかった。私の出口戦略を、そしてその暁には自分はクズ会社のお飾り会長に取り残されることを、痛いほど心得ていた。

奴は高校時代から使い走りにしているケニーを通じて、そんな不安を私に仄めかしていた。私もヴィクターには一再ならず、安心しろ、見捨てたりはしないと言いきかせていた。いずれ指人形にでもして、いくらかおこぼれにあずからせてやるつもりだったのだ。

だが、ヴィクターは納得せず、二、三時間以上も粘ることもあった。何を言ってもダメ。奴は野蛮なユダヤ人連中に囲まれて育って偏執的になっていた。そんな育ちが、奴に大きな劣等感を植えつけていた。今やすべての野蛮なユダヤ人を憎んでおり、特にその権化である私を毛嫌いしていた。そして今日まで、私は奴をうまく出し抜き、一杯食わせ、一歩先んじてやってきた。

実際、ストラットン設立当初の一九八八年にヴィクターを入社させず、代わりにジュディケイトを当てがってやったのは、奴が意地を張って私に頭を下げなかったからだ。一方、他の友人たちは皆、早々と私に忠誠を誓って、ストラットン社員になった。ヴィクターにとってジュディケイトは、いずれおこぼれにあずかるための仮住まいに過ぎなかった。私から「ヴィック、そろそろ自前の証券会社でも開いたらどうだ。さあ、開業資金とノウハウをやろう」と声を掛けられるのを待っていたのだ。

それは、全社員にとっての夢だった。だから私は会議のたびに、忠誠を誓い、がんばり続ければ、いつか自前の証券会社を持たせてやる、と話していた。

そうなれば、本当に金のなる木を手に入れたことになる。

私はすでに、それを二度やっていた。一度目は最も信頼する旧友アラン・リプスキーに、モンロー・パーカー・セキュリティーズという証券会社を持たせてやった。そして二度目は、昔、アイスクリームを売り歩く苦労を共にした相棒エリオット・ローウェンスターンにだった。現在はビルトモア・セキュリティーズという会社を経営している。夏のあいだエリオットと私は、地元のビーチでイタリアン・アイスを行商してボロ儲けした。重さ二〇キロ近くもあるクーラーを肩から提げて、大声でアイスクリームを売り歩いては、警官から逃げ回ったものだ。そして仲間たちが日がなだらだらしているか、時給三・五ドルで下らない仕事をやっていたとき、日に四〇〇ドルも稼いでいた。夏ごとに二万ドルも貯め、冬の間それを学資にして大学を卒業した。

とにかく、ビルトモアもモンロー・パーカーも急成長し、年に数千万ドルも稼いでいた。二人とも、種金の金主である私に、裏では年間五〇〇万ドルほどのロイヤリティを支払っている。

五〇〇万ドルは大金だが、別に開業資金の見返りというわけではない。むしろ、私への忠誠心、敬意を表す上納金だった。要するに、彼らは未だにストラットンの身内意識を失っていなかった。そして、私自身も二人を身内と思っていた。

そうである以上、ヴィクターがどんなに私に忠実かなどとほざくケニーの戯言を、私は内心でそっくり逆に受け取っていた。野蛮なユダヤ人を心底毛嫌いしている奴が、どうしてウォール街の狼に忠誠など誓うだろう？　ヴィクターは怨念の男であり、ストラットン社員のことは一人残らず軽蔑していた。

つまり、邪悪な中国人の応援をしてやる論理的理由はなく、ということは奴を引き留める手段もなかった。せいぜい気を持たせて時間稼ぎをするのが関の山だ。だが、待たせすぎると、勝手に独立されてしまう怖れがあった。勝手に独立され、しかもそれが成功でもした暁には、他の社員の手前、危険な前例を作ることになる。

それは悲しい皮肉だった。私の権力は単なる幻影に過ぎず、先読みを誤ればすぐに崩れ去る砂上の楼閣なのだ。まるでひねくれたゲーム理論家になったようだった。私は常に、次の一手とその結果、さらに次の手は……と考えることに時間とエネルギーの大半を費やしていた。それはまったく神経のすり減る仕事であり、そうやって五年間も暮らしたいま、私は良き自分を失ってしまったかのようだった。実際、日々の安らぎを得られるのは、ドラッグか美しい妻の甘美な肉体に溺れている時だけだった。

とはいえ、邪悪な中国人は見くびるわけにはいかない。証券会社を始めるのに大した元手はいらない。せいぜい五〇万ドルもあれば十分で、そんなものは開業して数ヵ月で元が取れる。その気になればケニーだって奴の金主になれる。もっとも私に対して公然と反旗を翻すことになるから、おいそれとはできないだろうが。

したがって、ヴィクターをあやつる唯一の手は、彼の気持ちの弱さ、メンツを捨てて捨て身になれない性格、ここ一番で勝負をかけられない優柔不断さに付け込むことだった。奴は後ろ盾の安心を求めていた。指導や精神的な支援、空売り屋連中からの庇護、そして何よりも、ストラットンが売り出す新規公開株――ウォール街で最もホットな銘柄――の割り当てがほしかった。

そんな力を身につけるまでは、人に頼るほかはない。だがそれは、ひとたびそんな力を身につければ、すべてがお払い箱ということでもあった。

そのためには、独立して半年もあれば十分だ、と私は読んでいた。その時、奴は私に牙を剝く。きっと割り当ててやった株を売り戻してくるだろう。当社はそれを買い受けて転売しなければならず、余計な圧力を受ける。結局は売り崩しがじりじりと効いて株価は下げ始め、すると顧客が、何よりもフロアを埋め尽くすブローカーたちが、不平を漏らし始める。奴はそこにつけ込んで、社員を盗むだろう。厚遇を餌に、社員たちを引き抜くはずだ。たしかに、小回りのきく証券会社は侮れない。こうして攻められると、守りは難しい。足下をじりじり切り崩されると、当社もウドの大木になってしまう。

　だから、ヴィクターには力ずくで息の根を止めてやる。たしかに巨体のストラットンは、周辺からの切り崩しには弱いかもしれないが、中核部分は強い。だから、こっちの土俵に引きずり込んで、叩きのめしてやる。まず金主になってやると甘言で油断させ、一文無しになるまでひん剝いてやるのだ。

　手順はこうだ。まず、ジュディケイト株をやっかい払いするために、あと三カ月間、時間を稼ぐ。奴は事情を心得ているだけに、何も疑わずに従うだろう。その間に、ケニーにストラットン株をいくらか売らせて、その金をヴィクターの新会社に出資するよう話をつける。ケニーがストラットンの二〇%を所有するパートナーであることは、他の社員にアメ玉をしゃぶらせる障害にもなっていた。

　そして、ヴィクターに会社を持たせたら、そこそこは稼がせてやる。だがもちろん、大儲けはさせない。そして、助言するふりをして、微妙な弱みを秘めたポジションを取らせるよう仕向けていく。よほどめざといトレーダーならともかく、ヴィクターでは気がつかないような穴のある銘柄はいくらでもある。奴の巨大なエゴをくすぐって、個人勘定でそんな株を大量に仕込ませるのだ。それから、寝耳に水で、思いっきりその株を売り崩して、破産させてやる。奴が聞いたこともないような、何一つ私の関与の手がかりを残さない名前で空売りを仕掛け、奴のジャイアントパンダ頭をきりきり舞いさせてやる。気づいたときには、奴は丸裸だ。ケツの毛までむしり取ってやる。

　もちろん、ケニーの出資も水の泡になるが、それでも十分な金が手元に残る。とんだとばっちりを受けたものだな、とでも言ってやろう。

私はケニーに笑顔を向けた。「さっきも言った通り、お前の顔を立ててヴィクターと会ってやろう。来週、アトランティックシティで指人形たちと清算をする予定になっているな？そこにヴィクターを呼ぶのはどうだ？」

ケニーはうなずいた。「あなたのおっしゃるところなら、奴はどこでも馳せ参じます」

私はうなずいた。「その時まで、奴によく言い聞かせておけ。準備が整うまで、私は行動するつもりはない。つまりジュディケイトをやっかい払いするまでだ。いいな？」

ケニーは満足げにうなずいた。「あなたが応援してくれるとわかっている限り、奴はいつまでだって待ちます」

こいつはいったい、どこまでバカなのか？私の勘違いか、それともこいつ、またしてもバカさ加減の馬脚をあらわしているのか？「わかっている限り」という以上、すでに私が見通していること——ヴィクターの忠誠心は条件付きであること——を追認したも同然ではないか。

そう、いまのケニーは忠実だった。今のところ、どこをとってもストラットン人だ。だが、二人の主人に永遠に仕え続けられる者はいない。奴にとってもう一つの主人とは、ヴィクターだった。そしてヴィクターは、おつむの弱いケニーを操って、ジュニア・パートナー間に不和の種をまこうと虎視眈々と狙っているのだ。

戦争の火種がくすぶっていた。地平線の向こうに、狼煙が上がっていた。そう遠くない将来、きっと攻め込んでくる。そしてその戦いに勝つのは、私だった。

11　指人形の世界

一九九三年八月（四カ月前）

いったいここは、どこなんだ？　ジャンボ・ジェットが着陸用の脚を出す際の独特の軋み音に目を覚ました私は、真っ先にそう思った。ゆっくりと意識を取り戻しながら、目の前の座席の背の赤と青のエンブレムの意味を思い出そうとする。

飛行機は間違いなく、ボーイング747ジャンボ・ジェットだった。私の座席は2A。ファースト・クラスの窓際の席だった。目玉だけは開いたが、あごはまだ胸元に埋めたままだった。頭は薬物のショックで、まるで動きそうもなかった。

クエイルードを服み過ぎた二日酔いか？　まさか、あの薬に二日酔いはない。

左側の円い窓に顔を向けて、どうなっているのかと考えた。太陽は水平線から頭をのぞかせ始めたばかりだった。朝だ！　これは重要な手がかりだった。気持ちが浮き立ってきた。景色を見回す。緑の山並みが続き、小さな街が朝日に輝いている。巨大な三日月型で青碧色の湖が見えた。すごい水柱が数十メートルも吹き上がっている。壮観だった。

待てよ？　しかし、いったいなぜ私が定期旅客機などに乗っているんだ？　私のガルフストリームはいったいどうした？　いったい、どれほど長い間眠っていたんだ？　そしていったい、何錠のクエイルードを……しまった、これレストリルじゃないか！

これはまずい。医師の警告を無視して、レストリルとクエイルードを一緒に服んでしまった。いずれも睡眠薬だが、服み合わせが悪い。別々なら、それぞれ六時間から八時間はぐっすり眠らせてくれる。だが一緒に服用すると……どうなるんだろう？

私はため息をつき、頭から悪い考えを追い払おうとした。その時、私は閃いた。そうだ、この飛行機は、今スイスに到着しようとしているんだ。じゃあ、問題はない！　友邦にいるんだ。永世中立国だ！　ここはスイスなんだ！　スイス的なものがいっぱいだ。滑らかなスイス・チョコレート、追放された独裁者、高級時計、ナチの秘宝の金塊、銀行の無記名番号口座、洗浄された不法資金、スイスフランにスイス・クエイルードだ！　何て素晴らしい、この愛らしい国よ！　そして機上から見下ろす景色の美しさといったら！　摩天楼も見あたらないし、小さな家が無数に田園地帯に広がる様子はまるで絵本のようだった。そしてレマン湖のあの間歇泉《かんけつせん》の壮観は、まったく信じられないくらいだった。ああ、スイスよ！　ここでは、クエイルードにさえ独自のブランド名がある。確か、メタセディルとかいうのだ。ホテルでコンシェルジェに頼む時のために、ちゃんと覚えておかなければ。

とにかく、スイスは愛さずにはいられない国だ。もっとも国の半分はフランス野郎だらけで、残る半分はドイツ野郎ばかりだが。何世紀にもわたる争乱と政治的背信の結果、この国は事実上、二分されており、ジュネーヴはフランス系の中心地としてフランス語が優勢で、一方、チューリヒはドイツ系の中心地としてドイツ語を話している。

　ユダヤ系として謹んで言わせてもらえば、仕事相手としては、小便のように生温かいビールをがぶ飲みし、ウィンナーシュニッツェル（子牛肉のカツレツ）を臨月のカンガルーのような腹になるまで頬張るドイツ系より、ジュネーヴのフランス系の方が良かった。それにドイツ系の地域では、今もナチの残党が私の祖先をガス室に送り込む前に無理やり抜き取った金歯を元手に隠遁しているに違いない！

　とにかく、フランス語圏のジュネーヴで仕事をすることには、もう一つ余録があった。そう、女だ。チューリヒのドイツ語を話す女はたいてい、怒り肩でフットボールができるほどがっしりした胸板をしているが、ジュネーヴの街角を買い物袋とプードルを手に歩くフランス系の女はたいてい、すらっとしていて魅力的だ（もっとも、腋毛が珠に瑕だが）。

　そう思うと、満面に笑顔が広がった。何しろいま私が向かっているのは、他ならぬジュネーヴなのだ。

　首を反転させると、そこにはダニー・ポルシが眠っていた。半開きの口には、ハエが入ってもわからないだろう。白い歯が朝日に光っていた。左手の金無垢のロレックスには、工業用レーザー発光装置にでも使えそうなほどのダイヤモンドが埋まっていた。だが輝く金も、煌めくダイヤモンドも、超新星よりも目映い奴の歯には及ばなかった。それに馬鹿げた鼈甲の伊達メガネ。まったく、このユダヤ人は国際線の機内でまでワスプ気取りだ。

その右に座っているのは、この出張のとりまとめ役であり自称スイスの銀行の専門家ゲリー・カミンスキーだった。彼は、私が最大株主である公開企業ダラー・タイム・グループのCFOでもあった。ダニーと同じく、カミンスキーも眠っていた。白髪交じりの馬鹿げたヅラに、真っ黒なもみあげ。きっと、しゃれのわかるカラリストが染めたに違いない。いつもながら、私は彼のヅラを意地悪くしげしげと眺めた。きっと、サイ・スパーリング・スペシャルだ。古き善きヘア・クラブ・フォー・メンよ。

その時、スチュワーデスが通りがかった。おお、フランカだ！　元気でホットなスイス娘！　金髪が幅広の襟のクリーミー・ホワイトのブラウスにこぼれ落ちている。まったく、何て素敵なんだ！　赤いタイトなスカートと黒いパンストが、歩くたびに微妙な衣擦れを立てている！　着陸準備の雑音の中でも、そんな音は聞き逃さないのだ。

そう言えば、眠る前には、まだニューヨークのケネディ空港を飛び立つ前に彼女と楽しく会話したっけ。彼女は、私を気に入ったようだった。きっとまだ、チャンスがあるに違いない。今夜！　スイスで！　フランカと！　秘密の国だもの、浮気がばれる気遣いがあるものか。秘密の国での密会！　ひゃっほー！　私は大きな笑顔を浮かべて、プラット&ホイットニーのエンジンの咆吼に負けない声で呼びかけた。「フランカ！　マイ・ラブ！　こっちで、一緒にちょっと話さない？」

フランカは振り向いて、ちょっとポーズを取った。胸の下で腕組みをし、肩を怒らせ、軽蔑も露わに腰を横に突き出している。そしてあの表情！　細めた眼……噛みしめたあご……

しわを寄せた鼻……敵意剥き出しだった！

な、なんだ？　どうしてだ？

その答えも見つからないうちに、愛らしいフランカはきびすを返して行ってしまった。

スイス人は親切なんじゃないのか？　スイス女はみんな尻が軽いと聞いていたが……いや、スウェーデン人だっけ？　うーん、やっぱり尻が軽いのは、スウェーデン女だ。とはいえ、どうしてフランカが私を無視するんだ？　私はスイス航空の立派な顧客であり、航空券に……大枚投じているんだぞ！　その見返りに、いったい何を得たんだ？　多少広めのシートといくらか凝った機内食か？　しかし、ずっと眠っていて、機内食なんてそっくり食い損ねちまったよ！

そのとき、強い尿意を感じた。シートベルトのサインを見上げると、すでに点灯していた。離席禁止だ。くそっ！　我慢していられない！　私は小便が近いことで有名で、いつもナディンを怒らせているのだ。それに、たっぷりと七時間は眠っていたはずだ。なんてこった。むりやりトイレに行った罪で逮捕されることもあるまい。そうだ、行ってやれ……だが、席を立つことはできなかった。

見下ろすと、四本のシートベルトを締めたままだった。一本目は膝、二本目は腰、三本目は胸と腕、四本目はまるで手錠のように両腕を縛り上げてあった。なぜ？

そうだ、いたずらに違いない。私は右を向いて言った。「ポルシ」怒鳴りつけるように言った。「起きてとっととこれを解け、このバカ！」

返事はなかった。頭を座席にもたれかけて口を開いたまま、大量のよだれを朝日にきらめかせている。

もう少し大きな声で、私は言った。「ダニー、起きろ！　くそっ、ポルシーッ！　このくそったれ、これを解け！」

相変わらず、奴はぴくりともしなかった。私は深呼吸をし、頭を後ろに引いて、奴の肩口に頭突きを食らわしてやった。

その瞬間、ダニーの目がぱっと開き、口がぴしりと閉じた。頭を振って、馬鹿げた伊達メガネ越しに私を見ている。「どうしたんです？　何をしているんで？」

「何をしているんでとはなんだ、このバカ。とっとと私を解け。くそったれ、そのクソメガネをひん剝いてやるぞ！」

奴は薄笑いを浮かべていった。「できません。解いたら、あなたはスタンガンを撃たれますよ」

「何ぃ？」私は混乱したまま言った。「いったい、何の話だ。誰が私にスタンガンなど？」

ダニーはため息をつきながら首を横に振り、押し殺した声で言った。「いいですか、我々はちょっと問題を抱えているんです。あなたがフランカに抱きついたからですよ」奴はブロンドのスチュワーデスをあごで指して言った。「大西洋の上空でね。もう少しで機が米国に引き返しそうになったところを、私が説き伏せたのです。私が責任を持ってあなたをずっと席に縛り上げておくからと言ってね。でも、税関ではスイス警察が待っているはずです」

私は記憶を振り絞ろうとした。まったく、何も思い出せなかった。沈む気持ちで、私は訊いた。「何のことか、まったく身に覚えがないぞ、ダニー。何も覚えていない。私はいったい、何をやらかしたんだ？」

ダニーは肩をすくめた。「彼女のおっぱいをつかみ、ディープキスしようとしたんです。場所が場所なら、まあどうってことありませんが、ここは国際線の機内なんで、社内のようにはいきませんよ。何よりいけないのは、それまで彼女が実際にあなたに好意を持っていたようだったことです」奴は唇をゆがめて、さも惜しそうに首を横に振った。「でも赤いスカートをまくり上げようとして、彼女は怒り出したんです」

「どうして止めてくれなかったんだ？」

「止めましたよ。でも、私にまで食ってかかって……いったい、何を服んだんです？」

「いや……よく覚えていないんだが……」私はもごもごと言った。「たぶんクエイルードを三、四錠と……青い小粒のレストリルも三錠ほど……ザナックスも一、二錠服んだかな……きっと、腰痛のためにモルヒネも多少……だがモルヒネやレストリルを処方したのは医師だ。だから、私には非はない」私は快適なファースト・クラスのシートにもたれかかって、医師のせいだ、仕方がないと思った。だが、はっと閃いたことがあった。「ああ、くそっ。ナディンに知られたらどうしよう！　こんなことがばれたら、ただじゃすまないぞ！　何と言い訳すればいいんだ？　これが新聞種にでもなれば……女房に磔にされる！　どんなに謝ってもきっと許しちゃ……」その時、ふと別の考えが浮かび、またパニックに陥った。「ああ、くそっ、政府もだ。商用機で飛んだのは、隠密行動だからだ！　それなのに……外国で逮捕されるなんて……！　ああ、神様！　エデルソン医師の奴、あんな薬を処方しやがって！　私がクエイルードを服んでいることは知っているくせに。それなのに、あんな睡眠薬を処方した奴が悪い！　あいつだったら、頼めばヘロインだって処方するに違いない！　まるで悪夢だ、ダニー！　最低最悪じゃないか！　スイスで逮捕されるなんて！　世界の資金洗浄のメッカだぞ！　まだ金を洗浄してもいないうちに、警察のやっかいになっちまう」私は激しく首を横に振った。「先が思いやられるよ、ダニー。ところで、このベルトを解いてくれ。小便にもいけやしない」その時、脳裏に閃光が走った。「そうだ、フランカに謝罪すればどうだ？　お前、現金どれだけ持ってる？」

ダニーは私のシートベルトを解き始めた。「二万ドルほどです。でも、彼女に話しかけるのは得策じゃありませんよ。事をこじらせるだけです。彼女のパンティーに手を突っ込んだはずです。指の匂いを嗅がせてもらいましょう」

「黙れ、ポルシ！　下らないこと言ってないで、とっとと解きやがれ！」

ダニーは笑った。「とにかく、残りのクエイルードは私がお預かりしましょう。あなたが持っていちゃ、無事に税関を通過できません」

私はうなずいて、静かに祈りの文句を唱えた。思慮分別で知られるスイス政府が、その評判を汚さないことを祈るばかりだった。

ゆっくりとジュネーヴに降下しながら、骨をくわえた犬のように、私はそんな考えにしがみついていた。

帽子を手に、グレイの鉄製の椅子に腰掛けて、私は目の前の三人の税関職員に言った。「正直に言いますが、何も覚えていないんです。離陸してからひどく不安になり、気持ちを落ち着かせるために薬を服みました」私は、グレイの金属製のデスクに載っている薬のケースを指した。幸いにも、いずれにも私の名前が書いてあった。こうなった以上、それが唯一の救いだった。クエイルードの方は、いまごろダニーの結腸を下りながら、きっと税関を無事に通過したに違いない。

三人のスイス人税関職員は、ひどくスイス訛りの強いフランス語で、なにやら話し始めた。まるで腐ったスイスチーズでも口に含みながら話しているようだった。目にもとまらない早さで話している割には、唇はほとんど開けない。

私は室内を見回した。ここは牢屋か？　スイス人には、訊きようもなかった。彼らは三人ともまったく無表情で、スイス時計のように正確に動くロボットのようだった。そして部屋全体は、あたかも「お前は『トワイライト・ゾーン』に囚われになったのだ！」と叫んでいるかのようだった。窓もなかった。絵も、時計も、電話も、鉛筆も、紙も、ランプも、コンピュータもなし。あるのはグレイの鉄製の椅子と、それに合ったグレイの鉄製の机、そして萎んで枯れかけているゼラニウムだけ。

なんてこった！　米国大使館に連絡して助けを求めるべきか？　いや、バカなことを考えるんじゃない！　私はきっと、何らかの注意人物リストに載っているに違いない。隠密行動を続けなければ。それが目標だった。隠密行動だ。

私は三人の官吏を見た。まだフランス語で話している。一人はレストリルのボトル、もう一人は私のパスポートを手に取り、三人目はスイス人らしく弱々しいあごをポリポリ掻きながら、まるでお前の運命は私の指先一つだと言っているようだった。それとも、ただ痒いだけだろうか？

とうとう、あごをひっかいているスイス人が言った。「もう一度、お話しになられますか？」

はあ？　なんでそんな人ごとみたいな言い方をするんだ？「なられますか」とか「されますか」などというのは、こっちに選択権がある場合に使う言葉だろう。どうしてこのバカなフランス系スイス人連中は、単に「もう一度言い分を繰り返せ」と命令しないんだ？　だが、まさかそう言うわけにはいかない。せっかくのお申し出なのだから、何とか話さなければ。深呼吸をし、私がおもむろに話し始めたときに……ドアが開いて、四人目の税関吏が入ってきた。このフランス系の男は、責任者の印である肩章をつけていた。

最初の三人は、間もなく無表情なまま出て行った。そして、私と税関長だけになった。彼はフランス系らしい薄笑いを浮かべると、スイス製煙草を取り出した。一本に火をつけると、ゆっくりと煙の輪を吐き出す。そして彼は、驚くべきことをした。口からゆっくりと立ち上らせた煙の輪を、またゆっくりと二つの鼻の穴から吸い込んだのだ。ふーむ、すごい。立場も忘れて、思わず私も感心した。私の父は煙草を使った芸の専門家だが、その父でさえ、こんな技は見せたことがなかった。この部屋から生きて出られたら、父に催促してみよう。

そして目の前の男は、さらにもう二、三度、そんな煙の芸を繰り返すと、おもむろに言った。「さて……ミスター・ベルフォート。この不幸な誤解について被られたご不便について、お詫び申し上げます。例のスチュワーデスは、あなたを訴えないことに同意しました。ですから、もう行って頂いて結構です。外でご友人がお待ちです、ご案内しましょう」

へ？　こんなに簡単でいいのか？　スイスの銀行家連中からの差し金が効いたのか？　まあ、なんだかわからないが、ウォール街の狼は、またしても無傷で窮地を切り抜けたのだ！

私は一安心し、するとまたフランカを思い出した。私はスイス人の新たな友人に無邪気に微笑んで言った。「先ほどから、当方の希望を聞いてくださるようですから、お言葉に甘えて、お願いが一つ。できれば、例のスチュワーデスにお目にかかれるよう、お取りなし願えませんか？」私は羊の皮をかぶって微笑んだ。

税関長の表情が険しくなった。

しまった！　私は両手の平を彼に向けた。「いや……その……私はただ、例の若いブロンド……いや、ヤング・レディに正式なお詫びを申し上げたいだけなのです。それに、金銭的な賠償も……その、おわかりになるでしょう？」

フランス人は頭を傾げて、横目で私を見た。「このバカ野郎！」と言わんばかりだったが、ただこう言っただけだった。「スイスご滞在中には、例のスチュワーデスには接触されないことを望みます。どうやら彼女は……ああ、英語では何と言うのでしょうね、彼女は……」

「トラウマになっている？」

「そう、トラウマです、その通り。いかなる状況でも、彼女にお会いにならないようお願いいたします。お望みなら、スイスでは他にもいくらでも素晴らしい女性たちと出会えますよ、間違いありません。どうやらあなたは、しかるべきご友人にも恵まれているようですから」

そう言うと、税関長は手ずから私をエスコートして、税関を通してくれた。パスポートにスタンプさえ押さなかった。


機内とはうってかわって、リムジンの車内は、幸いにも平穏無事だった。騒動の後とあって、仮初めの平静に心安らいだ。行先は高名なオテル・ル・リシュモン。スイスでも最高のホテルの一つといわれているところだ。実際、スイスの銀行界の友人は、最もエレガントで洗練されたホテルだと太鼓判を押していた。

だが到着してみると、スイスの「エレガントで洗練」とは「陰鬱でむっつり」の別称であることがわかった。ロビーはアンティークのフランスの骨董品でいっぱい。ドアマンは、誇らしげに一七〇〇年代のルイ一四世の王室家具だと言う。だが、目の肥えた私に言わせれば、ルイ王はインテリアデザイナーをギロチンに掛けるべきだった。擦り切れたカーペットは花柄で、渦巻くようなその模様は盲目の猿が描いたとしか思えなかった。犬の小便のような黄色とゲロのようなピンク色の取り合わせという色合いにも、首を傾げるばかりだった。きっとこいつらはこのクズに大枚はたいたに違いないが、私のような成金ユダヤ人にとっては、ただのクズだった。私は新しくて、ぴかぴかで、手つかずのものが好きなのだ！

とはいえ、スイスの銀行家たちに借りを作ってしまった以上、彼らが選んでくれた宿が気に入ったふりぐらいはしなければならない。それに一泊四〇〇〇ドルというのだから、そう悪い宿でもないのだろう。

柳のように細いホテルの支配人（もちろんフランス系）は、誇らし気に有名人の常客らの名を並べ立てた。マイケル・ジャクソン？　やはり、好きになれそうもない宿だ。

マネジャー自ら、プレジデンシャル・スイートに案内してくれた。親切だったが、インターポールに内緒でチェックインさせてくれたこともあり、二〇〇〇スイスフランのチップをはずんだからかもしれない。支配人は、電話一本で最高のコールガールを手配できますと言い残していった。

私は観音開きのガラス扉を開けて、テラスに進み出た。ジュネーヴ湖を見下ろす眺めだった。噴水の水柱に感心して見入った。それは九〇……いや、一二〇メートル……いやいや、少なくとも一五〇メートルは吹き上げていた。いったい何を思って、こんなものを作ったのだろう？　たしかに美しかったが、しかし何だって世界で最も高い噴水をスイスに？

その時、電話が鳴った。三回、大きな音を立てると、不意に鳴りやんでしまう。切れたのかと思うと、また三回鳴る。まったくフランス系スイス人は、電話の呼び出し音までいらいらさせる。ああ、アメリカが恋しい。ケチャップたっぷりのチーズバーガーが食いたい。砂糖で真っ白なコーンフレークにバーベキューチキンも！　ルームサービスのメニューを横目で見るだけでも食欲が失せた。いったいどうして、他の国はアメリカに較べてどこもかしこもこんなに遅れているのだろう？　それなのに、なぜ連中は我々を醜いアメリカ人と言うのだろう？

そう思ったとき、電話の前に行き着いた。しかし、こりゃいったいどういう代物だ？　何かのプロトタイプか原始人の電話に違いない。とにかく、その古代的電話に出た。「どうした、ダン？」

「ダンですって？」ナディンの声がぴしゃりと言った。

「おお、いや、間違った！　ハイ、スウィーティー！　調子はどうだい？　ダニーからの電話だと思ったよ」

「違うわ。もう一人の女房からよ。フライトはどうだったの？」

何てことだ！　もう騒ぎを知っているのか？　まさか！　いや、万が一ということもある。この手のことについては、公爵夫人は第六感が働くのだ。だが、いくら彼女にしても、早すぎる。それとも、もう記事になっているのか？　いや、いくら何でも、例のお触り事件が『ニューヨーク・ポスト』の記事になるには早すぎる。いや、待て、CNNがあるじゃないか！　湾岸戦争の時だって、報道は電光石火だった。テッド・ターナーの奴、ニュースが起こっている現場からリアルタイムで報道できるシステムを作りやがった！　たぶん、スチュワーデスが騒ぎ立てたんだ！

「もしもし！」ナディンは責めるように言った。「私に答えないつもり？」

「……ああ、いや、何事もなかったよ。快適なフライトだった。わかるだろ？」

長い沈黙だった。

沈黙の重圧で、こっちが折れるのを待っているのだ。こんな狡猾な女が、女房だなんて！どうやら、ダニーに罪をなすりつけて弁解した方が良さそうだな……。

その矢先、彼女が言った。「まあ、それは良かったわ。ファースト・クラスのサービスはどうだったの？　素敵なスチュワーデスと出会った？　白状しなさいよ、別に妬いたりなんかしないわ」笑い声が続く。

なんてこった。私は、奇術師と結婚したのか？　「いや、いや」私は言った。「どうってことなかったよ。ドイツ系だな、彼女たちは。一人は大女で、尻をけっ飛ばされるかと思った。とにかく、ほとんど眠っていたから。機内食まで、食べ損ねたよ」

それは公爵夫人に哀れを催させたようだった。「まぁー、それはいけなかったわね、ベイビー。きっとお腹がすいたことでしょう。通関はどうだったの？　無事だった？」

くそっ！　こんな電話、早く切ってしまわなければ！　「ああ、ほとんど問題なかった。いくらか訊かれたが……よくある質問さ。とにかく、パスポートにスタンプも押されなかったほどだ」そして、何とか話題を変えた。「ところで、かわいいチャニーはどうしてる？」

「ああ、あの娘なら大丈夫よ。でも、乳母には本当に腹が立つわ！　いつも馬鹿げた電話ばかりしているんだから！　きっとジャマイカに電話しているに違いないわ。とにかく、住み込みで働いてもらう海洋生物学者を二人見つけたの。池の底にある種のバクテリアの膜を作れば藻をすっかりきれいにできると言ってたわ。どう思う？」

「幾らかかるんだい?」別に返事を気にもせずに訊いた。

「年に九万ドルよ。二人でね。夫婦なの。いい人そうだわ」

「なるほど。まあ、給料はそんなものだな。いったいどこで見つけ――」そう言ったとき、ドアをノックする音が聞こえた。

「ちょっと待ってくれよ。ルームサービスがきたようだ」私は受話器をベッドの上に置くと、ドアを開けた。目の前が真っ暗だった。どんどん、視線を上げていく。すると……おお！　身長一八〇センチあまりの黒い肌の女性だった！　エチオピア人に違いない。胸が高鳴った。なんて若く、ぴちぴちした肌！　何て温かく、セクシーな笑み！　そして、何という長い脚！　まるでどこまでも続きそうだ。私はこんなにちびだったか？　まあ――なんでもいい。超ミニのドレスを着た彼女は、素晴らしく美人だった。「何のご用？」私は当惑して訊いた。

「ハロー」と彼女。

　思った通りだ。ハローとグッドバイしか英語を知らない、エチオピア直送の黒人コールガールだ。願ってもない！　私は身振り手振りで、室内に招き入れ、ベッドの方へと誘った。彼女はベッドに腰を下ろした。私は横に座り、ゆっくりと横たわって右手で片肘をついた。ああ、そうだ、女房と電話中だった！　くそっ、なんてこった！　私は人差し指を唇につけて、これが世界中のコールガールに理解される身振りであることを祈った。「黙ってろよ、この売女！　いま女房と話してんだよ、もし女の声がしたらえらいことになる。そうなったら、お前にもチップはやらないからな！」と言ったつもりだった。

幸いにも、彼女はうなずいた。

私は電話を取り上げると、冷めたエッグスベネディクトほど興ざめなものはないとナディンに話した。彼女も納得し、無条件に愛してるわと言った。お言葉通りに受け取ることにし、私も愛している、会えなくて寂しい、君なしじゃいられないと言った。どれも本心だった。

その時、ひどい寂しさがこみ上げてきた。こんなに妻を愛しているのに、いったいどうして女を買おうとしているのか？　どうかしているんじゃないのか？　普通の男はおろか、力のある男にしてもおかしい。いや、そうであらばこそ、なおさらどうかしている。時折の浮気ぐらいなら、まああることだ。しかし、それにも一線というものがある……だが、その時は、それ以上考えないことにした。

ため息をついて気持ちを切り替えようとしたが、容易ではなかった。私は妻を愛していた。彼女が私の最初の結婚生活を破壊したのは事実だが、それには私にも等分の責任があるし、やはり良妻だった。

まるで、自分の行動は本当にやりたくてやっているのではなく、期待されている役回り──ウォール街の狼──を演じているような気がした。

それは、自らの壊れた人格に対する残酷な直感だった。私は本当に、フランカに惹かれたのか？　彼女は、私の妻の足元にも及ばなかった。あのフランス語訛りの英語もうっとうしい。妻のブルックリン訛りの英語の方がずっと良かった。しかし、酩酊状態から冷めた後でさえ、税関員に取りなしを求めたのは私だった。いったい、なぜ？　それが、ウォール街の狼にふさわしいと思ったからだった。それは悲しい狂気だった。

私は隣の女性を見た。エイズのウイルスを持っているにしては、健康そうだった。しかし、彼女はアフリカから来たのだろうし……いや、まさか。エイズなんてもはや下り坂の病気だし、突っ込む穴を間違えない限りうつるはずがない。それに、これまでだって病気をもらったことはないのだから、いまさら何を怖れる必要があるだろう？

彼女は私に微笑んだ。私も彼女に微笑み返した。彼女は両脚をくの字型に曲げて、ベッドに座っていた。なんて淫らでセクシーなことか。腰布は、ほとんどヒップの上までずり上がっていた。こんなことはこれで最後にしよう。このチョコレート・ブラウンのタワーリング・インフェルノを辞退するなんて、偽善というものだ。

私は腹を決めた。あれこれ悩まずに、彼女を相手にコトを済ませたら、残っているクエイルードをすっかりトイレに流してしまい、新規まき直しだ。

そしてその順番通りに、きっちりと事を進めた。

12　悪い予感

数時間ほど後の午後零時半、トロール漁船よりも幅広く、霊柩車よりも長いブルーのロールスロイスのリムジンの後部座席で、私はダニーと向かい合っていた。まるで、自分の葬式に行くような気分だった。そしてそれが、その日の凶兆の皮切りだった。

行き先はプライベート・バンクのユニオン・バンケール・プリヴェ。取引銀行を探す初顔合わせだ。後部座席の窓から見ると、噴水はやはり壮観だった。ダニーが、いかにも口惜しそうに言った。「どうしてクエイルードをトイレに流さなければならないのか、未だにわかりませんよ。ほんの数時間前に、ケツの穴からひねり出したばかりなのに。いったい、どうしたって言うんです、JB！　まったく、ひどいじゃないですか」

私はダニーを見て笑った。まったくだった。かつては、私自身、ドラッグを尻の穴に隠して、あれこれの国の税関を突破したものだ。だがそれは一苦労で、とても笑い事ではすまなかった。ドラッグを詰めた瓶にワセリンをたっぷり塗ると楽だと聞いたことがあるが、そこまでやるのかと思うだけで、その気も失せた。そんなことを考えるのは、本物のドラッグ中毒者だけだ。

とにかく、私はダニーにも感謝していた。奴はいつも、私という金を生むガチョウを守る盾になってくれる。しかし、ガチョウが金の卵を産まなくなったら、いつまで守ってくれることだろう？　大事な疑問だが、悩む必要はなかった。私は大物として脂が乗りきっていたし、金はますます勢いよく流れ込んでいた。「ああ、まったくひどいのは認めるよ。厚意には感謝している。特に、潤滑ゼリーも何も使わずに、あんなものを肛門に突っ込んだんだから。しかし、もうクエイルードでラリっている時じゃない。これからは、お前にも本調子でいてもらわなきゃ困る。特にこれからの二、三日はそうだ。私自身も、しっかり仕事しないとな。わかるか？」

ダニーはシートに寄りかかってのんきな口調で言った。「ええ、そりゃ構わないんですけどね。私も、ちょっと薬を抜いた方がいい時期だし。ケツに物を突っ込むのは、あまり気持ちの良いもんじゃない」

「コールガールの方も、ほどほどにしないとな、ダニー。ちょっと度が過ぎてやしないか」

私は首を横に振った。「私はさっきの女で当面打ち止めだ。しかし、実に良い女だった。見せてやりたかったよ。身長は一八五センチか、いやもっとか。まるで、赤ん坊になって母ちゃんのおっぱいを吸っているような気になったぜ。それがまた、ぞくぞくした」私は居心地悪そうに体勢を入れ替えて、左足にかかる荷重を弱めた。「黒人の娘ってのは、ちょっと白人とは味が違うと思わないか？　特にプッシーは……なんて言うのかな……ジャマイカのサトウキビの味だ！　黒人のプッシーは、すごく甘いんだぜ、まるで……まあ、そんなことはどうでもいい。いいか、ダン。お前がどこで誰にナニを突っ込もうが勝手だが、私はしばらくの間、コールガールは卒業だ。本気だぞ」

ダニーは肩をすくめた。「私だってあんたみたいな女房を持っていれば、少しは自重するでしょうがね。しかしナンシーは本当に悪夢だ！　俺の人生を台無しにしやがる！」

近親相姦についての説教をのど元で飲み込み、私は同情したように微笑んだ。「それなら、離婚でもした方が良いんじゃないか？　今時、珍しくもないだろう」私は肩をすくめた。「ま、お前の個人生活も大事だが、まずは仕事のことを話しておかないとな。あと数分で銀行に着く。その前に、二、三、話しておきたいことがあるんだ。第一に、話をするのは私だということはわかってるな？」

彼はうなずいた。「もちろんです。私をブロック頭と一緒にしないでください」

私はにっこりした。「お前の頭は、あんなに角張っちゃいないよ。それに、中にはちゃんと脳が入っている。だが、いいか、まじめに聞いておけ。黙って座って、成り行きを見守るのがお前の大事な仕事だ。連中の心の中を読み続けろ。ボディランゲージからは、まったく何もわからない。そもそもフランス系スイス人っていうのは、ボディランゲージというものを持ちあわせていないんじゃないかと思うほどだ。とにかく、どんなにおいしい話を持ち出されても、無関心を装って今日の会議を終えるんだ。絶対だぞ、ダニー」

「問題ありません。でも、なぜ？」

「カミンスキーのせいだ」私はぴしゃりと言った。「奴は顔合わせの会議に出てくる。そして私は、あのヅラ野郎を信用していない。だいたい、このスイスの金融がらみの件はどうも気乗りがしない。しかし、やるとなったら、カミンスキーはかやの外だ。奴に知られたら、台無しだからな。やるとなっても、別の銀行かもしれないし、ここを選ぶかもしれない。彼らだって、カミンスキーになど何の義理立てもしないはずだ。

　とにかく、大事なことは、米国側の人間には一切伏せておくことだ。どんなドラッグをやろうがお前の勝手だが、どんなにラリっても、絶対にこのことは口にするなよ。スティーブ・マデンにもお前の父親にも、特にお前の女房には絶対に言うな。わかったな」

　ダニーはうなずいた。「オメルタ。任せてください。決して口外しません」

　私は笑みを浮かべて、黙って窓の外を見た。ダニーはいつも通り、それで話が打ち切りであることを察した。私はそれから、車窓に映るジュネーヴの街並みを見て過ごした。通りは清潔だった。歩道にはゴミひとつなく、壁の落書きもなかった。私は、いったいなぜこんなことをしているのだろう？　間違いを犯しているとも思ったし、危険でもあったし、向こう見ずにも思えた。駆け出し時代の私を指導してくれた一人アル・エイブラムズは、海外銀行には近づくなと警告してくれていた。問題を自ら背負い込むようなもの、自ら怪しいと言いふらしているのと同じだ、特に決してスイス人を信用するなとも言っていた。米国政府が本気で圧力を掛けたら、いとも簡単に裏切られるぞ、というのだった。スイスの銀行は米国に支店を持っている、だから首根っこをおさえられているも同然だ、と。アルの指摘は、すべてもっともだった。彼ほど慎重な男は見たことがない。書類の日付をさかのぼって偽造するためにに古いペンを常備するほどだ。インクが古いから、ＦＢＩがガスクロマトグラフにかけても、わからないのだ。これほどまでに用心深い犯罪者がいるだろうか？

ストラットンを起こして間もない頃、私はアルと定期的にセヴィル・ダイナーで朝食を摂っていた。当時ストラットンのオフィスがあったマーカス・アベニュー二〇〇一番地から一・五キロほど行った所、現在のオフィスからは目と鼻の先にある店だ。彼はコーヒーとナッツ入りのオーストリア風トルテを勧めてくれながら、連邦証券取締法の発展史について話してくれた。なぜ様々な規則がそうなっているのか、過去にどんな人がどんな過ちを犯したのか、現在の証券取締法の多くが過去の犯罪に基づいてどのように改正されてきた結果なのかなどを解説してくれた。私はそれを細大漏らさず聞き取った。メモは取らなかった。文字を書くことは、禁じられていた。アルとのビジネスは、すべて握手一つで行なわれた。彼の言葉はすべてが約束事で、彼はそれを守った。たしかに、どうしても必要とあれば書類を交わすこともあったが、それもアルが念入りに書き、さらに念入りにペンを選んで署名したものに限られていた。そしてすべての書類は、いざというときの、プロージブル・ディナイアビリティになっていた。

アルは面白いことをたくさん教えてくれたが、最も大切なことは、どんな取引も——あらゆる株の売買や電子送金——必ず書類の痕跡を残すということだった。さらに、その書類が、自分の無罪を証明するか、あるいはプロージブル・ディナイアビリティにならなければ、起訴されるのは時間の問題だ、ということを。

だから、私はこれまで、ずっと慎重だった。ストラットン・オークモントを設立して以来これまでにまとめてきたあらゆる取引や、ジャネットが私の指示で実行したすべての送金処理や、私が関わった疑わしい企業取引には、私の犯罪性を薄らがせるプロージブル・ディナイアビリティとなるよう、例外なく手を加えた。様々な書類や日時を示すスタンプ、さらには配達証明の手紙までもが、そんな説明を裏づける証拠だった。ウォール街の狼は尻尾をつかませない。当局は私に照準を合わせることはできなかった。アル・エイブラムズは、その秘訣を指南してくれた。

アルが教えてくれたことがもう一つある。昔の仲間であれ現在のそれであれ、仕事仲間から電話で過去の取引の話を持ちだされたら、十中八九、相手は捜査協力していると思えということだった。そして、彼自身も例外ではなかった。だから、アルから電話を受けて、あのしわがれ声が「覚えているかな、例の取引の……」と運命の言葉を切り出したとき、彼が当局に首根っこを押さえられたことを私は悟った。追って彼の弁護士から電話があり、アルが起訴されている、私が共同所有している私的な投資の彼の持ち株分を買い取ってもらえると助かるんですが、と聞かされた。資産を凍結され、現金に事欠いていたのだ。私はすぐさま、現金を供給してやった。それから、アルが尋問に耐え抜き、たとえ司法取引に応じても、私のことだけは裏切らないことを祈った。だが、ニューヨークきっての刑事専門弁護士に事情を訊くと、部分的捜査協力などというものはないと聞かされた。するならする、しないならしないの二つに一つなのだ。私の胸は重く沈んだ。

もしアルが、司法取引で私を裏切ったらどうなる？　地球上で最も慎重な男が、まさか起訴されるとは思っていなかった。だが、ただ一度の失敗が、一巻の終わりだった。

私も、同じ失敗を犯そうとしているのだろうか？　スイスが愚行の地になるのか？　これまで五年間、私は慎重の上にも慎重を重ねてきた。ＦＢＩに尋問されたことは一度もないし、過去について話をしたこともない。自宅もオフィスも、定期的に盗聴装置の捜索をしていた。書類はすべて自分に有利な証拠になるように偽造した。決して銀行から少額を引き出すことはしなかった。むしろ、金を引き出すときには、二五万ドル以上の預金単位の様々な銀行口座から一〇〇〇万ドル以上の現金を引き出した。多額の現金を所持している現場を押さえられたときに、説明がつくようにするためにほかならなかった。もしＦＢＩに現金の出元を聞かれたら、「取引銀行で調べてくれ。私の金はすべてまっとうなものだ」と言えばよい。

そう……私は慎重だった。だが、それを言うなら、私の良き友人、最初の師で、さんざん面倒を見てくれたアルだって、慎重な男だった。そしてそんな彼でさえ捕まるのなら……私の分は悪かった。

それが、今日二度目の悪い予感だった。だがそれで終わりでないことは、その時には知る由もなかった。

13　資金洗浄入門

プライベート・バンクのユニオン・バンケール・プリヴェは、仏系住民のはびこるジュネーヴの中心部ローヌ通りに面した一〇階建ての黒ガラスのビルを占拠していた。ジュネーヴのぼったくり買い物街の中心地で、私の好きな大噴水からもほど近い。

米国で銀行と言えば、防弾ガラスの向こうにテラーたちが笑顔で並んでいるものだが、ここでは若い女性が一人で巨大なイタリア製大理石に囲まれて、広いマホガニー製のデスクを前にしていた。ライトグレイのパンツスーツに襟の高い白いブラウスを着て、ブロンドの髪をきっちりと結んだ無表情な顔。肌には皺も染みもまったくなかった。またもやスイス製ロボットか。

ダニーと一緒に近づいていくと、彼女は疑わしげに私たちを見た。まるで、学童に麻薬を売って金儲けしているドラッグ・ディーラーを見るような目つきだ。やはり若いアメリカ人犯罪者が不法所得を資金洗浄しにやってきたことをお見通しなのだ。

私たちはただの古き善き証券詐欺師です、ドラッグはただ個人的に中毒しているだけで売ったりはしませんよ、と言いたい気持ちを、ぐっとこらえた。

だが彼女は個人的見解は差し挟まず、こう言っただけだった。「何のお手伝いをさせていただきましょう?」またもや、この回りくどい言い回し!「ジャン・ジャック・ソーレル氏(仮名)にお目にかかりたいのです。私はジョーダン・ベルフォートです」

返事を待ったが、彼女は私を……次にダニーを……上から下まで、舐めるように見回し、やがておもむろに言った。「ああ、ムッシュウ・ジャン・ジャック・ソーレルですね! 五階で一同がお待ち申し上げております」彼女はエレベーターの方を指さした。

ダニーと私は、マホガニーで内張りしたエレベーターに乗り込んだ。一九世紀のスイス軍元帥のような格好をした若い男がエレベーターを運転していた。ヘルメットに紫色の羽毛を立てている。二人であきれるばかりだった。私は声を押し殺してダニーに言った。「さっき言ったことを忘れるな。話がどう転ぼうと、関心がないと言ってやるんだ。いいな?」

ダニーはうなずいた。

エレベーターを降り、マホガニーの羽目板を施した長い廊下を歩く。富のオーラが滲み出ていた。ひどく静かで、棺桶の中にいるような気がしたが、あえて口には出さなかった。ため息をつき、廊下を進むと、向こうには細身の男性が立っていた。

「これはこれは、ミスター・ベルフォート! そしてミスター・ポルシ! おはようございます」ジャン・ジャック・ソーレルは、温かい口調で言った。握手を交わす。彼は茶目っ気たっぷりな笑顔を浮かべると、「空港での騒ぎの後で、ご滞在が快適になったことと存じます。コーヒーでも飲みながらスチュワーデスとの冒険譚をうかがうとしましょう!」と言ってウインクした。

　ふむ、典型的なスイスのカエル野郎（フランス系住民に対する蔑称）とはえらい違いだ。間違いなくヨーロッパの富豪タイプだが、それでもやはり洗練されていて、とてもスイス人には見えなかった。オリーブ色の肌にダーク・ブラウンの髪をきっちりとバックになでつけた様子は、まるでウォール街の住人そのもの。顔つきも体格にマッチしてほっそりと面長で、すべてが均整良くまとまっていた。紺にチャコールグレイのピンストライプの入ったウーステッドのスーツ、白いドレスシャツにダブルカフス、高価そうな青い絹のネクタイ……ヨーロッパ人ならではの見事な着こなしだった。

　廊下でちょっと立ち話をすると、ソーレルは本当にスイス人ではなく、パリ支店から出向しているフランス人とわかった。ゲリー・カミンスキーが同席することは気に入らないが、紹介者である以上仕方がないと言って、感心させるのも、もっともだった。その上、この会議は適当に切り上げて、午後なり明日なりに邪魔者なしで会おうとまで言う。私も、同じ理由で破談にして退席するつもりだったことを彼に話した。彼は唇を引き締めてうなずいてみせた。ダニーの顔は見るまでもない。きっと、舌を巻いているだろう。

　ソーレルは、会議室というよりどう見ても男の喫煙クラブのような部屋に私たちを案内した。長いガラス製の会議テーブルには、きちんとしたビジネスウェアに身を包んだ六人のカエルたちがいた。いずれも、手に火のついた煙草を持っているか、目の前の灰皿から煙を立ち上らせていた。部屋中が煙でかすんでいた。

そしてカミンスキーも、まるで頭の上に動物の死骸でも乗せたようなヅラ姿でそこにいた。にやけた丸顔を見ると、一発食らわしてやりたい衝動に駆られた。席を外させようかと思ったが、やはりスイスでビジネスをするつもりはないと明言する現場を見せつけておくべきだと考え直した。

いくらか雑談を交わしてから、私は言った。「スイスの銀行の機密保持法について、ご教示頂ければ幸いです。米国の弁護士連中の話を聞くと、ああ言う者あればこう言う者ありでね。あなた方はどんな状況なら米国政府に協力するのですか？」

カミンスキーが言った。「それこそここで仕事をする最大のメリット……」

私はぴしゃりと言った。「ゲリー。もしこの件について君の意見に興味があるなら、私はこのクソ……」と言いかけて、このスイスのロボット連中は罵詈雑言は好まないだろうと思い直した。「……失礼しました、皆さん。ニューヨークで君の話はうかがっていたよ、ゲリー」

カエル連中は笑ってうなずいた。まったくこのカミンスキーというのは、見ての通りのバカだなと一同の顔に書いてあった。しかし、私はすでに先を読んでいた。私がこの銀行と取引することになったら、奴は何らかの紹介料を手にすることになるのだろう。さもなければ、私の不安をなだめるようなことを言うはずがない。それまでは、カミンスキーは知ったかぶりのバカに過ぎないと思っていた。ウォール街には、よくいるタイプで、素人評論家と呼ばれている。だがこれで、カミンスキーの動機が金銭的なものであることを、私は確信した。

実際に私がこの銀行に口座を開いたら、彼は紹介料を受け取ってそれに気づくだろう。それはいただけない。

まるで私の考えを察したように、ソーレルが言った。「ミスター・カミンスキーはこの種のことについては常に一家言お持ちなんですよ。私はそれを、むしろ奇妙に思っています。貴方のご判断が損得になるわけではないんですから。貴方をここにご案内くださったことで、ミスター・カミンスキーはすでに若干の紹介料を得ておられるのです。ですから、貴方が当行と取引なさるかどうかは、カミンスキー氏の収入とは、何の関係もないのです」

私は納得したようにうなずいた。ソーレルが、こちらに選択権を委ねる回りくどいスイス口調でなく、まったく普通の、簡潔な英語で話すことは興味深かった。

ソーレルはさらに言った。「ともあれ、ご質問の件ですが、スイス政府が米国政府に捜査協力するのは、嫌疑をかけられている犯罪が、スイス国内でも犯罪になる場合のみです。たとえば、スイスには脱税を禁じる法律はありません。だから、そんな件について米国政府から捜査協力を求められても、私たちは協力いたしません」

「まったく、その通りです」メガネをかけた、細身でピエールとか何とかいう副頭取が言った。「我々には、米国政府に対する特別な親愛の情はありません。どうか、悪く取らないで頂きたい。ですが、我々が協力するのは、刑法上の重罪の場合のみです」

そしてもう一人のピエールが続けた。まだ若いのにビリヤードの球のように禿げている。

「スイスの重罪というのは、貴方のお国と較べてずっと緩やかなのです。米国で重罪とされることの多くは、ここでは重罪には当たらないのです」

ああ、神様！　重罪という言葉を聞いただけで、背筋に震えが走った。実際、スイスの銀行を指人形に使うという私の考えに、大きな問題があることは自明だった。もっとも、「指人形」取引がこの国で重罪に当たらないのであれば別だが。その可能性はあるだろうか？　いや、実に疑わしい。だが、ソーレルと邪魔者なしで会ったときには、ぜひ訊いてみよう。

私はにっこりした。「それについては、別に興味はないのです。というのは、何一つ米国の法律を破るつもりはないのでね」鉄面皮な嘘だが、聞こえは良かった。もっとも誰も、こんな与太話は気にしてはいないだろう。そしてなぜだか、スイスにいるということは気が休まった。私は続けた。「ダニーの意見も同じです。スイスに金を預けようかと考える唯一の理由は、資産保護のためです。私が何より気にしているのは、こういう仕事をしていれば、訴えられる可能性はとても大きいということです。さらに言えば、不当な訴えを受けることがですがね。ともあれ、私にとって何より大切なことは、あるいは、よりはっきり言わせてもらえば、いかなる状況においても、誰かしら米国市民、あるいは世の中の誰にであれ、私への民事賠償請求判決を得た者に私の金を引き渡すことがあるのかどうかです」

ソーレルが笑った。「絶対にありませんよ」ちょっと考えてから、彼は言葉を足した。「そもそも、外国の民事賠償請求など、私たちは取り合いません。私法に関わる規制団体であるＳＥＣから令状を受け取ったところで、私たちは決して応じません」そして、思いついたように、彼は付け足した。「仮に嫌疑をかけられている案件が、スイスの法律に照らして重罪に当たる場合でもです」彼はうなずきながら、にんまりとして念を押した。「そんな場合でも、私たちはやはり捜査には協力しません！」

私は納得したようにうなずきながら、一同を見回した。誰もが会話の進展に満足げだった。例外が一人だけいた。私だった。彼の最後の一言が、ひどくショックだった。スイス政府が調査に協力しなければ、ＳＥＣは米国連邦地検に刑事犯罪調査を依頼しないわけにはいかなくなる。自ら墓穴を掘るのと同じだった。

しかし、一方では、こうも考えられる。ＳＥＣの調査の九割方は、私法上の手続きによってカタがつく。ＳＥＣがＦＢＩに刑事犯罪調査を依頼するのは、特に悪質な事件だけだった。だが、ＳＥＣがスイス政府にひじ鉄を食わされて、独自調査ができなければ、悪質かどうかさえ、判断のしようがない。となれば、スイスの銀行と取引するのも、悪いアイデアではない。

私は深呼吸して言った。「なるほど。聞いたところ結構な話ですが、しかし、米国政府はいったいどうやって調査対象を絞るのでしょう？　つまり、どうやって捜索状を送る銀行の目星をつけるのか、ということです。口座にはいずれも番号だけしかなく、口座名義人の名がないわけでしょう？　であれば、誰かが情報を漏らさない限り……」私はカミンスキーの顔色を見たい衝動をこらえた。「……どこに金があるのか、なぜわかるのでしょう？　何らかの書類の痕跡を残すなどの不注意でもあれば別ですが、いったい米国政府はどこに誰の金が幾らあるのか、どうやって知り得るのですか？　口座番号を推測しているとでも？　スイスには、銀行だけでも一〇〇〇行もあるでしょう。そしてそれぞれが、おそらく数十万口もの口座を持っているでしょう。ということは、無数の無記名番号口座があるわけですよね。砂浜から一粒の砂を探し出すようなもので、情報もなしに特定するのは不可能でしょう」私はそう言って、ソーレルの黒い目をのぞき込んだ。

しばらく沈黙が続いた後で、ソーレルが口を開いた。「それも大変良いご質問です。しかし、それにお答えするためには、スイスの銀行業界の歴史について、いくらかお話しさせていただかなければなりません」

結構。過去のいきさつを知っておくべきと言うのは、まさにアル・エイブラムズに朝食講義で叩き込まれた心がけの一つだった。私はうなずいた。「どうぞ、お願いします。実際、私は歴史に目がありませんでね。特に、こんな状況に関係することならいっそうです。なじみのない領域で仕事をしているようですのでね」

ソーレルは微笑んで言った。「番号口座という概念そのものが、ちょっと誤解を招きやすいのです。たしかにスイスの銀行はすべて、顧客のプライバシーを保つためにこの選択肢を提供していますが、それぞれの口座にはちゃんと名義人がいます。そしてその記録は、銀行側が持っています」

そう聞いて、私は落胆した。ソーレルは続けた。「しかしその昔、第二次大戦前は、そうではなかったのです。当時は、スイスの銀行家にとって、匿名の番号口座を開くことは当たり前でした。すべては、握手をベースにした個人的な信頼関係に依っていたのです。こうした口座の多くは、法人名で開かれていました。しかし、米国の法人と違って、こうした企業は無記名法人でした。つまり、実際に株券を持ってくれば、誰でも正当な所有者と見なされたのです。

しかし、そこにアドルフ・ヒトラーと忌むべきナチスが現れたのです。これは、私たちの歴史の実に悲しい一幕で、とりわけ自慢できることではありません。できる限りユダヤ人の顧客をお助けする努力をしたのですが、結局、それでは十分ではなかったのです。ミスター・ベルフォート、貴方もご存じの通り、私はフランス人です。しかし、ここにいる一同を代表して、私たちはもっと努力すべきだったと思っています」

一同が——自らユダヤ人である道化師のカミンスキー自身も含めて——一斉にうなずいた。きっとダニーと私がユダヤ系であることは誰もが知っているのだろうから、これらは私たちへのリップサービスなのだろうか？　それとも本心なのか？　とにかく、その間に私はずっと先まで話の道筋を読んでいた。ヒトラーがヨーロッパ中でユダヤ人狩りをし、六〇〇万人をガス室に送り込んで皆殺しにする前に、その多くはスイスの銀行に資産を移した、ということだ。ナチスが権力を握った三〇年代前半、危機感を募らせたユダヤ人は多かっただろう。資産を海外に移すことは容易だった。だが、自らの身柄の亡命は、それほど簡単ではなかった。デンマークを例外にして、事実上ヨーロッパのすべての国は、血眼になっていたユダヤ人を保護しようとはしなかった。それらの国のほとんどはヒトラーと密約を交わし、不可侵と引き替えに大勢のユダヤ人を引き渡すと約束していたのだ。もちろんヒトラーは、ユダヤ人を強制キャンプに収容するやいなや、そんな密約もあっという間に反古にした。そして、一国また一国とナチスの軍門に下っていくたびに、ユダヤ人は隠れる場所を求めて逃げ出していった。皮肉だったのは、スイスがユダヤ人の金はいち早く受け入れたのに、ユダヤ人の身柄の保護には非常に消極的だったことだ。

ナチスが倒された後、生き延びたユダヤ人の家族の多くはスイスの秘密口座から家族の財産を引き出そうとした。しかし、彼らが権利者だと証明する方法は、どこにもなかった。何しろ、口座には名義人の名前が付いておらず、ただの番号しかないのだから。生き残った子供たちが、両親がどこの銀行のどの担当者と預金取引していたのか知らない限り、金の引き出しを申し立てる権利はないのだった。今日に至るまで、何千億ドルものユダヤ人の金が、そのまま退蔵されているのである。

そう思うと、さらに暗い一面に考えが及んだ。預金者の遺族を知っていながら、積極的に捜し出そうとしなかったスイス銀行家は、いったいどれほどの数に上るのだろう？　さらに、ユダヤ人の生存者家族が正しいスイスの銀行を探し当て、正しい担当者を見つけ出して預金の引き出しを依頼したとき、嘘をつかれて追い返されたことが、いったいどれほどあっただろう？　神様！　なんという悲劇！　正当な相続者に預かった遺産を引き渡したのは、よほどまともな銀行家だけだったのだ。そしてドイツ系の天下であるチューリヒでは、ユダヤ人に与する銀行家を探し出すのは至難の業だ。おそらくフランス系のジュネーヴではいくらかはましだっただろうが、それも程度の問題に過ぎない。人間の本性はどこでも変わらない。

そしてユダヤ人の財産が、この国の銀行制度そのものの闇に吸い込まれて永遠に失われ、この小国を想像を絶するほど富ませたからこそ、道端にホームレスがいないのだろう。

「……そんなわけですから……」ソーレルは言った。「……今日、スイスの銀行に開かれる新規口座には、すべて受益所有者名が求められるのです。例外はありません」

ダニーを見ると、彼は微かにうなずいて見せた。「悪夢だ」というメッセージだった。

ホテルに戻る帰り道の車中で、私たちはほとんど口をきかなかった。私は窓の外に、いまも自分たちの財産を探している数百万人ものユダヤ人の亡霊を見ていた。ともあれ、その時には文字通り左足が焼けつくように痛かった。もしこの手ひどい慢性的な痛みがなかったら、私だってドラッグを止められただろう。だが、意識は実に明晰だった。おそらくもうたっぷり二四時間は何の薬も服んでいなかったので、どんなに手強そうな問題でも克服できそうなほど頭は冴えていた。だが、スイスの銀行法をどうやって出し抜いたものだろう？　法律は法律だ。アル・エイブラムズの末路を見ると、月並みな文句だが、法律を知らなかったで済めば世話はないという言葉が思いやられた。単純な事実として、もしユニオン・バンケールに口座を開いたらパスポートのコピーを渡さなければならず、するとそれは銀行のファイルにしまい込まれる。そしてもし米国司法省が証券詐欺で捜査令状――もちろん、スイスでも刑法罰だ――を発行したら、金の卵を産むガチョウは鳥鍋になってしまう。私の口座番号を知らなくても、別に捜査に支障は来さないだろう。スイスの司法省に令状を送りつければ、スイス司法省は国内の全銀行に通知をし、令状に記されている名義の口座をすべて報告させるだろう。

そうなれば、万事休すだ。

それなら、米国の指人形と取引を続けていた方がずっと良い。少なくとも、彼らは証人に引きずり出されても、宣誓した上でしらを切り通すだろう。あまり愉快な想像ではないが、少なくとも書類の証拠は残らない。

いや、待てよ。スイスの銀行の誰が私にパスポートを見せろと言った？　それなら、米国の指人形をスイスに送り込んで、彼らがパスポートを提示して自分の名義で口座を開いたら？　ＦＢＩが私の米国の指人形とスイスの指人形との関連に気づく可能性は、いったいどれだけあるだろう？　指人形を指人形に！　二重構造の煙幕！　米国がジョーダン・ベルフォートの名義で召喚状を発行しても、スイスの司法省はそれを銀行に取り次いだあげく、そんな名義の口座は存在しない！

それを言うなら、現在の指人形の一人を使わなければならない理由もない。これまで指人形を選ぶときには、信用できるかどうかに加え、国税の注意を引かずに多額の現金を用意できる能力を選択基準にしていた。そしてそんな人物を見つけるのは楽ではなかった。いま使っている最大の指人形は、エリオット・ラヴィンだった。しかし彼は、ますます厄介者になっていた。私にクエイルードを紹介した人物でもあったからだ。彼は全米最大級のアパレル会社ペリー・エリスの社長でもある。だが、この立派なポストに騙されてはいけない。エリオットは、ダニーよりも一〇倍もクレージーだった。信じられないかもしれないが、彼に較べればダニーなど聖歌隊の少年のようなものだ。

エリオットは根っからのギャンブル依存症であり、重度のドラッグ中毒でもあり、セックス中毒で常習的に妻を裏切っていた。年に数百万ドルもの金をペリー・エリスから盗んでもいた。海外の工場に会社宛に上乗せ請求させ、数百万ドル単位のキックバックを取っていたのだ。

私が新規公開株を割り当ててやると、彼は海外の委託工場から受け取った現金で精算するのだった。それは書類の痕跡を一切残さない完璧な取引だった。だが、彼は私にとって、ますます重荷になっていた。ギャンブルとドラッグが、彼という人間を蝕んでいた。支払いも遅れがちになり、今では私への払戻金を二〇〇万ドルも滞らせていた。だが、完全に奴を切ってしまえば、その金とも縁が切れてしまう。だから私は、奴に新規公開株を割り当てて儲けさせ、そこから少しずつ支払いを回収してゆっくりと関係を清算しているさなかだった。

とはいえ、エリオットは便利な存在でもあった。既に現金で五〇〇万ドル以上を私に払い戻し、その金は米国の銀行の貸金庫に隠してあった。その金をいったいどうやってスイスに送金したものかは、まだ決めていなかったが、いくつか当てがないでもない。数時間後にソーレルと再会したとき、その件も話しておこう。とにかくこれまでは、書類の痕跡を残さずに経済力のある人間を見つけてエリオットの代わりの指人形に育てるのは大変だと思っていた。しかしスイスの銀行を指人形の隠れ蓑にできるとわかった今となっては、その指人形が

「クリーン」な現金を用意できるかどうかはどうでもいい。ただ、そいつの名義でスイスの銀行に入金して利息でも増やしておけばいいのだ。残る問題はただ、スイスに預けた金を、いったいどうやって引き出して使えるかだった。洗濯し終わった金をどうやって米国に環流させて、再投資できるだろう？　それが問題だった。

だがスイスの銀行を利用する最大の利点は、多額の「クリーン」な現金が用意できる人物かどうかは関係なく、信用できる者かどうかだけを基準に指人形を選べるようになることだ。こうなれば候補ははるかに広がる。たとえば妻の家族はどうか、と私は考え始めた。そのいずれもが米国市民ではなく、英国に住んでいた。ＦＢＩの監視の目は届かない。実際、米国の証券取締法には、外国人が米国の公開株にずっと有利な条件で投資できるという、あまり知られていない例外条項があった。それはレギュレーションＳと呼ばれ、米国市民なら公開企業の第三者割り当てを取得してもＳＥＣ規約一四四条によって二年間の保有義務を課されているところ、わずか四〇日に短縮されるのである。これは、外国人投資家を米国人よりも大幅に優遇するばかげた法律だった。あげく、他の規制の穴と同じくさんざん濫用され、めざとい米国人投資家は外国人と密約を結んで、レギュレーションＳの下に米国の公開企業の株式割り当てを引き受け、あっという間に売り抜けていた。私も大勢の外国人から、ほどほどの手数料でキックバックするから株式を割り当ててほしいという申し出を受けていた。だが、私はアル・エイブラムズの教えを忠実に守り、そんな申し出をことごとく断っていた。もともと法律を破るつもりの外国人を、どうして信用できるだろう？　外国人と密約を結んでレギュレーションSを濫用することは重大な刑事犯罪だ。FBIに目をつけられないよう、私はそんな申し出を常に退けていた。

だが、指人形との関係をスイス銀行の煙幕で覆い隠せるとなったら……？　妻の家族なら名字が違うから、発覚する危険は大幅に減る！

妻の叔母のパトリシアのことを思った。彼女は私にとっても叔母同然だった。私たちは初対面からとても気が合った。その時に彼女が目にしたものを思えば、皮肉というほかはない。あれは二年前、ロンドンのドーチェスター・ホテルでのこと。彼女がやってきたとき、私はクエイルードの服み過ぎで、便器に頭を突っ込んで溺死しかけていた。しかし彼女は私を叱りつけるでもなく、一晩中、便器に毒気を吐き散らす私を、ずっと抱き留めて励ましてくれた。そしてコカインが悪く効いて恐怖に震えていた私の頭を、母親のように撫でてくれた。どれだけ安定剤を飲んでも、コカインがもたらす不安感には追いつかなかった。翌日、昼食を共にしたとき、彼女は前夜の醜態を少しもとがめずに、私にクスリを止める決心をさせた。私は実際、それから二週間はしらふで通した。英国にはナディンを伴っており、そのあいだ夫婦仲は最高だった。あまりの幸せに、本当に英国に引っ越し、パトリシア叔母さんのそばで暮らそうかと思ったほどだった。だが心の奥底では、それも幻想だとわかっていた。私の人生は米国にあった。ストラットンは米国企業で、私の権力も米国にあった。そして帰国し、ダニー・ポルシャやエリオット・ラヴィンや愉快な取り巻きトレーダーたちに囲まれると、ドラッグ中毒が再燃した。腰痛の悪化に伴って、それはさらにひどくなった。

パトリシア叔母さんは六五歳。離婚して独り身、学校教師の職も引退し、隠れた無政府主義者だった。指人形にはもってこいだった。官憲をなべて軽蔑していたし、完璧に信用できる人物だった。一言頼めば、にっこり笑い、翌日には機上の人になるだろう。それにパトリシア叔母さんは金を持っていない。会うたびに一年かかっても使い切れないほどの金の提供を申し出るのだが、彼女はとても誇り高く、いつも断られてしまう。だが、一肌脱いでもらうなら話は別だ。それなら報酬だって自由に渡せるから、彼女の暮らしをはるかに豊かにできる。何よりだった。だがおそらく、金などほとんど使いやしないだろう。彼女は第二次大戦後の混乱の中で育ったし、現在は学校教師時代の乏しい年金でかつかつやっている。浪費など、したくてもできないだろう。散財といっても、二人の孫に大盤振る舞いするのが関の山だ。それで良いじゃないか。そう思うだけで、心温まった。

彼女なら、万一、米国政府が訪ねてきても、おととい おいでと尻を蹴り上げるだろう。そんな姿を想像すると、思わず笑い出しそうになった。

「なんだかうれしそうですね」とダニーが言った。「会議は時間の無駄だったというのに！その上、気を紛らわすクエイルードさえない。何がうれしいんです？」

私はにっこりした。「数時間後に、ソーレルと会うつもりだ。もう二、三ほど、聞きたいこともあるのでね。もっとも、答えはわかったようなものだが。とにかく、ホテルに着いたらすぐにジャネットに電話して、明日の朝一番でリアジェットを空港で待機させろ。そしてドーチェスター・ホテルのプレジデンシャル・スイートを予約させるんだ。行き先はロンドンだ」

14　世界中どこでも

その夜、私はオテル・ル・リシュモンのロビーにあるレストラン、ル・ジャルダンでジャン・ジャック・ソーレルに会っていた。テーブルには手磨きの銀器に純白の上等な陶器が糊のきいたテーブル・クロスに並べられ、実に見事だった。さぞかし金がかかっているに違いない。しかし、この古式ゆかしきホテルのすべてと同じく、レストランの内装も趣味に合わなかった。まったく一九三〇年代風のアールデコ調で、おそらくその頃から改装したことがないのだろう。

内装は気に入らず、時差ボケで疲労困憊していたにもかかわらず、相方は素晴らしかった。ソーレルは彼自身まったくの女好きで、いまもスイスのカエル女たちとベッドを共にする方法について語っていた。曰く、彼女たちは野ウサギよりもさかりがついている、彼女たちをベッドに連れ込むのはとても簡単で、毎日オフィスから外を眺めては、子犬を連れてミニスカートで歩く彼女たちの尻を的に見立てているのだ、という。

なかなか上手いたとえをダニーに聞かせてやれなかったのが残念だったが、これから恐るべき犯罪行為を話し合おうとしているだけに、たとえ共犯者であっても余人を交えるわけにはいかなかった。それも、アル・エイブラムズが、「犯罪をするときは二人だ。三人だと陰謀になってしまう」と教えてくれたことだ。

しかしソーレルと二人で会食しながら、ダニーの様子が気になった。奴は外国で目を離せる男ではなかった。放っておくと何が起きるかわかったものではない。唯一の救いは、この国ではレイプか殺人でもしない限り、向かいに座っている男がしかるべき当局に電話一本いれて解決できないことはほとんどないことだった。

「だからたいていの時は……」ソーレルは言った。「私は彼らを、銀行の向かいのメトロポール・ホテルに連れ込んでファックしてやります。ああ、ところで、ジョーダン、貴方がよくファックと言うの、あれはいいですね。フランス語には、一言であれほどぴったり言い表す言葉はないのです。まあ、余談はさておき、私はできる限り多くの女性とベッドを共にすることを、本職に次ぐ天職と心得ているのですよ」彼はジゴロのように肩をすくめ、ヨーロッパの遊び人風の気さくな笑顔を浮かべて、また深く煙草を吸った。

「カミンスキーの話によると」彼は煙草の煙を吐きながら言った。「貴方も、私と同じく美しい女性には目がないんですって？」

私は微笑んでうなずいた。

「おお、それは素晴らしい」とジゴロは続けた。「まったくもって結構！　しかし、奥さんは大変な美人だとも聞いていますよ。おかしなことだと思われませんか？　そんなに美しい奥さんを持って、それでも目移りするなんて？　でも、私にはわかります。私の妻もとても美しいのですが、しかし、目に適う若い美女を見ると、やはり手を出さずにはいられない。そして、この国では、そんな女性には事欠かないのですよ」彼は肩をすくめた。「しかし、これが世の中というものなのでは？　私たちのような男にとっては、世の中なんてそんなものでしょう」

実にばかばかしい話で、まったく、聞くに堪えなかった。しかし、私自身もまったく同じことを、繰り返し自分に言い聞かせ、自らの行動を正当化してきたのだった。だがひとたび聞く側にまわると、それがどんなにばかげた事かわかった。「でも、ジャン。いずれ潮時がやってきます。そして私にとっては、もうそんな時です。妻を愛していますし、遊び回るのは卒業です」

ソーレルは眉に皺を寄せ、賢しげにうなずいた。「私も、何度もそんな時を迎えました。実に晴れ晴れした気持ちになる。人生で本当に大切なものを思い出させてくれます。戻る家庭がなければ、人生は空虚です。だから、私は家族とともに過ごす時間をとても楽しんでいます。しかし、二、三日もすると、これ以上こんなことをするくらいなら、手首でも切った方がましだと思うようになる。

誤解しないでください、ジョーダン。妻や子供たちを愛していないわけではありません。深く愛していますよ。ただ、私はフランスの男として、妻や子にばかり関わっていると、うんざりしてしまうのです。つまり、家庭から離れている時間があればこそ、より良い夫であり、より良い父親になれるのです」ソーレルはガラスの灰皿から煙草を取り上げ、深々と吸った。

　どれだけ待っても、彼は煙を吐かなかった。すごい。これも、父親が見せてくれたことのない芸当だった。彼はまるで、煙を吸収してしまうようだった。どうやら、スイスの男たちにとっての喫煙は、米国のそれとは違うようだった。ここスイスでは、男たちは男ならではの楽しみとして喫煙する権利を持っているようだった。一方、米国では、いくら警告しても自殺行為並みの悪徳にふけっていると見なされる。

　そろそろ、本題に入る頃だった。「ジャン」私は温もりを込めて言った。「君の最初の質問についてだが、スイスにいくら持ち込みたいのか、ということだね。最初は少額からの方がいいと思う。せいぜい、五〇〇万ドルかそこらね。様子を見ながら、うまくいくようであれば、さらに大きな額を持ち込もうと思う。来る一二ヵ月のうちに、二〇〇〇万ドル程度だ。銀行の運び屋を使ってはという提案だが、感謝はするが、自分で手配しようと思う。米国にいくらか貸しのある連中がいる。喜んでやってくれるはずだ。

　だが、まだいくらか懸念が残っている。第一に、カミンスキーだ。奴に私がユニオン・バンケールに口座を持っていることを知られたら、仕事を進めるわけにはいかない。実際、びた一文でも私がここに預けていると知られたら、それっきりご破算だ。すべての口座を閉じ、金はどこかに移す」

　ソーレルは、まったく臆する様子がなかった。「そんな心配、二度と口に出す必要もない」彼は冷たく言い放った。「カミンスキーには知られないのはおろか、もしこの件について首でも突っ込もうものなら、奴のパスポートをインターポールの警戒リストに乗せ、すぐにでも牢屋に送り込んでやる。我々スイスの銀行業界がどれほど秘密を大切にしているかは、あなた方の想像をはるかに超えているはずだ。カミンスキーはかつて、当行の従業員だった。だから、奴だってそのくらいのことは心得ている。この手のことを漏らしたら、いや首を突っ込みでもしたら刑務所行きというのも、あだやおろそかに言っているわけではない。奴を牢屋に放り込むことなど、わけもない。だから、奴のことなど二度と言うに及ばない。これからもあいつを雇い続けるのは貴方の自由だ。だが、奴には要注意だ。口の軽いバカだからね」

　私はうなずいて笑った。「訳あって、カミンスキーは今のポストに置いておくつもりだ。ダラー・タイムは大赤字を出している。新任のCFOを雇ったら、奴はいろいろ詮索し始めるだろう。だから、いまのところ寝た子は起こさない方がいい。とにかく、そんなことはどうでもいい。私の口座については一切知らせないと言ってくれるのなら、信用するよ。その話は、これでおしまいだ」

　ソーレルはうなずいた。「君の仕事の進め方は好きだ、ジョーダン。前世では欧州人だったのでは？」彼はこれまでで最も大きな笑顔を浮かべて言った。

「ありがとう」いくらか皮肉を込めて、私は言った。「お褒めの言葉と受け取っておくよ、ジャン。だが、他にもいくつか、聞いておきたいことがある。特に、口座を開くときにパスポートを見せなければいけないという、今朝の話の件だ。つまり、ジャン、そりゃ、ちょっとやり過ぎじゃないのか？」

ソーレルはまた煙草に火をつけると、深く吸った。煙を吐き出しながら、彼は共謀者ならではの笑みを浮かべて言った。「マイ・フレンド。君ならすでに、やっかい払いする方法はわかっているんだろう？」

私は黙ったままうなずいた。

やがて彼は、私がはっきり聞きたがっていることを悟り、話し始めた。「それならいい」と彼は肩をすくめた。「まあ、銀行で話したことの大半は、君たちアメリカ人流に言えば馬のクソだ。カミンスキーがいたから、調子を合わせて話しただけだよ。一応、合法的にやっているふりをしなければならないからね。実際、番号口座の名義人として自分の名前を登録するのは、自殺行為もいいところだ。まさか、そんなことをしろとは言わないよ。しかし、当行に口座を開くのは、君にとって賢明だとは思う。ちゃんとした記名口座を持っておくことはね。それなら、米国政府が君の電話の通話記録を押収しても、銀行に電話してきたもっともらしい理由になる。知っての通り、別にスイスの銀行に口座を持つこと自体は違法ではない。ただ、いくらか小銭を預ければ良いだけだよ。そう、二五万ドルも預ければいいだろう。その金を当行は欧州企業への株式投資にでも運用する。もちろん、最高の企業ばかりだ。そうすれば、定期的に当行と連絡を取る理由にもなる」

悪くない！　知能犯は世界中どこでも、プロージブル・ディナイアビリティ作りに腐心しているものらしい。私は椅子の上で姿勢を変えて、痛みを増す左足にかかる重みを逃がし、何気なく訊いた。「なるほどもっともだ。ぜひそうするよ。だが、私なら自宅から電話などするくらいなら、ポケットに数千ドル分のクルゼイロでも突っ込んでブラジルの公衆電話から掛けるさ。

ともあれ、姓の違う親族の名義で口座を開くつもりだ。女房側の親戚で、米国市民でさえない。英国人だ。明日の朝、ロンドンに飛ぶ。あさってには、彼女はパスポートを手に、こっちに口座を開きにやってくるはずだ」

ソーレルはうなずいて言った。「きっと君は、その人を無条件に信用しているのだろう。しかし当行で人を用意することもできる。マン島やどこかのタックス・ヘイブンの農民や羊飼いなどまったくの普通の人々の正当なパスポートで口座を開くんだ。そして彼らは、完全に信用できる。その上、彼らは君の口座にはアクセスできない。もちろん君のことだから、その女性の信用については考慮済みだろう。だが、それでも一度、ローランド・フランクス(仮名)という名の男と会ってみることを勧めるよ。彼はこの手のことについてはプロで、特に書類作りにかけては凄腕だ。売却証明、財務報告、発注書、株式取引明細、ほとんど何だって捏造できる。まあ、我々が〝引受人〟と呼ぶたぐいの人間さ。無記名企業を設立する手伝いもしてくれるし、そうすれば米国政府の目もくらましやすくなるしね。公開企業の持ち株を複数の名義に分散して、五%ルールのやっかいな開示義務を逃れることもできる。君のような人間にとっては、とても重宝な人物だよ。国内であれ海外であれ、君の仕事のあらゆる面でかけがえのない存在になってくれる」

面白い。スイスの銀行には、彼らなりの指人形サービス・システムが備わっているようだった。商売繁盛も、もっともだ。ローランド・フランクスは、プロージブル・ディナイアビリティを支える証拠書類の捏造に使えそうだった。「ぜひ会ってみたいね」と私は言った。「あさって以降に、面会を調整してもらえるかな？」

ソーレルはうなずいた。「やってみよう。ミスター・フランクスはまた、戦略作りにも役立つ人物だ。つまり、規制当局の注意を引かずに、預けた金を再投資したり、あるいは思う存分使う方法を考える上でもね」

「たとえば？」と私は水を向けた。

「そんな方法はいろいろとある。最も一般的な方法は、その口座から引き落とすクレジットカードを発行することだ。買い物をすれば、代金はただ口座から引き落とされるだけだよ」

そして彼はにっこり笑った。「カミンスキーからの話によると、君はずいぶんクレジットカードで散財するようだね。だったら、便利な方法になるのでは？」

「そのカードは私の名義で発行するのかな、それとも口座名義人にしようと思っている女性の名義で？」

「君の名義さ。ただ、彼女の名義でも一枚、カードを発行しておくことをお勧めするよ。毎月、彼女にもいくらかアリバイになる程度の額を使わせた方が良い。理由はわかるだろう？」

私はうなずいた。彼女が定期的に一定額を使っていれば、その口座が彼女のものであることを主張する根拠になることは、聞くまでもなかった。だが私は別の問題を考えていた。すなわち、私がそのカードを使って買い物をしたら、ＦＢＩは店からカードの写しを押収し、口座をつきとめる。そうなったら、金の卵を産むガチョウは万事休すだ。どうしてソーレルがこんな間抜けなやり方を勧めるのか不思議なほどだったが、とりあえず黙っておいた。

「まあ私が散財癖があるのは確かだが、それでもクレジットカードの買い物などはたかがしれているよ。何しろ、ジャン。ここで考えている取引というのは、数百万ドル単位だ。デビットカード――ああ、米国ではそう言うんだが――くらいでは、どうということもない。もっと大きな額を米国に戻す術はないのかな？」

「もちろん、ある。これもよく使われる手だが、自分の金を使って、自宅にローンを設定するんだ。つまり、こういうことだ。ミスター・フランクスに無記名企業を設立させる。そしてその会社の口座に、当行の君の口座から金を移す。それからミスター・フランクスはまっとうな住宅ローン契約書を作成する。君が抵当権者になって、ローンの支払いを受ける。このやり方には二つのメリットがある。第一に、どこでも好きな国に設立した会社を通じて、自分から利息と元金の支払いを受け取れる。最近ではミスター・フランクスは英領ヴァージン諸島を好んでいる。書類仕事が杜撰だからね。そしてもちろん所得税も取られない。二番目のメリットは、米国で税金控除が受けられることだ。米国では、住宅ローンの金利は税金の控除対象になるだろう？」

たしかに、よく考えた筋書きだが、この方法はクレジットカード以上に危険だった。もし自宅にローンをかけたら地元の法務局に登記書類が残ってしまう。そうなればFBIはそれを閲覧し、金主を簡単に突き止められる。頭隠して尻隠さずだ。どうやら、問題は口座に入れた金を引き出す方法の方らしい。スイスの銀行に当局の目を避けて金を預けておくことは、わけもないだろう。だが、その金を書類の痕跡を残さずに引き出すことは、一筋縄ではいきそうもなかった。

「ところで」とソーレルは言った。「貴方が考えている口座名義人の女性のお名前とは？」

「パトリシアだ。パトリシア・メラー」

ソーレルはまた共謀者ならではの笑みを浮かべて言った。「素晴らしい名前だ、マイ・フレンド。それなら誰も疑うまい」

話と食事を終えたソーレルと私は、四階のダニーの部屋に向かった。ロビー同様、廊下のカーペットは頭のおかしい猿の仕事のようで、色合いも犬の小便のような黄色とゲロのようなピンクだった。しかし、ダークブラウンのウォールナット製のドアはみな新しく、ぴかぴかに光っていた。面白い対比だった。たぶんこれが、旧世界の魅力というやつなのだろう。

ダニーの部屋のドアの前で、私は言った。「ジャン、ダニーは根っからのパーティー狂だ。だから、奴がいくらかラリっていても、気にしないでくれ。さっきまでスコッチを飲んでいた。たぶん、機内で服んだ睡眠薬もいくらか残っているだろう。だが、奴もしらふの時には切れる男なんだ。遊びは遊び、仕事は仕事が奴のモットーでね。わかってくれるかな？」

ソーレルはにっこり笑って言った。「ああ、もちろんだよ。そんな人生哲学を持つ人は尊敬せずにはいられない。ヨーロッパでも、たいていそんな感じだ。世俗的な楽しみにふけることで人を裁くだなんて、大嫌いだ」

鍵を開けるとダニーは、一糸まとわず部屋の床に寝ていた。身にまとわりついているものといえば、裸のコールガールたちだけ。実際、四人も侍らせていた。一人は後ろ向きにかがみ込んできゅっと締まったお尻でダニーを窒息させ、二人目は腰の上に乗り、激しく腰を上下させながら一人目の女と激しいキスを交わしていた。三番目の女は奴の股を大きく開かせ、四人目は両腕を大きく開いたまま抑え込んでいた。私たちが部屋に入ってきても、彼女らはいっこうに気にせずに、それまでの行動を止めようとはしなかった。

ソーレルは、あたかもそれぞれの女性たちの役割を考えるように、あごをなでながら首を傾げていた。不意に目を細めると、ゆっくりと首を振り始める。

「ダニー!」私は言った。「いったい何をしているんだ、この異常者め!」

ダニーは右手を揺すって女の手をふりほどくと、顔の上に乗っているもう一人の女を押しのけた。だが表情はうつろだった。どうやら、コカインもいくらかやっているらしい。噛みしめた口から何か声を漏らす。

「ダニー。何を言っているのか、ぜんぜんわからんぞ」

ダニーはあたかも最後の力を振り絞るように深く息を吐き、切れ切れに言った。「スクアムを……組んで……」

「いったい何を言っているんだ、こいつ」と私はつぶやいた。

ソーレルが言った。「きっと、〝スクラムを組んでいる〟と言っているんじゃないかな。まるで、ラグビーか何かのようにね」そう言うとソーレルは賢しげにうなずいて言った。「ラグビーはフランスでは非常に盛んなスポーツでね。ご友人も、非常に変わったやり方ではあるが、やはりスクラムを組んでいるかのようだ。どうぞ、もうお引き取りになって奥様にお電話でもしてください、ミスター・ジョーダン。ご友人のことは、私が介抱しておきましょう。彼が真の紳士らしく、ちゃんと支払いをするかどうか、見物ですよ」

私はうなずいてダニーの部屋を捜索し、クエイルード二〇錠とコカイン三グラムをトイレに流した。後のことはソーレルに任せて、自分の部屋に向かった。

部屋で横になって、自らの暮らしの狂気ぶりを考えているうちに、すぐにでもナデインと電話で話したいという衝動に駆られた。時計を見た。午後九時半。ということは、ニューヨークは午前四時半か。こんな時間に電話して良いものだろうか？　ナデインは美容のため眠りにはこだわる方だ。だが、私の指はすでにダイヤルを回していた。

何度か呼び出し音がして妻が出た。「ハロー？」

私は低姿勢に切り出した。「やあ、ハニー。僕だよ。こんな時間に電話して悪かったね。でも、ひどく君の声が聞きたくなって。そして、こんなにも愛してるって伝えたかったんだ」

妻は砂糖のように甘い声で言った。「まあ、私も愛してるわ、ベイビー。それに、別に時間のことは構わないのよ。昼の日中ですもの。アメリカの方が時間が後なのよ」

「えっ、昼？」と私は言った。「うーん……まあ、とにかく。本当に寂しいよ。きっと君にはわからないほどだ」

「まあ、すてき」美しい公爵夫人は言った。「チャニーも私も、貴方が恋しいわ。いつ、帰ってくるの？」

「できるだけ早くさ。明日はロンドンに飛んでパトリシア叔母さんに会うつもりだ」

「まあ、ほんとう？」ナディンは少し驚いたようだった。「でも、どうして？」

しまった、こんなこと電話で言うんじゃなかった、自分は妻の大好きな叔母さんをマネー・ロンダリングに巻き込もうとしているのだ……。とりあえず、このことは棚上げだ。「いや、まあ、実は……別の仕事でロンドンに行くので、パトリシア叔母さんと夕食でもと思ったんだよ」

「まあ、そう」公爵夫人は満足したように言った。「パトリシア叔母さんに、どうかよろしく伝えてちょうだいね、いいこと、スウィーティー？」

「ああ、ベイビー。そうするさ」私はちょっと間をおいて言った。「ハニー？」

「なあに、スウィーティー」

重い気持ちで私は言った。「これまでいろいろとすまなかった」

「何をよ、ハニー。何を謝っているの？」

「あれこれとさ。君だってわかっているだろう？　とにかくクエイルードはぜんぶトイレに流したし、飛行機を降りて以来、まったくやっていない」

「本当？　腰痛はどうなの？」

「あまりよくない。ひどく痛むんだ。手術を受けても、腰痛は悪くなるばかりだから、どうすればいいのかわからないが。いままでは昼も夜も痛みっぱなしだ。たぶん、薬がかえって悪いんじゃないかな。もう、何を信じて良いのかわからないよ。とにかく、米国に戻ったらフロリダの医師に診てもらうつもりだ」

「きっとうまくいくわ。私がどんなに愛しているか、わかっている？」

「ああ」と嘘をつく。「わかっているさ。そして僕は、その二倍も愛している。帰宅した僕がどんなに良い夫になるか、楽しみにしていてくれよ。いいね？」

「いまだって素晴らしい夫だわ。さあ、もう休みなさい。そして、ちゃんと無事に帰ってきて。いいわね？」

「ああ、ナディン。愛してるよ」私は電話を切り、ベッドに横たわり、左足の後ろをさすって痛みの元を突き止めようとした。

だが、場所は特定できなかった。どこからともなく痛むようでもあり、脚全体が痛むようでもあり、痛むところが動いているようでもあった。私はため息をつき、リラックスして痛みを忘れようとした。

知らず知らずのうちに、私はあの祈りの言葉を口にしていた。青天の霹靂に打たれて、妻の飼い犬が焼け死にますようにと祈ったときの言葉だ。そして左足に焼けつくような痛みを感じたまま、時差ボケのおかげでとうとう眠りにつくことができた。

15　告白者

ヒースロー空港に着いた。ロンドンだ！　ここは世界中で最も好きな街の一つだ。天気と食事とサービスはどれもヨーロッパで最悪だが、それでも英国人を愛さずには、いや、少なくとも尊敬せずにはいられない。何しろ、オハイオ州ほどの大きさしかなく、わずかな石炭くらいしか天然資源のない国が、二世紀以上にわたって世界を支配し続けられたのだから。

それでも足りなければ、ここでは王室という名のごく限られた英国人が人類で最も長い間詐欺を働いていられるという事実に目を向けてみるといい。それは人類きっての素晴らしい陰謀で、英国王室の手腕の見事さは右に出る者がない。いったいどうすれば三〇〇〇万人もの労働者階級の人々が、一握りのひどく凡庸な人々の一挙手一投足に注目し、尊敬し続けられるのだろう？　さらに驚くべきことは、その三〇〇〇万人が世界中に我こそは英国王室の臣民と触れて回って、エリザベス女王だってウンコした後は尻を拭いていることもわからないバカさ加減を自慢していることだ。

まあ、そんなことはどうでもいい。問題は、この栄えある英国にパトリシア叔母さんが住んでいることだ。そして私に言わせれば、彼女こそ英国が誇る最大の天然資源だ。

もうすぐ彼女に会える。税関を越えたら、すぐそこに迎えに来てくれているはずだ。

六座のリアジェット55の車輪がヒースローの滑走路に着いた瞬間に、私は二機のプラット&ホイットニーのエンジンの咆吼に負けない大声でダニーに言った。「私は験を担ぐ方なんだ、ダニー。このフライトの締めくくりは、最初に言った言葉と同じ言葉で終わらせてもらうよ。お前は本当に、狂ったファック野郎だ！」

ダニーは肩をすくめて言った。「貴方がそう言うなら、お褒めの言葉だと受け取っておきます。まさか、クエイルードを失敬したことで私を責めているんじゃないでしょうね」

私は首を横に振った。「どうせそんなこったろうと思ったぜ。それに、おかげで自分がどんなにまともかわかった。どれほど感謝してもし足りないよ」

ダニーはにっこり笑って、両手の平を開いて見せた。「そのためのダチじゃないですか」

私はあきれて笑いながら言った。「それはともかく、もうヤクは持っていないだろうな。今回は、平穏無事に税関を通過したいんだ」

「私はクリーンです。あなたが、全部トイレに流してしまったのでね」彼はボーイスカウトのように右手を上げて言った。「ナンシー・レーガンじゃあるまいし、この薬物撲滅運動にちゃんと意味があればいいんですがね」

「あるさ」自信たっぷりに言いながら、しかし内心では自信が持てなかった。ダニーがあと数錠ほどクエイルードを隠し持っていないことに、軽い失望を感じていた。しらふでいる決心は固かったが、左足は相変わらず痛んだ。クエイルードならわずか一錠服むだけで痛みから解放してくれる。そう思うと、心が揺らいだ。最後に服んでからたっぷり二日は経っていただけに、いま服めばどれほど効くことだろうか。

私はため息とともに、クスリのことを忘れようとした。「とにかく、約束を忘れるなよ。英国滞在中には、コールガールは呼ぶな。私の妻の叔母さんの前では、行儀良くしていろ。彼女は賢明だから、お前のバカさ加減はすぐに見破る」

「どうして私も会わなきゃいけないんです？　別に姿を消すわけじゃあるまいし。もし、万一ですよ、貴方の身に何かが起きたら、彼女が私に指示を仰げばいいじゃないですか。私は一人でロンドンの街をほっつき歩くのは構いませんよ。サヴィルローにでも行って、何着かスーツでもあつらえましょう。キングス・クロスあたりを観光してもいい！」と彼は私にウインクしてみせた。

キングス・クロスはロンドンの売春街として悪名高く、二〇ポンドも出せば、棺桶に片足を突っ込んだヘルペスで発疹だらけの立ちんぼの売春婦が歯の抜けた口でしゃぶってくれる。

「面白い冗談だな、ダニー。ここにはお前を救ってくれるソーレルはいないことだけ忘れるな。何なら、お前をあちこち案内してくれるボディガードでもつけてやろうか？」妙案にも思えたし、なかば本気だった。

しかしダニーは、一笑に付した。「過保護についての与太話は、もう結構ですよ。私なら、大丈夫。貴方の友人ダニーは、そう簡単に殺られはしません」

首を振ってあきれるほかなかった。処置なしだ。子供扱いするわけにも行かないが、しかしやはり大きな子供なのだろうか……。まあ、そんなことはともかく、今はパトリシア叔母さんのことが先決だった。あと数時間で彼女と会える。彼女に会うと、いつも気が休まった。そして、今の私にとって、それほどありがたいことはなかった。

「それで……」とパトリシア叔母さんは、私と腕を組んでハイドパークを歩きながら言った。

「……いつ、この素晴らしい旅を始めるの？」

私は温かな笑顔を彼女に向け、ひんやりとした英国の空気を胸一杯に吸い込んだ。今は、干したグリーンピースのスープよりも濃く感じられる。ハイドパークは、都会のささやかなオアシスという点で、ニューヨークのセントラルパークに一脈通じるようだった。心から落ち着かせてくれる。霧は出ていたが、午前一〇時にもなると日も十分に高く、眺めは素晴らしかった。五〇〇エーカーものみずみずしい芝地、高い木に念入りに剪定された低木の茂み、手入れの行き届いた馬場は、絵はがきのような美しさだった。コンクリートの曲がりくねった散歩道は最小限に配され、いずれも整然としていてゴミ一つ落ちていない。私はそんな遊歩道の一つをパトリシアと歩いていた。

パトリシア叔母さんも美しかった。老人の優雅さのバロメーターとされているらしい『タウン＆カントリー』誌の老人女性モデルのような美しさではない。彼女の持つ美しさは内面的なもので、健康的な温かみが全身から、そしてその言葉の一つ一つから発散しているのだった。それは水鏡の美しさであり、ひんやりした山の清々しさの美しさであり、寛容の美しさだった。しかし肉体的には、彼女はまったく平均的だった。私よりも少し背が低く、どちらかといえば痩せている。赤茶色の髪は肩までの長さで、目はライトブルー、頬は白く、狭いアパートの地下に掘った防空壕でナチスドイツの空襲を避けて青春を送った人ならではの皺が刻み込まれていた。一緒にいると二人で笑ってばかりで、すると前歯の間の微かな隙間が見えた。今朝は長い格子縞のスカートに金色のボタンが着いたクリーム色のブラウス、そしてスカートととてもよく似合うやはり格子縞の上着を着ていた。どれも高価そうではなかったが、威厳があった。

私は言った。「できれば、明日にでもスイスに行きたいと思っています。しかし都合が悪ければ、いつまででもここで待ちますよ。どのみち、ここにはいくらか仕事もありますから。ヒースロー空港にジェット機を待機させてありますから、スイスまで一時間もかかりません。何なら、スイスで観光や買い物でもどうです？」

そう言って私は、彼女の目を正面から見据えた。「でもね、約束してほしいんです。少なくとも、その口座から月に一万ポンドは使うって。どうです？」

パトリシアは足を止め、組んでいた腕を解いて右手を自分の左胸に当てた。「お前さんったら、そんな大金、どうやって使ったものか、私には見当もつきやしませんよ！　私は本当に、不自由なくやっているのよ」

私は彼女の腕を取って、また歩き出した。「そうでしょう。でも、ほしいものが何でも手に入るわけでもないはずです。まずは、どこに行くにもあの二階建てバスで出かける代わりに車でも買ってはどうです？　その後は、もう少し大きなアパートに引っ越したらいい。二人の孫のためにも、いくつか寝室が余計にあったら、何て素晴らしいかと想像してみてください！」

私はちょっと間を置いて続けた。「数週間のうちに、スイスの銀行にアメリカン・エキスプレスカードを届けさせます。それで何でも払えばいい。いくらでも好きなだけ使ってください。いくら使っても、請求書は届きません」

「それじゃ、その分の請求はいったい、誰が払うっていうの？」彼女は困惑したように言った。

「銀行です。そして、さっき言ったように、そのカードは限度額なしです。貴方がたくさん使ってくれるほど、私にとってもうれしいのですよ」

パトリシアは笑って、私たちはまた黙ってしばらく歩いた。しかし、気まずい沈黙ではなかった。無理矢理に理詰めで話をしなくても済む二人の間ならではの沈黙だった。パトリシアと一緒にいると、本当に気が休まった。

朝からずっと、左足が灼けつくような痛みだった。今はいくらかましだったが、それはパトリシアとはこれといって関係はなかった。何をしても、痛みを和らげる効果はあるようだった。特に散歩、テニス、ウェイト・リフティング、ゴルフクラブを振るのでさえ、痛みを軽くした。クラブを振ったらおそらく背骨に力がかかることを思えば、不思議だった。しかし運動を止めた瞬間、痛みは戻ってきた。そして痛みに火がついたら、もうどうやっても消し止めることはできなかった。

その時、パトリシアが言った。「あっちで座りましょう」彼女は遊歩道からちょっと離れたところに置いてある木製の小さなベンチに私を誘った。私たちは組んでいた腕を解いて、ベンチに座った。「ジョーダン。あなたのことは、息子同然に愛していますよ。そして、私がこれに協力するのは、ただあなたのためになるというからなの。お金のためではありません。歳を取ればわかることだけど、お金というのは、時にはかえって面倒の種になるものです。誤解しないでちょうだい。私はお金のありがたみがわからなくなった認知症の老人じゃありませんよ。お金の大切さは、よくわかっています。戦争では苦労したし、生活の当てがつかないことがどんなものか、よく知っています。でもあのころは、何一つ確かなものなどなかった。ロンドンの半分はナチスに焼け野原にされていたし、先々の見通しもつかなかったのです。でも、私たちは希望を失わなかったし、国を再建することを誓っていた。そんな頃、テディに出会ったのです。彼は当時、英国空軍でテスト・パイロットをしていたの。本当に勇み肌でしたよ。ハリアー・ジェットに初めて乗ったパイロットの一人でもあったわね。あのVストール機は、空飛ぶナイトテーブルなんて言われたものですよ」彼女は寂しげに笑った。

私は腕をベンチの背もたれに伸ばし、彼女の肩にそっと置いた。

パトリシアはいくらか元気を取り戻して続けた。「とにかく、言いたかったのは、テディとのことですよ。でも、彼はとても義務感の強い人で、おそらく、ちょっとそれが過ぎたのね。結局、そのために彼本来の良さが使い果たされてしまったの。昇進するほど、彼は暮らしぶりなどに満足できなくなってしまった。何を言っているか、わかるかしら？」

私はゆっくりとうなずき、微かに笑った。完璧な言い回しではなかったかもしれないが、つまり、世間的な成功を追い求める危険とやらのことだろう。彼女はテディと離婚していた。

パトリシアは続けた。「時々、お金が貴方の良いところを蝕んでいるのでは、と思うことがあるのよ。貴方がお金を使って人々を手懐けていることは知っているし、それは別に悪いことじゃない。世の中はそんなものだし、別に貴方は金ずくで物事をねじ曲げる悪党でもないわ。私が心配しているのは、貴方自身がお金に支配されていることよ。それは、見過ごしにできないわ。お金はノミのような道具であって、煉瓦じゃないのよ。知り合いはもたらしても、友達をもたらしてはくれない。暮らしの楽しみはもたらしてくれるだろうけれど、暮らしの平和はもたらしてくれない。もちろん、貴方を批判しているのではないことはわかってくれるわね。私は批判がましいことなど、決して言うつもりはないわ。世の中に完璧な人などいないし、みんな、それぞれそれなりに悪徳を抱えているものよ。私だってそうであることは、神様がお見通しです。

とにかく、貴方の計画に話を戻しますけどね、私は大賛成なのよ。むしろ、わくわくするほどだわ。まるで、007小説でも読んでいるみたいじゃないの。スイスの銀行だなんて、まったく冒険活劇のようだわ。貴方もこの年になったらわかるけれど、いくらかの冒険の要素は、若さを保ってくれるものよ」

私はにっこりした。「きっと、そうでしょうね、パトリシア。でも、このことは言っておかなければ。冒険には、いくらかのトラブルはつきものです。そしてそんな時の緊迫感は、昔の007小説の比じゃありませんよ。そして、これは小説の世界の話じゃない。ロンドン警視庁が捜査令状を持って訪ねてくるんです」

私は彼女の目を見据えて、真剣な面持ちで言った。「でも、もしそんなことになったらパトリシア。私はすぐさま駆けつけて、貴方が何一つ知らなかったことを証言します。何も悪いことじゃないと言って銀行で口座を開設させたのだ、とね」それは本心だった。世界中どこの捜査機関だって、このあどけない老婦人が国際的資金洗浄に荷担しているなどとは思うはずはない。

「わかっていますよ。それに、ちょっと孫たちに大盤振る舞いしてやるのもいいものだわね。国際金融詐欺で捕まったら、面会ぐらい行ってやるかとでも思ってくれるでしょう」パトリシアは、そう言って背をかがめるようにして笑い出した。

愛想笑いをしながら、私の心は千々に乱れていた。世の中には、冗談では済まないことがある。そんな運命の神様の顔に小便を引っかけるようなことを続けていれば、必ず大きな天罰を食らうだろう。

パトリシア叔母さんは、ウォール街の狼と出会うまでは、生涯を善良な市民として暮らしてきた。私は、プロージブル・ディナイアビリティのために六五歳のおばあちゃんを堕落させる忌むべき人間なのだろうか？

それは二つの状況を天秤にかけるようなものだった。一方は悪徳の栄えだった。老女を堕落させて縁もゆかりもなかった暮らしを覚えさせ、ひとたび事あれば、その自由と名誉を傷つけ、心臓発作でも起こさせかねない。

もう一方は、これまで縁のない暮らしだからといって、悪いと決まったものでもないことだ。自由になる金があれば、人生の黄昏時をちょっとした贅沢で彩ってやれる。健康を損なうことでもあれば、最高の医療だって受けられる。英国は平等主義のユートピアだなんて戯言を、私は信じない。裕福な人々向けの特別な医療だってあるはずだ。それに、英国人は米国人ほど強欲ではないかもしれないが、文字通りの医療福祉を唱えるばかげた共産主義者ではないことも事実だ。

そんなあれこれで、愛すべきパトリシア叔母さんを国際金融詐欺に巻き込む方に天秤は傾いた。彼女自身、巧妙な資金洗浄に荷担する興奮のおかげで、これから何年も若さが保てると言っていたではないか。そう思うだけで胸が躍る。そして実際、彼女が面倒に巻き込まれる見込みは、ほとんどゼロ、いや、それ以下に違いない……。

その時、パトリシアが言った。「貴方には、同時に二つの会話をする素晴らしい才能があるのね。私と話をしながら、自分自身とも会話できるのね」

私は思わず笑った。ベンチに寄りかかり、不安を拭おうとするかのように、両腕を背もたれに伸ばした。「初対面の日、便器に私が吐きまくっていたあの時からずっと、貴方こそがたぶん誰よりも私という人間をわかってくれると感じてきました。あなたの愛する姪ナディンよりも、私の愛する両親よりも、私をずっとよくわかってくれているでしょう。ひょっとしたら、私本人よりもわかっているのでは、と思わされるほどです。

ともあれ、私はずっと昔から、考えごとにふけっていたような気がします。少年の頃、いや、保育園の頃から。

他の子供たちを見回しながら、どうしてみんなには問題が解けないのかな、と思ったものです。私には、先生が問いを言い終わる前に、答えがわかっていました」

私はパトリシアの目をまっすぐに見て言った。

「生意気と思われても困るのですが、ずっとそんな感じだったのです。本当の私を知ってほしいから、正直に言っているだけです。子供の頃から、私は他の子供たちよりも、知的にはるかに飛び抜けていました。そして歳を取れば取るほど、それは嵩じていった。

そしてそんな子供の頃から、私は頭の中で自分との奇妙な対話を続けてきたんです。眠るとき以外、ずっとね。そんな声はきっと、誰にでもあるはずです。ただ、私の場合は、とても大きくて、ことさらにやっかいな類のものなのです。私はいつも、自問自答しています。するると困ったことに、頭脳がコンピュータのようになってしまうのです。答えがあろうとなかろうと、回答をはじき出してしまう。私はいつも心の中で物事を天秤にかけていて、自分の行動がその傾きにどう影響するかを考えています。あるいは、自分の行動が物事をどう操るか、と言った方が正しいかもしれません。まるで、自分の人生をめぐってチェスをしているようなんです。チェスなんて大嫌いなのに！」

私はパトリシアの表情をじっと見つめた。そこには、ただ温かい笑みが浮かんでいただけだった。何か言ってくれるのを待ったが、彼女は口を開かなかった。さらに待ったが、やはり何も言わない。しかし、その沈黙の意味は、痛いほどわかった——気が済むまで話しなさい……。

「とにかく、七、八歳頃に、ひどいパニック障害を起こすようになったんです。今でも発作が起きるので、薬で抑えています。でも、パニック障害のことを考えるだけで、やはりパニックに陥ってしまうんです。ひどいものです。あれほど苦しいものはない。心臓が胸から飛び出しそうになるんです。一瞬一瞬が、永遠に止まってしまったようで、これ以上の動揺はありません。私たちの初対面の時も、そんな発作を起こしていたと思います。もっともあの時は、数グラムほどコカインも吸った後だったので、そのせいだったかもしれないのですが。覚えていますか？」

パトリシアはうなずいて、優しく微笑んだ。表情には、まったくとがめ立てる気配がなかった。

私は続けた。「それはさておき、子供の頃からパニックが手に負えませんでした。若い頃には、ひどい不眠に悩まされ、今も続いています。むしろ、さらにひどくなっているほどです。昔は一晩中目を覚ましたまま、兄が赤ん坊のように寝息を立てているのをずっと見ていました。小さなアパートで育ったので、寝室が一緒だったんです。私は兄ととても仲が良かったのです。いい思い出もたくさんあります。でも、もう会うこともない。兄弟の絆も、そう、私の成功の犠牲とやらになりました。まあ、その話はいいでしょう。

とにかく、私は夜を怖れるようになったのです。本当に怖かった。夜になっても、眠れないのだから……。いつも一晩中起きたまま、枕元のデジタル時計を見て分を時で掛ける暗算をしていました。退屈のあまりでもあったけど、とにかく何かをやり続けずにはいられなかったからです。六歳になった頃には、貴方が電卓を使うより早く四桁の掛け算ができるようになっていました。本当なのです、パトリシア。今でもできます。同級生たちはまだ、読み書きさえ習っていなかったのに。でも、そんなことは慰めにはなりませんでした。ベッドに向かう時間になると、パニック障害が怖くていつも泣いたものです。父も母も添い寝して落ち着かせようとしてくれました。でも共働きで、一晩中一緒に寄り添ってくれるわけにはいかなかった。だから結局、私は一人で闇夜に取り残されて、考えをめぐらせていました。歳を取るにつれて夜中のパニック障害はおおむね収まりました。でも、どうしても完治しません。横になるたびに、難治性不眠症という形で襲ってくるんです。

まるで、私はこれまでずっと、無限に埋まらない穴を埋め続けてきたような気がします。そして頑張れば頑張るほど、その穴は大きくなってしまうようなのです。それに、いったいどれほど苦しんできたことか……」

これまで抱えてきた苦しみを吐き出すにつれて、私は饒舌になっていた。たぶんあの日、私は自分の命を、さもなければ正気の精神を、救うために戦っていたのだろう。いま振り返ると、あれは誰にとっても、いや、少なくとも私のような人間にとっては、本当の自分をさらけ出すのに最適な場所だったのだろう。大西洋の彼方の大英帝国のちっぽけな国土の一角には、ストラットン・オークモントもウォール街の狼もいなかった。そこにいたのは素のジョーダン・ベルフォート、怖れに震える一人の若者だった。自分の能力以上に背伸びをし、成功で自らの破滅を招こうとしている男だった。もはや問題は、自ら死を招くか、それとも一足早く政府に息の根を止められるかだけだった。

パトリシアに促された告白は、もう止めようがなかった。つまるところ、人は誰でも自らの罪を告白したい衝動を抱えている。宗教というものはそんな習性の元に成り立っているし、神の世界はすべての罪はやがて許されるという約束の下に栄えている。

私は、心身を毒し続けている苦い毒汁、そいつのせいで悪いとわかっていることをし、いつかは身を滅ぼすとわかっている行動に駆り立てられるそんな毒気を吐き出したかった。

だから、私は二時間というもの、ぶっ続けで告白した。貧しさのもとで育った不満。父の狂気と、母がそんなかんしゃくから十分に守ってくれなかったことへのやるせなさ。母なりに精いっぱいだったのはわかるが、それでもやはりこのことを振り返ると子供の頃の記憶が甦り、心から母を許す気にはなれないこと。そして父のサー・マックスとしてのもう一つの表情と、大切なときはいつも、そんな表情のまま寄り添ってくれたこと、それがかえって、そんなに助けになってくれなかった母への憎しみにつながったこと……。

それでいて、母をいまもどんなに愛しているか、そして尊敬しているかも話した。母は医師こそが豊かな収入を得ながら唯一尊敬に値する職業と教え込んでくれた。私を医師にしたがっていた母に反抗して、六年生のときからマリファナを吸い始めたことも話した。そのあげく、医学部に入るための試験には前夜のドラッグのやりすぎが響いて大幅に遅刻し、あげくに歯学部に入ったこと……。さらに歯学部での開講初日、総長が訓辞で、歯学の黄金時代はすでに終わり、金を儲けるために歯医者になろうと思うくらいなら今すぐ退学した方が時間と不満の節約になると話し、それを聞くや否や席を立って、それっきり戻らなかったこと……。

それから、食肉と魚の販売会社を興し、デニースと出会ったことも話した。目が潤み始めたのは、その時だった。悲しみで胸が張り裂けそうだった。「……事業に失敗して無一文になったとき、私はデニースに見捨てられると思いました。彼女は若く美しく、私は負け犬だった。あなたや他の人たちがどう思うか知らないが、私は女性に自信を持てたことはないんです。背が低いことが、いつも劣等感になっていました。肉の販売で利益が出始めたとき、金に物を言わせてそれを埋め合わせられると思った。そんなときに、デニースと出会ったんです。彼女が僕に惹かれるのは、小さな赤いポルシェのおかげだと思った。二〇代早々の若者にはそりゃ大したことで、特に貧しい育ちだったらいっそうです。

本心を打ち明けますが、デニースに出会ったとき、文字通り胸の中で心臓が跳ね飛びました。夢かと思うほど美しかった。その日、私は自分でトラックを運転して、デニースが働いていた美容院のオーナーに肉を売りに行ったんです。とにかく、それからその美容院でしつこく彼女をつけ回し、電話番号を一〇〇回以上訊いたけれど、教えてくれなかった。だから、ある時赤いポルシェに乗って店の近くで張り込み、彼女が出てきたときに偶然を装ってハンドルを握っている姿を見せつけたんです！」私はさすがに照れて笑った。「想像できます？　自信のある男なら、そんなことしますかね？　まったく、我ながら恥ずかしい。とにかく、皮肉なのは、私がストラットンを始めてから、アメリカの若造はこぞって二一歳までにはフェラーリを持つのが生得の権利だと思うようになってしまったことです」私は首を振ってあきれたように言った。

パトリシアは笑って言った。「かわいらしい女の子を見るやいなや自宅に派手な車を取りに行った男の子は、きっとあなたが最初じゃないと思いますよ。そして最後でもないでしょう。この公園にも、すぐそこにロッテンロウという区域があって、そこではその昔、若い男たちが女性たちの前で馬でパレードしながら、いつかあのスカートに潜り込みたいと下心を燃やしたものですよ」パトリシアは自分で笑い出した。「だからそれは、あなたが考えたゲームじゃないわね、マイ・ラブ」

私はにっこりした。「そうかもしれないけれど、やっぱり馬鹿げたことだったと思っています。そしてそれからのことは……もうおわかりでしょう。……何よりいけないのは、ストラットンで成功してから、デニースを捨ててナディンに走ったことです。マスコミにもさんざん書き立てられました。デニースが、どんな思いをしたことか！　二五歳の若妻が、もっと若くてセクシーなモデルに夫を寝取られたのですから。そして新聞は、デニースのことをセックスアピールを失ってお払い箱になったおばさん社交婦人のように書き立てた。ウォール街では実際、そんなことは日常茶飯事なのです。

でも、デニースだって若く美しかった。金を手に入れた男のほとんどが糟糠の妻を捨てようとするのは、皮肉なことだと思いませんか？　あなたのような聡明な人なら、きっと私の言いたいことをわかってくれるでしょう。それがウォール街の流儀だし、あなたの言葉を借りれば、私が考えたゲームじゃない。でも、私の暮らしのすべては加速していきました。二〇代と三〇代をすっ飛ばして四〇代になったようなものです。その間、いろいろなことがあって、私という人間が形作られたのです。一人前の男になるためには、ある程度の苦労をしなければなりません。でも、私にはそんな苦労はなかった。私は、一人前の男のような顔をしているが、中身は青二才です。いくらか天分に恵まれたが、それを正しく使うほど、精神的に成熟していない。きっと、このままでは済まないでしょう。

神は私に、人を率い、たいていの人には考えつかないような計画を思い描く能力を与えられた。でも、そのために正しいことをする忍耐力や自制心は、与えてくれなかった。

とにかく、デニースはどこに行っても、人に後ろ指を指されたことでしょう。〝ああ、彼女が、ミラー・ライトのCMガールになびいたジョーダン・ベルフォートに捨てられた女だよ〟ってね。でも、本当は私こそデニースへの仕打ちのために鞭打たれて当然だった。ウォール街だろうが、普通の暮らしだろうが、同じこと。私がしたことには、弁解の余地もありません。美しく親切で、私に将来を託してずっとついてきてくれた女性を捨てたのですから。しかも、ようやく先の希望が見え始めたときに、私は彼女を捨てた。地獄の業火に焼かれて当然だ」

私は深くため息をついた。「私はさんざん自分を正当化しようとしました。何とか、デニースに責任をなすりつけようとしたが、どうしてもできなかった。世の中には、どうしようもない罪悪があります。どう屁理屈をこねても、私は結局、信じてついてきてくれた妻を、ほんの少し長くきれいな脚とかわいらしい顔のために捨てた、見下げ果てた外道なんです！」

パトリシア。あなたにとって、このことを中立的に客観視するのは難しいでしょう。でも、あなたのような人なら、しかるべき見方ができるのでは、とも思うのです。正直言って、私はナデインにはデニースへのような信頼を置けないのです。誰に何と言われても、それは変えられない。きっとこれから四〇年もして白髪交じりの老人になったら彼女を信頼できるかもしれないが、怪しいものです」

パトリシアは言った。「それは、そうでしょう、マイ・ラブ。そんな状況で出会った女性を信じるには、大変な信頼が必要です。でも、そのことで自分を責めても、仕方がないわね。ナデインに疑いの目を向けながら、〝もしも……〟という思いを抱きながら、生涯を送ることもできるでしょう。でも結局は、疑惑が疑惑を募らせるだけ。空回りして疲れ果ててしまうだけですよ。でも、一方では、あなただって人を信じるには、まず自分を信じなければならないということがわかっているはずです。あなたは、信じられる人間かしら？」

その問いを頭の中のコンピュータにかけてみたが、吐き出されてきた回答は気に入らなかった。私はベンチから立ち上がった。「ずっと座っていたので左足が痛むんです。立って、散歩でもしませんか？　ホテルに向かいましょう。スピーカーズ・コーナーも見たいしね。ひょっとしたら、石けん箱に乗ってジョン・メージャーをこき下ろしている人でもいるかもしれない。首相なんでしょう？」

「ええ、そうよ」パトリシアは言った。彼女はベンチから腰を上げると、私と腕を組んだ。二人でホテルの方向に向かって歩き出すと、彼女はこともなげに言った。「演説を聞いた後で、最後の質問に答えてちょうだいね」

まったく、何という女性、何という贖罪司祭か！　しかし、愛さずにはいられない！

「わかりました、パトリシア。質問の答えはノーです。私は小ずるい嘘つきで、あたかも靴下でも履き替えるように、コールガールと寝てきました。特にドラッグでラリっているときはいっそうで、一日の時間の半分はそうです。でも、しらふの時だって、嘘をつきます。さあ、どうです！　本当のことを言いましたよ。気が済みましたか？」

パトリシアは私の混乱を一笑に付し、さらに唖然とすることを言った。「まあ、マイ・ラブ。みんなコールガールのことは知っていますよ。ナデインの母だって知っています。みんな新聞に書いてありますからね！　まあ、一種の伝説のようなものね。ナデインは、清濁併せ呑んでいるんでしょうよ。私が訊いたのは、あなたには本当に気を許している別の女性がいるのかどうかよ」

「ノーです。もちろん、ノーだ」私は、確信を込めて返事をしながら自信を取り戻し、その事に思い当たらせてくれたことでパトリシアに感謝した。

それから、腰痛の話になった。その慢性的な痛みがどれだけ私を狂わせたか、手術を受けてもかえって悪くなるばかりだったこと、あらゆる種類の麻酔剤を用いたこと、それによってどんなに気分が悪くなり、鬱になったか、そのためプロザックなどの抗鬱剤などを用いるようになり、すると今度は頭痛がしたので頭痛薬を服み、すると胃がムカムカしたので胃散を服み、すると肝臓の様子がおかしくなったこと……。さらにプロザックを服んだせいで性欲が減退し、口が渇いたことも話した。そのため唾液分泌を昂進させる薬を服み、インポテンツ対策にヨヒンベの樹皮を用い、しかし結局は、どんな薬よりも、結局はクエイルードに戻ってしまうこと……。それが腰痛を紛らわせる唯一の薬なのだった。

スピーカーズ・コーナーに差し掛かったとき、私は言った。「いままでは、まったくのドラッグ中毒になってしまったのではと不安になります。仮に腰痛が消えても、クスリと縁が切れないのでは、と。最近ではブラックアウトを起こすことまである、何をしたのか、全然覚えていないんです。すごく恐ろしいですよ。まるで、人生の一部がそれっきり蒸発してしまったようなものです。でも、何より問題なのは、クエイルードをすっかりトイレに流してしまったいま、それを服みたくて仕方がないことです。実際、運転手にクエイルードを持ってコンコルドで飛んでこさせようかと思っているほどです。二〇錠を運ぶのに二万ドルはかかるでしょう。二万ドルですよ。それでも、そんなことを考えているのです。

どう言えばいいんでしょうね、パトリシア。私は、ドラッグ中毒なんです。これまで誰にも認めたことがないのだけれど、やっぱりそうです。そして周囲の人間は、妻も含めてみんな、何かと私を頼っているので、腫れ物に触るような扱いです。

まあ、これが私です。惨めなものです。私は世の中で最も狂った暮らしをしている。成功した失敗者なのです。六〇歳になろうとしている三一歳です。あとどれだけ生きられるかは、神のみぞ知るところです。でも、妻のことは心から愛していますし、娘に対する気持ちは、我ながら想像もできなかったほどです。ある意味では、私が頑張り続けているのは、娘のチャンドラのおかげです。あの娘がすべてです。あの娘が生まれた後、もうドラッグは止めようと決心した。でも、ダメでした。長続きしないんです。

あの娘が読み書きができる歳になって、お父さんはドラッグ中毒だ、投獄されかねない、コールガールの尻を追いかけ回していた……そう知ったら、いったいどう思うだろうかと不安です。その日が怖いんです、パトリシア。本当に、これほどまでに哀しいことはない……」

それで全部だった。これほどまでに真情を吐露したことは、初めてだった。では、それによって、いくらかでも気が晴れたか？　必ずしも気分は変わらなかった。そして、散歩の甲斐なく、左足は相変わらず痛み続けた。

パトリシアから叡智の言葉が返ってくるのを待ったが、それはなかった。たぶんそれは、贖罪司祭の役目ではないのだろう。彼女はただ、私の腕をいっそう強く引き寄せて、すべての話を聞いても、愛情は変わらない、これからもずっとそうだと感じさせてくれただけだった。

スピーカーズ・コーナーでは誰も演説をしていなかった。演説はたいてい、週末に行なわれるのですよとパトリシアが言った。だが、それでよかった。この水曜日、ハイドパークでは、一生分の言葉が語られた。そしてその刹那、ウォール街の狼はジョーダン・ベルフォートに戻ることができた。

だが、それもつかの間だった。はるか前方に、ドーチェスターホテルの九階建ての建物が、ロンドンの喧噪にそびえ建っていた。

そのとき、私の頭の中を占めていた考えは、クエイルードを乗せたコンコルドは米国を何時に発つのだろう、ロンドンまで、何時間かかるのだろうということだけだった。

16　もとの木阿弥

もし私が週に一〇〇万ドル稼いで平均的なアメリカ人が週に一〇〇〇ドル稼ぐとするなら、私が何かに二万ドル使うのは平均的なアメリカ人が何かに二〇ドル使うのと同じじゃないか――。

ドーチェスターホテルのプレジデンシャル・スイートに戻った私は、そんな素晴らしい屁理屈をこね回していた。ジャネットに電話すると、私は平然と言った。「ジョージをアラン・「ケミカル」・トブの所にやってクエイルードを二〇錠受け取り、次のコンコルドで持って来させろ」そう言ってから、ベイサイドのジャネットにとっては、午前四時の睡眠の真っ最中だったと気がついた。

悪いことをしたと思ったのも、つかの間だった。そもそもこの手のことは今に始まったことではないし、おそらく最後にもならないだろう。世間の相場の五倍は給料を支払い、彼女がついぞ持てなかった父親代わりとして愛情を持って面倒を見てやっているだけに、これも許されるのではないだろうか？　（おお、またもうまいこじつけ！）

どうやらそんな思惑通りだったようで、ジャネットはいそいそと仕事に取りかかった。

「問題ありません。次のコンコルドは、午前の早い時間に発つでしょう。ジョージをそれに乗せるように取りはからいます。でも、アランの所に彼をやる必要はありませんよ。私、自宅にあなたのための予備のクエイルードを持っていますから」しばらく間をおいて、彼女は聞いた。「どこから電話をかけているんですか？　ホテルの部屋から？」

そうだと答える前、秘書に超音速機でドラッグを届けさせ、秘書は秘書でこともなげに応じるなんて、どうかしていると思った。しかしそんな不快な考えは、すぐに打ち消した。

「そうだよ、部屋からだ。他のどこから電話するんだ、ピカデリーサーカスの赤い公衆電話ブースからか？」

「ファック・ユー！　ただどこからかなと思っただけよ」そして彼女は明るい口調に切り替えて訊いた。「スイスよりロンドンの部屋の方が気に入りました？」

「ああ、ずっといいね、スウィーティー。まったく私の好みだし、何もかも新しくて美しい。良い手配をしてくれた」

返事を待ったが、ジャネットは黙っていた。室内の様子をそっくり説明するのを待っているのだ。それが代償行為的な楽しみなのだ。まったく七面倒くさい。だが、私は電話口でにこやかに言った。「部屋はさっきも言った通り、実に良いね。ホテルのマネジャーによると、英国の伝統的な装飾なのだそうだ。まあ、何のことかさっぱりだがな。とにかく寝室は申し分なく、とりわけベッドがいい。巨大な天蓋付きで、そこから青い編み物がふんだんに垂れ下がっているんだ。きっと英国人は青が好きなんだろう。それに枕好きでもあるはずだ。室内には、枕が一〇〇〇個もあるからね。

まあ、それ以外にも部屋には英国調のがらくたで一杯だ。ダイニングテーブルには巨大な銀の燭台が置いてある。昔、テレビ・タレントでリベラーチェっていただろ？　彼の番組みたいだよ。ダニーの部屋は向かい側なのだが、きっと奴は今頃、ロンドン市内をふらふら遊び回っている。ウォーレン・ジヴォンに『ロンドンの狼男』って曲があるけど、そんな感じだな。まあ、そんなところだ。僕がいまどこにいるか、きっと知りたいだろうから言っておくと、部屋のバルコニーに立って、ハイドパークを見下ろしているところだ。でも、あまり見通しが良くないな。霧が出ているんでね。満足したかい？」

「ええ、まあね」

「この部屋はいくらなんだ？　チェックインのときには見なかったが」

「一泊九〇〇〇ポンドです。だいたい、一万三〇〇〇ドルほどかしらね。それだけの価値はあると思いますけど、どうかしら？」

一瞬、返答に窮した。いったいどうして、どこに行っても、馬鹿げた価格にもかかわらずプレジデンシャル・スイートに泊まらなければいられないのか？　大好きな映画『プリティ・ウーマン』でリチャード・ギアがそうしているシーンを見たせいもあるだろう。だが、実はもっと根の深い問題だった。きっと、高級ホテルに到着して、カウンターで「ジョーダン・ベルフォートだ。プレジデンシャル・スイートを予約してあるはずだが」と言う瞬間が好きなのだ。そう、結局はチビで自信がないからなのだ。

私は皮肉な口調で言った。「為替レートについて思い出させてくれてありがとう、ミズ世界銀行さん。忘れかけていたよ。とにかく、この部屋が一万三〇〇〇ドルならお買い得だ。もっとも、その値段なら、奴隷付きでもおかしくなさそうだが」

「一人お届けします」とジャネットは言った。「でも、明日のチェックアウトは時間を延長してもらってあるから、一泊分の料金しかかかりません。私、いつもちゃんと経費を節約しているんですよ。ところで、ナディンの叔母さんはいかがでした？」

その瞬間、私の警戒心が目を覚ました。この電話が盗聴されている可能性はないのか——。FBIがジャネットの電話を盗聴している可能性は？　いや、それは考えられない。電話の盗聴は非常に高くつくし、FBIが私を変態性欲やドラッグ中毒で逮捕しようとしているのでもなければ、この回線を盗聴する意味はない。では、MI6が、痛くもない腹を探っているおそれは？　それも考えられない。彼らはIRAのテロ対策で手がいっぱいなはずだし、ウォール街の狼が引退した学校教師を堕落させようとしていることなど、気にするはずもない。私たちの会話の秘密は安心だと胸をなで下ろして、私は言った。「彼女なら元気だよ。フラットに送ってきたところだ。こっちじゃ、アパートをそう言うんだぜ」

「ノー・シット、シャーロック！」彼女はうんざりした口調で言った。

「おっと失礼、君がそんなに海外に詳しいとは知らなかった。とにかく、もう一日ロンドンに泊まる必要ができた。ちょっと片づけなければならない仕事があるんだ。だから、もう一日、ホテルに延泊の手配をし、金曜日のヒースローに自家用機を待たせておいてほしい。パイロットには、日帰りで往復飛行してもらうと言ってやってくれ。パトリシアはその日の午後に戻るから。いいね？」

ジャネットはいかにも彼女らしい皮肉な口調で言った。「あなたがおっしゃることなら何でも、ボス」しかし、いったい何だっていつでもこの「ボス」という言葉がこんなに皮肉に聞こえるのだろう？「でも、ロンドンにもう一泊する理由について、私に嘘をつくのはなぜかしら」

なぜ嘘がばれているんだろう？スイス人銀行家の目の届かないところで、心ゆくまでクエイルードに浸りたいと思っていることは、それほど見え見えだっただろうか？いや、きっとジャネットが私という人間を知りすぎているためだ。その点では、ナデインと同じだ。だが私もジャネットには妻に対するより正直だったから、悪事に鼻がきくのは当然だった。だが、やはりここは適当に嘘をついておきたかった。「もったいつけるつもりはないが、そう聞くなら教えてやろう。ロンドンにアナベラというホットなナイトクラブがある。簡単に入れないという触れ込みなのだが、明日の晩、最高のテーブルを予約しておいてほしい。クリスタルのボトルを三本、氷で冷やしておいてほしいね。もし問題があれば……」

「やめてください」ジャネットが遮った。「テーブルは間違いなく用意しておきます、サー・ベルフォート。ベイサイド育ちのくせに偉そうに。他に何か、手配しておくものは？」

「まったく、君は困った悪魔だ、ジャネット。女性関係については心を入れ替えるつもりだったんだが、君のせいでその気になってしまった。ブルーチップを二人手配しておいてほしい。一人は私のため、もう一人はダニーのためだ。いや、一人がブスだった場合に備えて三人にしておこうか。外国の事情は不案内だからね。さあ、とにかくもう切るぞ。ちょっとジムで運動でもして、それからボンドストリートで買い物だ。きっと親父がまた請求書を見てブチ切れるだろうな。さて、電話を切る前に、私がどれだけ素晴らしい上司で君がどんなに私を愛していて、寂しがっているか、思い出させてもらおうか」

ジャネットは抑揚のない声で言った。「あなたは世界で最高の上司であり、私はあなたを愛し、寂しがり、あなたなしでは生きていけないわ」

「ふん、そうだろうと思ったよ」私はしたり顔で言って、別れの挨拶もせずに電話を切った。

17　偽造の達人

　金曜の朝、チャーターしたリアジェットはヒースロー空港を戦闘機のような轟音とともに離陸した。隣に座っているパトリシア叔母さんの表情には、恐怖が張りついていた。手の甲が白くなるまで、アームレストを握りしめている。三〇秒ほど表情を見つめても、一度しか瞬きをしなかった。気の毒だったが、どうしようもない。中空の小さな弾丸に閉じこめられて時速八〇〇キロで空中に打ち上げられることは、たいていの人にとって愉快な経験ではない。

　ダニーはコクピットを背にして、私と向かい合わせに座っていた。後ろ向きに座ってスイスまで飛ぶことになる。私は機内で後ろ向きに座るのが嫌いだが、世の中のたいていのことの例に漏れず、ダニーには少しも苦にならないようだった。実際、激しい騒音と振動にもかかわらず、彼はいつものように頭を後ろに反り返らせて口を大きく開け、前歯をぎらつかせてすでに眠りに落ちていた。

　一瞬で眠ることができるという彼の非凡な能力は、不思議でならない。いったいどうして、頭の中に渦巻く考えを止められるのか？　見当もつかない。まあ、いいだろう。彼にとっては天啓であり、私にとっては呪いの種であるだけのことだ。

そんな苛立ちを胸に、私は小さな楕円形の窓に鼻先を押し当てるようにして、眼下でどんどん遠ざかっていくロンドンを眺めた。午前七時という時間だけあって、スープのように濃い霧が街を濡れた毛布のように覆っており、霧から抜き出ているビッグベンの柱身しか見えなかった。それは、朝のセックスを求めて屹立する巨大な男根のようだった。これまでの三六時間の騒動のおかげで、単に朝のセックスや勃起について考えるだけで、ただでさえ擦り切れている神経がいっそう萎えた。

いつしか、妻を恋しく思っていた。ナディン！　愛しの公爵夫人！　他の誰よりも必要なのに、どうしてここにいてくれないのか？　彼女の柔らかな乳房に顔を埋めて、力を吸い取れたら、どんなに素晴らしいだろう。でも、だめだった。それはできない。いま彼女は大西洋の彼方にいるのだし、きっと私が犯したばかりの罪を察して復讐の筋書きを練っているに違いない。

私は窓の外を眺めながら、これまでの三六時間の出来事を何とか理解しようとした。妻を愛する気持ちは本物だった。それなら、いったいなぜ、ホテルや高級クラブであんならんちき騒ぎができたものか？　ドラッグのせいか？　それとも、罪深い行ないから目をそらしたいがためにドラッグをやったのか？　ニワトリか卵かという考えは止めどなく空回りし、気が狂いそうになる。

その時、機は左に急旋回した。目映い朝の陽光が右の翼の先端ではじけ、機内を照らし出した。目映さに思わず顔を背けると、かわいそうなパトリシア叔母さんは、手すりを握りしめたまま相変わらず銅像のように緊張していた。気をほぐしてやりたくて、私はエンジンの轟音に負けじと声を張り上げた。「どんな気分です、パトリシア叔母さん。定期便と違って、旋回も生々しいでしょう？」

ダニーをちらりと見ると、相変わらず眠っていた。信じられない！　何て奴なんだ！

今日のスケジュールと達成すべき目標を考えた。パトリシアについては、事は簡単だろう。速やかに口座を作らせて帰路につくだけのこと。銀行の監視カメラににっこりと笑い、数枚の書類に署名をし、パスポートを提示すればそれでいい。午後の四時頃までには、ロンドンに送り届けられる。一週間もすれば、彼女の元にはクレジットカードが届き、名義人として私の口座の金を使えるようになる。一件落着。

パトリシアの用事が済めば、ソーレルと手短に打ち合わせをして、いくつか未解決の問題にけりをつけ、資金移動の時期に目処をつけなければ。手始めは五、六〇〇万ドルほどから始め、だんだんと増やしていけばいい。米国には実際に現金を運ぶ人間は数人ほど当てがある。奴らへの手配は、帰国してからでいいだろう。

万事順調なら、今日中に仕事をすべて片づけ、明日の朝、スイスを飛び立つ飛行機に乗れる。そう思うだけで、気持ちが浮き立った。愛する妻に会える！　チャンドラをこの腕で抱き上げるのだ！　いったい、この気持ちを何と言い表せばいいのか？　チャンドラは完璧だった。もちろんただ眠って、おならをし、生温かいミルクを飲むだけだったが、それでも将来は天才に育つに違いない！　そして、あの子の何と美しいこと！　彼女は、日一日とナディンに似てきていた。願ったり叶ったりだ。

だが、まずは今日の打ち合わせ、とりわけローランド・フランクスとの話し合いに集中しなければ。ソーレルの話をさんざん反芻したが、どう考えてもローランド・フランクスのような男は天恵に違いない。もっともらしいアリバイになる書類偽造のプロを味方につければ、どれほどの悪事が可能になるか、想像もつかないほどだ。さしあたっては、SEC規約一四四条レギュレーションSの二年間の株売却制限を逃れられる。もっともらしい海外ダミー会社を偽造書類ででっち上げれば、レギュレーションSで金を儲け、それを他の所有企業に供給できる。中でも問題はダラー・タイムだった。この会社には二〇〇万ドルの現金を注ぎ込む必要があった。資金洗浄した金を使うためには、偽造書類が必要だ。まず、この点をしっかり話し合っておく必要があった。

まったく皮肉なことだった。さんざんカミンスキーの裏を掻いておきながら、実際には私をジャン・ジャック・ソーレルに引き合わせたのは、奴なのだから。トンビがタカを生むとはこのことだ。

そう思いながら、私は目を閉じて眠るふりをした。スイスまでもう少しだ。

ローランド・フランクスのオフィスは、間口の狭い煉瓦造りのオフィスビルの一階にあった。灰色の玉石が敷き詰められた歩道のある静かな通りに面しており、小さな商店が建ち並ぶ、昼日中だというのにひそやかな一角である。

ローランド・フランクスとは一人で会うことにした。これから話し合う内容が露見すれば数千年の懲役刑を科されかねないことを考えれば、もっともなことだった。

だが、そんな陰気な想像に、偽造の達人との面会に影を落とさせるわけにはいかない。偽造の達人。なぜだか、そんな言葉は私の脳裏にこびりついて離れなかった。偽造の達人。そんな仲間がいれば、可能性は無限だった。どれほどの悪巧みが可能になるだろう？　無敵の証拠書類で武装して、どれだけの法律をかいくぐれるだろう！

パトリシア叔母さんの口座開設も、幸先良く順調だった。今頃はもう、ロンドンに戻るリアジェットの中だろう。昼食時のアイリッシュ・ウイスキー五杯のおかげで、復路では、少しは寛いでくれればいいが。しかしダニーは……別れ際には、ソーレルのオフィスでスイスの雌犬たちのはじけぶりについての講義を受けていただけに、話が別だ。

偽造の達人のオフィスへと続く廊下は暗くて黴くさく、殺風景でちょっと気がふさいだ。ローランドの正式な肩書きは、もちろん偽造の達人などというものではなく、管財人だった。実際、スイス人の管財人にそんな枕詞を冠したのは、私が初めてではないのか？

管財人という身分そのものは、まったく公明正大で何もやましいものではない。米国では、管財人とは他人の面倒を見る義務を負う個人の、もったいぶった法的な名称に過ぎない。金持ちのワスプは管財人にバカな子供たちに遺してやる遺産や信託基金を管理させている。ほとんどの管財人は、どんな時にいくら金を使って良いかについて親が決めた厳密なガイドラインに従って資産を預かっている。バカ子息たちは、バカを自覚できる歳になるまで、遺産に手をつけられない。その後の人生は、典型的なワスプ流に送る、という仕組みである。

だが、ローランド・フランクスはそんな管財人ではなかった。ガイドラインは、私が私のために設定する。外国政府に提出するあらゆる正式書類を整え、申請するのが彼の仕事だ。彼の作ったもっともらしい書類が、私の息のかかった投資や資金移動を正当化する。そして彼は、私が指示する国に資金を移すのだ。

ドアを開けると、私の偽造の達人ローランド・フランクスがいた。受付はなかったが、内装は美しかった。マホガニー製の羽目板を張った壁に、えび茶色の目の細かいカーペット。彼は、無数の書類の散らばった大きなオーク材のデスクに向かっていた。いかにもスイス人らしいデブだった。身長は私と変わらなかったが、とんでもない太鼓腹で、顔には「一日中、世界各国の政府を出し抜く方法を考えて過ごしています」といわんばかりの一癖ありそうな笑みを浮かべている。

背後の床から天井まである大きなウォールナット製の書架には、車輪付きの古風な段ばしごが寄りかかっていた。革装の本がびっしりと並んでいたが、いずれも色合い、厚み、判型が完全に揃っていた。だがとじ目に沿って並ぶ金箔のタイトルが違う。米国でも見覚えのある眺めだった。新企業を設立するたびに発行される登記書類の綴りだ。いずれもに定款、無記名株券、社章等が収められている。

歩み寄ってきたローランド・フランクスは、出し抜けに私の手を握り、激しく振ると、満面の笑みを浮かべた。「おお、ジョーダン、ジョーダン。あなたとはきっとすぐに友人になれそうだ！　ジャン・ジャックからはお話をうかがっていますよ。あなたのこれまでの素晴らしい冒険と、今後の予定もね。さあ、山ほど話を片づけないと」

私はきっぱりとうなずいた。彼の人当たりの良さと体格に少し圧倒されつつも、すぐに親しみを感じた。彼はどことなく、率直で飾り気のない感じがした。信用のおけそうな男だった。黒い革張りのカウチを勧めてくれ、自分も揃いのクラブシートに腰掛けた。銀のケースから両切りの煙草を取り出すとトントンと煙草を詰め、ズボンのポケットから揃いの銀のライターを出すと、小首を傾げて大きな炎を避けながら煙草に火をつけた。深く煙草を吸う。

私は黙って見ていた。一〇秒後、彼は煙を吐き出したが、吸った量に対してごく一部だけだった。すごい！　残りはどこに行ったのか？

そう訊こうと思った矢先、彼が口を開いた。「米国からの機内の様子をうかがいたいですな。どうやら、伝説をお作りになったようで」そう言ってウインクして見せたが、両手の平を挙げて肩をすくめて見せた。「もっとも、私は単純な男でしてね。私にとって女性は世の中に一人だけ、愛する妻ですよ」そう言って目を回す。「ともあれ、あなたの証券会社と様々な所有企業については聞いています。そのお若さで、大したものだ！　私に言わせれば、まだ少年のようなお若さなのに、こんなにも……」

偽造の達人は私がどんなに若く素晴らしいかと延々と話し続けたが、巨大な下顎が荒波に揺れるヨットのように前後に波打つのに見とれて、耳に入らなかった。茶色い目は知的で、額は狭く、鼻は丸かった。肌はきわめて白く、頭はそのまま胴体に乗っているかのようだった。髪はほとんど黒に近いダークブラウンで、丸い頭に櫛でなでつけていた。第一印象の通り、この男にはどこか自然で内面的な温かみがあった。

「……というわけでしてね、一長一短です。要するに、物事の違いは見かけで決まるのです。iかtかは、点を打つか線を引くかの違いだけでしょう？」そう言って、偽造の達人は笑った。

耳に入ったのは、そんな最後の一言だけだったが、後に残る書類がすべてだという要点は明らかだった。私はちょっとぎこちなく言った。「まったくその通りだと思いますよ、ローランド。私は注意深さには自信があるのです。自分の周囲の環境に現実的であるようにね。まあ、女子供じゃあるまいし、私たちのような類の人間は、不注意では済まされませんから」私はもっともらしくそう言いながら、彼が『ゴッドファーザー』を見ていませんようにと祈った。ドン・コルレオーネの熱弁を盗用するのは気が引けたが、もう止まらなかった。あんなに良くできた会話に満ちた映画なら、盗用する方が自然というものだ。ある意味では、私もドン・コルレオーネに似てはいないか？　電話では決して秘密を話さない、腹心は古くからの信用する友人だけに限る、政治家や警察には贈賄する、ビルトモアとモンロー・パーカーからはみかじめ料を受け取る……共通点は、いくらでもあった。だが私と違い、ドン・コルレオーネはドラッグ中毒で大騒ぎしたりはしなかったし、ブロンド美人の誘惑に弱くもなかった。たしかに、それらは私にとって泣き所だったが、世の中に完璧な人間などいない。

彼は私の引用には気づいていなかったらしく、こう言った。「お若い割に、この上ない思慮深さですな。まったく、同感というほかありません。まっとうな男なら、不注意などという贅沢は許されません。いずれわかるでしょうが、私はあなたのような人間はこの点に十分に気配りしなければなりません。今日び、私たちのような人間はこの点に十分に気配りしなければなりませんが、私はあなたのために様々な役目を果たし、役柄を演じられます。もちろん、書類仕事を預かり各種申請をこなすというより地味な役回りについては、あなたもすでにご存じでしょう。だから、こうしたことはおいて、話を進めましょう。問題は、手始めにどうするかです。あなたのお考えを聞かせてください、マイ・ヤング・フレンド。お話をおうかがいすれば、お手伝いできますよ」

私は笑って言った。「ジャン・ジャックからは、あなたは完全に信頼できる人物だと聞いています。斯界きっての凄腕だともね。だから、もったいつけるのはやめて、これからずっと一緒に仕事をしていくことを前提にお話ししたいと思います」

私はちょっと間をおいて、ローランドが微笑んでうなずくのを待った。お世辞を言うのは嫌いだが、何しろ偽造の達人との初対面である。そんな言葉をかけるのが、適切に思えた。

ローランドは予想通り、口の端を微かに持ち上げて慇懃にうなずいた。そしてまた深々と煙草を吸うと、完璧なまでに丸い煙を吐いた。美しい煙の輪だ、と思った。直径五センチほどの薄い灰色の煙が、易々と宙に漂っていた。

私は笑って言った。「実に素晴らしい煙の輪ですね。スイス人はどうしてこんなに煙草が好きなのか、おうかがいしたいものだ。煙草に効用があるなら、喫煙も大いに結構だと思うのです。父もヘビースモーカーですから、私は愛煙家の喫煙習慣を尊重しています。だが、スイス人は、煙の輪に桁違いにこだわるようだ。なぜです？」

ローランドは肩をすくめた。「三〇年前はアメリカだって同じでしたよ。しかし米国政府は私事に首を突っ込まずにはいられなかったのでしょう。ささやかな男のたしなみにさえもね。そして喫煙に反対する宣伝戦を仕掛けた。幸いなことに、それは大西洋のこちら側には伝わらなかった。人がたしなむものに政府が干渉するなんて、おかしな事じゃありませんか。煙草の次は何です？　食事ですか？」彼は笑って腹を叩きながら言った。「もしそんな日が来たら、私は間違いなくピストルをくわえて引き金を引きますよ」

私は穏やかに笑いながら手を振り、彼の肥満を打ち消して見せた。「しかし、ごもっとも。米国政府はあれこれと個人生活に干渉しすぎるんです。だからこそ、私は今日、ここに足を運んだのです。しかしスイスで仕事をすることについては、まだ不安が残っています。それはおおむね、あなた方の世界、つまり国際金融について知らないからです。そのために、ひどく神経質になっているのです。ローランド、私は知識は力なりと固く信じています。そして、こうした巨大な利害の絡む状況では、知識不足は失敗の元だと思うのです。

だから、もう少し国際金融について、知識を得たい。誰にでも師の導きが必要ですし、私はあなたにそれを期待しています。この国の法体系の元で、いったい何をすればいいのか、途方に暮れています。たとえば、どんなことがタブーとされるのでしょう？　判断の善悪の基準は？　向こう見ずと慎重の分かれ目とは何でしょう？　こうしたことについての知識が、私にはとても大切なのです。問題を避けるには、これらを知らなければ。スイスの銀行法について、事細かに知りたいのです。できれば、これまで起訴された例も知りたい。どんな人がどんな失敗を犯したのかを知り、それを繰り返さないためにね。私は歴史に学びたいのです、ローランド。そして過去の失敗に学ばない人間は、それを繰り返すものと、固く信じているのですよ」ストラットン・オークモントを起こしたときにも、私は過去の起訴例を調べ上げた。そしてその報いは、膨大だった。

ローランドが言った。「これまた素晴らしいご見識ですな、マイ・ヤング・フレンド。喜んで資料をまとめさせてもらいましょう。もっとも、いまこの場で、いくらか申し上げておいた方がよさそうだ。米国人がスイスの銀行界で出くわす問題の事実上すべては、こちら側には何の関係もないものです。ひとたび無事に金を持ち込んでくれれば、私が秘密裡に様々な企業にそれを分散します。米国政府は何も気づきません。ジャン・ジャックから聞きましたが、叔母さんが今朝、銀行に口座を開設されたのでしょう?」

「ええ、そしてすでに英国への帰途についています。しかし必要でしたら、彼女のパスポートのコピーがありますよ」私は上着の左胸のあたりを叩いてみせた。

「素晴らしい」ローランドは言った。「まったく結構です。それを頂ければ、これから作るすべての企業のファイルに綴じ込んでおきますよ。余談ですが、ジャン・ジャックが私に話した内容は、あなたが話していいと彼に許可した情報に限られています。さもなければ、叔母様が彼の銀行に口座を開いたことも、私には知る由もなかったでしょう。さらに、彼と私の関係は一方通行でもあります。あなたから指図がない限り、私は彼に何も話しません。

強くおすすめしたいのは、資金を分散しておくことです。どうか誤解なさらないで頂きたいが、ユニオン・バンケールは素晴らしい銀行です。資金の大部分はあそこに預けておくべきでしょう。しかし他の国にも銀行はある。たとえば、ルクセンブルクにも、リヒテンシュタイン公国にもね。そして、私たちにとっては、それらは使いでのある存在ですよ。様々な国の間で資金移動すれば、やりとりの編み目がとても複雑になり、どこの政府も単独では容易に全容を解明できなくなる。

どこの国にも独自の法律があります。だから、スイスでは犯罪になる行為が、リヒテンシュタインでは十分、合法的に行なえるのです。あなたがどんな資金移動をしたいかによって、それぞれの国ごとに様々な企業を設立できます。いずれも、設立した国では、完全に合法です。だが、それも概要に過ぎない。可能性としては、もっと大きな仕事をすることもできますよ」

なんて素晴らしい！　これこそ偽造の達人の真骨頂だ。私はしばし感心してから、おもむろに言った。「概略を一さらい教示ください。それを知れば、私もどれほど気が楽になることか。米国であれスイスであれ、ダミー会社を使って仕事をすれば、当然様々なメリットがあります。しかし、私が興味があるのは、あまり知られていないメリットの方です」私はにっこり笑って深々と椅子に腰掛け、じっくり話を聞く姿勢を示した。

「もちろんです、マイ・フレンド。さて、話の佳境に入ってきましたな。いずれの企業も、無記名企業です。つまり、登記簿に所有者名が記されていないわけです。理論的には、その会社の株券を持っていれば、誰でもその企業の所有者と見なされることになります。こうした企業であなたの所有権を確保する方法は二通りあります。一つは、株券の現物を手元に置いておくこと。その場合、保管は自己責任です。おそらく、米国の貸金庫でも利用することになるでしょう。二つめの方法は、スイスの番号付き貸金庫に入れておくことです。株券に手が届くのは、あなただけ。そしてスイスでは、銀行口座には番号口座でさえ持ち主が登録されていますが、貸金庫は本当に番号だけしかわかりません。名義は一切、付されていないのです。

もしこのやり方を選ばれるのでしたら、契約期間を五〇年にして、料金を最初に一括前払いすることをおすすめします。こうすれば、どこの国の政府も、その貸金庫にアクセスすることはできません。あなただけが――そしてもしそうしたいのなら、あなたの奥様もですが――その存在を知るのです。もっとも、助言させて頂くなら、奥様にもお教えしないことですね。むしろ、あなたに万一の事があったときに、奥様に私がどう連絡すべきかの指示だけ残してください。そんなときには、すぐにでも対応しますよ。

マイ・フレンド、私がこう言ったからといって、奥様を信用していないなどと誤解なさらないで頂きたい。しかし、とても若く美しい方と聞き及んでおります。奥様が何かの腹いせで国税に余計な話をした例は、枚挙にいとまがないのです」一瞬、スイス人銀行家を捜しあぐねてチューリヒやジュネーヴの街角を徘徊している六〇〇万人のユダヤ人の亡霊を思わずにはいられなかった。たしかにローランドはいざというときには誠実に義務を果たしてくれそうだったが、しかし、どこに確証があるのか？　私は羊の皮をかぶった狼として、外見が当てにならないことを誰よりも知っているのではなかったか？　おそらく、封印した手紙で、父にだけいざという時の詳しい指示を残しておくべきだろう。何しろ私には、ラリったままヘリコプターを飛ばしたり、ブラックアウトしながらスキューバ・ダイビングすることを好む悪い癖がある。

もっともそんな考えは、とりあえず黙っておくことにした。「スイスの貸金庫にしますよ。理由はいろいろある。たしかにこれまで、司法省の取り調べを受けたことはないが、彼らの権限の及ばない地域に書類を置いておくべき理由には事欠かない。おそらくお気づきでしょうが、私が抱える法的問題はいずれも私法に関することであり、刑法に関わることではありません。私はまっとうなビジネスマンですから、当然のことです。何より私は、法を尊重したい。でも、どんなにそう心がけても、とにかく米国の証券取締法は非常に曖昧で、明確な基準がないのです。率直に言えば、多くの場合、いやたいていと言ってもいいが、違法かどうかは主観の問題なのです」我ながら、何という大ぼらかと思うが、実に聞こえが良かった。「だから完全に合法的にやっているつもりでも、時々、ちょっとした問題になることがある。困ったことですが、まあ、仕方がありません。とにかく、私の問題の大半は、証券取締法の文言がはっきりしないためと言っておきましょう。政府関係者が恣意的に懲罰に用いることのできる法です」

ローランドはしわがれ声で笑った。「マイ・フレンド。あなたは本当に良くできた方だ！ご自身についてこんなに説得力のある論議のできる方を見たことがありません。本当に素晴らしい。言うことなしです！」

私は笑って言った。「あなたのような方にそう言って頂ければ、うれしい限りです。時折、ビジネスマンの常として、私も一線を越えたり、あれこれのリスクを負ったりすることがないとは言えません。しかし、それらは常に、計算した上でのリスクです。十分に計算した上でのね。そして私が冒すいかなるリスクも、完璧な書類によって、ちゃんとプロージブル・ディナイアビリティがあります」

ローランドはゆっくりとうなずきながら、証券法の抜け穴を利用することについての私の雄弁ぶりに感心しているようだった。彼にわかっていないのは、ＳＥＣが私の仕事を遮るために、新たなルールを作ろうとしていることだった。

私は続けた。「まあ、あなたなら当然、私の話の内容をご理解頂いていると思います。ともあれ、五年前に証券会社を興したとき、あるとても賢い人が、とても賢いアドバイスをくれたのです。〝このクレージーな業界で成功し続けたければ、どんな取引もいずれアルファベット三文字の政府機関に精査されるものと思ってやった方がよい。そして、その日がやってきたときに、どんな取引についてもそれがどうして適法なのか、説明がつくようにしておくべきだ〟というのです。さて、その上で、です。私の仕事の九九％は問題がないのです。おそらく、その一％ですが、残りの一％がいわばのど元に刺さった小骨のようなものでね。

とはできる限り距離を置くべきなのでしょう。つまりあなたは、こうした設立会社すべての管財人になってくれるのでしょう？」

「ええ、そのとおりです、マイ・フレンド。スイス法に従って、私はその会社の代表権を持ち、その会社とその受益者の最善の利益に適う契約を結ぶことができます。もちろん、私が適切と考える取引は、あなたが勧める取引に限られますよ。たとえば、あなたが何かの新規発行株なり不動産なり、あるいは他のどんなことであれ、その会社の金を投資すべきと考えたら、そうするのが私の義務です。

そして、これこそ、私がお役に立てるところなのです。私はどんな投資をするのでも、様々な証券アナリストや不動産の専門家等の調査報告書や連絡メモを一緒にファイルしておきます。したがって、私の投資は、独自の意志によるもの、ということになります。時には、外部の監査役の手を借りて、投資を勧める報告書を発行させなければならないこともあります。もちろん、この監査役はいつもしかるべき報告をしてくれるのです。しかも、棒グラフやら何やらでこぎれいに体裁を整えてね。結局、こうした書類が、プロージブル・ディナイアビリティになるのです。私の投資についてもし誰かが疑念を持ったにしても、ただ厚さ五センチのファイルを指さして肩をすくめるだけ。くどいようですが、こんなことは序の口ですよ。いずれ、様々な煙幕の張り方をお教えすることになるでしょう。そして、いずれこうした金を、証拠を残さずに本国に戻す段になれば、またいろいろとお力になれると思いますよ」

それこそ、私の最大の関心事だった。思わず身体を前にのめらせ、私は彼の顔を見据えながら、声を潜めた。「その点にとても興味がありますね。正直言えば、ジャン・ジャックに聞いたシナリオにはあまり感心しませんでした。二つほど選択肢を示してくれたが、よく言っても素人考えだし、下手をすれば自殺行為だ」

「ふむ」ローランドは肩をすくめた。「そうかもしれません。彼は銀行家です。金の管理は上手いが、それを操るのが仕事じゃない。銀行家としては、とても優秀ですよ。あなたの金を、この上なく慎重に扱ってくれるでしょう。だが、誰の目も引かずに国際間で資金を移動するための書類作りに通じているわけではない。それは管財人の仕事です」おお、偽造の達人よ！　「……まあ、私のようなね。実際、おそらくユニオン・バンケールは口座に入れた金の移動を強く引き留めることでしょう。もちろん、その金をどうしようがあなたの勝手だ。彼らだって、無理に止めようとはしませんよ。だが、ジャン・ジャックに、資金移動は人目を引くからと引き留められても、気にすることはありません。悪口を言うつもりはないのです。それがスイスの銀行家のやり方ですし、まあ、その方が自分の得になるということですよ。あなたならおわかりでしょうが、銀行家はできるだけ預かり資産を高止まりさせておきたいものです。ですが、単純な事実として、スイスの銀行界では一日あたり三兆ドルの金が出入りしています。あなたが口座を使って何をしようと、別に目立ちはしませんよ。とはいえ、後学のためにうかがいますが、彼はいったい、どんな手を提案したのです？　この分野について銀行家が最近、何を言っているのか知っておきたいものですな」そう言ってローランドは背もたれに寄りかかり、太鼓腹の前で指を組んだ。

私もそんな姿勢をまねながら言った。「第一の方法は、デビットカードを使うというものでした。妙なこと言うもんだな、と思いましたよ。何しろ、外国口座から引き落とされるカードを街中で使って歩くなど、証拠をばらまいているのと同じじゃないですか」私は首を振りながら目を回して見せた。

「二番目のやり方も、同じほどばかげていました。自分の海外資金を使って、米国の私の自宅に住宅ローンを融資するというのです。まあ、ここだけの話、彼の話でもこれらの部分にはひどく失望しましたよ。さて、ローランド。私はいったいどうすればいいでしょう？」

ローランドは自信ありげに笑った。「資金を米国に環流するやり方は、いろいろありますよ。いずれも、何の書類も残さないものです。いや、正確に言えば、膨大な書類を残すが、米国、スイスどちらの政府がどこをどんなに叩いても、埃が出ないものです。移転価格というものを、ご存じですか？」

移転価格？　ああ、知っている。でも、それがいったい何の……。その瞬間、ありとあらゆるよこしまな戦略が脳裏にあふれかえった。可能性は……無限だった！　私は偽造の達人に満面の笑みを向けた。「ええ、知っています。私の偽造……いや、ローランド。素晴らしいアイデアですね」

私が移転価格という知られざる金融詐欺手法を知っていたことに、彼は少し驚いた様子だった。要するに、国際間で何かの取引をしながら、どちら向きに資金を動かしたいかによって、金を過剰に払うか、過小に払うかすればよいのだ。勘所は、自分が取引の両当事者になること。自分が買い手であり売り手なのだ。移転価格はたいてい、巨大多国籍企業が脱税のために行なう。つまり、法人所得税の高い国から安い国に、社内取引価格を調整して商品を移動することによって、利益を付け替えることだ。確か、何かの経済雑誌で、ホンダが米国子会社に自動車パーツを過剰価格で輸出して米国での収益を圧縮しているという記事を読んだ。もちろん、IRSは黙ってはいなかった。

ローランドは言った。「移転価格をご存じとは驚きましたな。必ずしも広く知られていることではないし、特に米国ではあまり知られてはいないだけにね」

私は肩をすくめた。「これを使えば、密かに資金を国際移動させる様々なやり方があるなと思います。無記名企業を設立して、米国で所有する企業との間で取引すればいいだけだ。私はダラー・タイムという会社を所有しています。一ドルの安物の洋服を売る会社ですが、それでも売れずに、膨大な在庫を抱えているんです。

でも、スイスに無記名会社を設立して、何かアパレルらしい名前を付ける。たとえば、ホールセール・クロージングとでもね。そしてその会社とダラー・タイムとの間で貿易取引をすれば、無価値な在庫をスイスに輸出して代金をたんまりと受け取ることができる。スイスから資金を合法的に動かすことができるわけだ。後に残る書類は発注書と請求書だけ」

ローランドはうなずいて言った。「その通りです、マイ・フレンド。それに私なら、必要な請求書や発注書を幾らでも偽造できる。証券取引証書を偽造したり、日付を一年前にすることだってできますよ。つまり、一年前の新聞を見てその後大きく上がった株を選ぶ。で、その株を上がる前に買ったように取引証書を偽造すればいい。ま、今日はちょっと先走り過ぎましたかな。いろいろな手管をお教えするには、長い時間がかかりますよ。ついでながら、様々な国で巨額の資金を用意することもできますよ。無記名会社を設立して、売買取引をでっち上げればよいだけです。そうすれば、利益を任意の国に移し、好きなだけ引き出せる。後に残るのは、売買がまっとうな取引だったように見える完璧な証拠書類です。実際、すでにあなたのために二社の企業を設立してあるんです。お見せしましょう」そう言って、偽造の達人は、黒い革張りの椅子から巨体を立ち上げ、壁際の登記書類簿に近寄って二冊を手に取った。「一社はユナイテッド・オーバーシーズ・インベストメンツ、もう一社はファー・イースト・ベンチャーズという社名です。いずれも英領ヴァージン諸島に設立されています。法人所得税はなし、規制もあらばこそですよ。パトリシア叔母様のパスポートのコピーをいただければ、後の手配はしておきます」

「もちろんです」私は胸のポケットからコピーを出して、素晴らしき偽造の達人に手渡した。この男からは、すべてを学べるだろう。スイス銀行界の裏も表もそっくり勉強できる。どんな取引も、まか不思議な海外無記名企業間の取引のベールに覆い隠せるようになる。そして、ひとたび事あれば、取引の証拠書類が私の身を救ってくれるのだ。

すべては腑に落ちた。ジャン・ジャック・ソーレルとローランド・フランクス。大いに異なるタイプだったが、いずれも権力を持つ人間であり、信頼できた。そしてここは、秘密の国スイス。二人とも、私を裏切る気づかいはない――。だが、その一つは誤算だった。

18　フーマンチューと運び屋

九月初旬、労働の日の連休に入った土曜の午後、ウエストハンプトン・ビーチは美しい秋晴れで、私と公爵夫人はベッドに寝そべり、愛を交わしていた。ありふれた夫婦らしい過ごし方だが、違いは私たちがゴージャスなカップルだということだった。公爵夫人は仰向けになったまま両腕を挙げ、白い絹の枕に頭を埋めていた。完璧な顔の輪郭が、美しい金髪に縁取られている。まるで天がたったいま、私のために遣わしてくれた天使のようだった。私は細い身体で彼女を組み敷き、やはり両腕を伸ばして、二人汗ばんで指を絡ませあった。

ともすれば動き出しそうな彼女の身体を押さえ込む。二人とも身長はほぼ同じなので、ブックエンドよろしくぴったりと絡み合う。彼女のかぐわしい香りを嗅ぎながら、胸で彼女の乳首を押しつぶし、太ももの甘美な絡み合いやかすれあう足首の感触に酔う。

柔らかく細身ながら、炎のように燃えさかる彼女の身体は、激しく跳ね回ろうとした。とても抑え込めたものではない。「動くな！」私は情熱と怒りのない交ぜになった声で言った。「もう終わるから、ナエ！　脚を動かさないで！」しかし、彼女は辛抱を切らした子供のように言った。「苦しいわ……どいてちょうだい！」

唇をキスで捕らえようとしても、顔を背けるので高い頬骨に唇が当たるだけだった。眼窩の彫りの深さのあまり、突き出した頬骨の縁に唇が痛いほどだ。

彼女を逃してやるべきなのはわかっていたが、約束の地を目前にして体位を入れ替える気にはなれなかった。そこで、作戦を変えることにし、乞うように言った。「頼むよ、ナエ！　そんなに責め立てないでくれ！」唇を突き出しながらさらに乞う。「これまで半月、いい夫だっただろ。後生だから素直にキスさせてくれ！」

そう言いながら、本当にその通りだと大いに気をよくした。スイスから帰国して以来、私はほぼ完璧な夫だった。一人のコールガールとも寝ていないばかりか――一人もだ！――帰宅が遅くなることもなかった。ドラッグの使用量も半分以下にしたし、二、三日ほどまったくやらない日もあるほどだった。実際、この前よだれを垂らしながらラリったのがいつだったか、思い出せない。

ちょうど、ドラッグ中毒がひどくなる中休みの時期だった。これまでにも、こうした我慢の効く時期はあった。こんなときは、腰痛も睡眠も、いくらかましになるようだった。だが、それもつかの間。獣はただ、眠っているだけだ。何かのきっかけでまたドラッグに手が伸び、そのたびに中毒が深まっていく。

少し怒りの滲んだ口調で私は言った。「だめだ、頭を動かすんじゃない！　もう少しでイキそうだ。君とキスしながらイキたいんだ！」

どうやら公爵夫人は、私の得手勝手がお気に召さなかったようだ。胸を両手で突き飛ばされたと思ったときには、フローリングの床に転げ落ちていた。ベッドから転げ落ちる一瞬、壁一面のガラス越しにダークブルーの美しい大西洋が見えた。海までは一〇〇メートル弱ほどだったが、もっと近くに見える。その刹那、公爵夫人の声が聞こえた。「あなた！　気をつけて！　そんなつもりじゃ……」

次の瞬間、目から火花が散った。

私は深呼吸しながら目をぱちくりし、骨が折れていないことを祈った。「うぐぐぐ……なんてことを……」私は素っ裸のまま仰向けになっていた。頭をもたげて下腹部の様子を確認すると、一物は屹立したまま午後の陽光に濡れ光っていた。それで少し勇気づけられた。腰を打っただろうか？　いや、大丈夫なはずだ。だが、頭がぼやけて、身体に力が入らない。

公爵夫人はブロンド髪をベッドから突き出すようにして、私の様子を心配そうに眺めていた。そして美しい唇を突き出すと、公園で転んだ子供をあやすような口調で言った。「まあ、かわいそうなベイビー！　こっちに戻っていらっしゃい、気持ちよくしてあげるから」

子供扱いにむっとしたが、言い争っても仕方がない。両手両脚をついて立ち上がった。彼女の上にのしかかろうとしたとき、その眺めにぼうっとなった。美しい妻にだけではなく、彼女の身体の下に敷き詰められている三〇〇万ドルにだった。

そう、ベッドの上には、きっかり三〇〇万ドルがあった。

さっき数えたばかりの金だ。厚さ数センチの一万ドルの札束が三〇〇個、キングサイズのベッドの上に敷き並べられている。厚さ数センチの現金のマットだった。ベッドの四隅には、三〇センチものアフリカのサファリ産の象牙がつき立っている。

　その時ナディンがベッドの端に寄り、七、八万ドルほどが床にこぼれ落ち、私ともどもベッドから滑り落ちた二、三〇万ドルに加わって山になった。それでも、ベッドの上の光景はさして変わらなかった。緑の紙幣で一杯のベッドの上は、雨上がりのアマゾンの熱帯雨林のようだった。

　公爵夫人は甘い声で私をなだめた。「ごめんなさいね、スウィーティー！　ベッドから投げ出すつもりなんてなかったの……本当よ」彼女は無邪気に肩をすくめて見せた。「肩がひどく引きつったの。あなたがあんなに体重をかけていたとは思わなくて。さあ、クロゼットの中で愛し合いましょう。いいこと？　あなた」そう言ってまた美しい笑顔を浮かべると、スポーツ選手のような滑らかな動きでベッドから立ち上がり、私の横に立った。そして口元をゆがめると、頰の内側を嚙んだ。何かに頭をひねったときに、いつも彼女がやる仕草だった。

　しばらくして彼女は言った。「これ本当に合法的なの？　私には、はっきりしないのだけど。何となく……気がとがめてならないの」

　こんな時に、女房に資金洗浄について言いつくろう気にもなれなかった。何しろ、いまはベッドの端に押し倒して思う存分愛してやることしか眼中にない。だが彼女は妻であり、それだけに嘘をつくのは私の義務だ。だから自信たっぷりに言った。「説明しただろう、ナエ。銀行から現金をそっくり引き出したんだよ。君だってそれを見ていたじゃないか。まあ、エリオットからいくらか受け取っていないとは言わないが」いくらかだって？　五〇〇万ドルだ！　「でもこの金とは別物だ。これはすべてまっとうな金さ。もしこの場に踏み込まれても、引出証書を示せばいいだけだ。簡単なことさ」私は妻の腰に手を回して引き寄せると、キスをした。

彼女は笑いながら身体を引いた。「あなたが銀行からお金を引き出したのは知っているけれど、なぜだか後ろめたかったわ。どうも気になるのよ」彼女はまた、頰の内側を嚙み始めた。「本当に、大丈夫なの？」

股間の怒張がゆっくりと緩むのが悔しい。河岸を変えるときだ。「僕を信じろよ、スウィーティー。すべて予定通りさ。クロゼットの中で愛し合おう。小一時間もすれば、トッドとキャロリンがやってくる。焦らせられちゃたまらない。さ、いいだろう？」

彼女は目を細めると、出し抜けに走り出して肩越しに「クロゼットまで競争よ！」と叫んだ。

他のことは、もうどうでもよかった。

一九七〇年代初頭、レフラック・シティは、たしかに変わり者のユダヤ人連中を輩出した。しかし、トッド・ガレットは極めつきだった。

トッドは私よりも三歳年上で、出会った頃のことはいまも覚えている。私は一〇歳になったばかりで、トッドは変わり者の両親、レスターとセルマとともに車一台分のガレージの付いた庭付きアパートに引っ越してきた。兄のフレディはヘロインのやりすぎで死んだばかりだった。死後二日経って、トイレの便器に座ったまま発見されたとき、腕にはまだ錆びた注射針が刺さっていた。

つまりトッドは、兄弟の中ではまだましな方だった。

とにかく彼は、ガレージに吊した白いキャンバス地のサンドバッグを、黒いカンフーパンツにカンフーシューズを履いてこてんぱんにしていた。七〇年代初頭当時は、全米の津々浦々のショッピングモールにカラテ道場があったわけではないので、トッド・ガレットはすぐさま、変わり者扱いされるようになった。だが、奴は根気があった。狭いガレージにこもって、来る日も来る日も、一日一二時間もサンドバッグと戦い続けたのだ。

だが、一七歳になるまで、誰もトッドに一目置きはしなかった。そのころから、彼はクイーンズのジャクソン・ハイツのたちの悪いバーに出入りするようになった。ベイサイドから五、六キロほど離れた界隈だが、柄の悪さは比べものにならない。公式言語はブロークンな英語で、住民の大半は失業者、そして婆さんでさえ飛び出しナイフを忍ばせている土地柄である。トッドはバーで四人のコロンビア人ドラッグ密売人とけんかをした。騒ぎが終わったときには、四人のうち二人は骨をへし折られ、全員が顔を粉砕され、一人は自分のナイフを刺されていた。それからは、誰もがトッドを下に置かなくなった。

それからトッドは当然の帰結として大物ドラッグ・ディーラーとしてデビューし、強面と要領の良さで組織のトップに上り詰めた。まだ二〇代前半で、年に数十万ドルも稼ぐ身分だった。夏はフランス南部やイタリアのリビエラで過ごし、冬はリオデジャネイロのビーチで豪勢に過ごした。

五年前のある日まで、順風満帆だった。だが、イパネマのビーチに寝そべっていたとき、奇妙な虫に刺された。四カ月後には、心臓移植を待つ身になっていた。一年もしないうちに体重は四〇キロあまりにまで落ち、一七八センチほどの身体も、骨と皮ばかりになっていた。

ドナー待ちリストに載って二年ほどしたときのこと。カリフォルニアでセコイアを切っていた身長二メートル近い木こりが、作業中にドジを踏んで死んだ。人の不幸は誰かの幸せ——この男の心臓とトッドの心臓は、組織適合性がぴったり一致していた。

心臓移植から三カ月後、トッドはトレーニングを再開した。その三カ月後には、元の戦闘能力を取り戻していた。それから三カ月すると、全米最大のクエイルードの密売人になっていた。そしてその三カ月後、彼はかの有名なストラットン・オークモントのオーナーである私ジョーダン・ベルフォートがクエイルード中毒であることを知り、売り込んできた。

それから二年経つ。トッドは私に五〇〇〇錠のクエイルードを売り、私がストラットンの扱う新規公開株で儲けさせてやった見返りにさらに五〇〇〇錠分のクエイルードをただでくれた。だが新規公開株の儲けが数百万ドル単位になるにつれて、彼は無料のクエイルードくらいでは恩義に報えないことに気づき、できることがあれば何でも言ってほしいと言うようになっていた。

小学校の頃から生意気だったガキども全員をしばき上げてこいと言いたかったが、奴が何でも役に立ちたい、なんなら人殺しでも片づけますとしつこいので、根負けして世話になることにした。新婚の妻キャロリンがスイス人だったのも、おあつらえ向きだった。

いまトッドとキャロリンは、私の主寝室に立ったまま、いつものように夫婦げんかをしていた。公爵夫人は、街で買い物でもしておいでと送り出してあった。いま目の前で繰り広げられている狂気の様を見せるわけにはいかない。

実際、気が狂っているとしか思えなかった。キャロリン・ガレットは白い絹のパンティーと白いトレトンのテニスシューズ以外、何も身につけていなかった。頭の後ろで腕を組む格好は、警察に銃を突きつけられて「両手を頭の後ろに上げておとなしくしないと撃つぞ」と言われている被疑者のようだった。一五七センチの細身の身体に、大きな乳房がヨーヨー風船を貼りつけたようだった。ブロンドに染めた豊かな髪は、尻の割れ目まで垂れ下がっていた。美しい青い目、広い額、そしてまあまあきれいな顔立ち。スイス風悩殺美人ではある。

「トッド、あんたは本物のバカ男だわ！」スイスチーズに漬け込んだようなのっぺりしたアクセントで彼女は言った。「テープが痛いのがわからないの、このバカ！」

「だまれ、売女！」と最愛の夫は言い返した。「じっとしてろ！　ひっぱたかれてえのか！」そう言いながら、奴はガムテープを持ったまま女房をぐるぐる回転させた。彼女が回転するたびに、腹や太ももに貼りつけた三〇万ドルのキャッシュが引き締められていく。

「売女だなんてよくも言ったわね！　そのたびに一発ずつお見舞いして当然だわ。そうよね、ジョーダン？」

私はうなずいた。「もちろんだ、キャロリン。幾らでもぶん殴ってやれ。ただ問題は、あんたの旦那はビョーキだから、ぶん殴られてもよけい喜ぶだけだってことさ。奴を本当に怒らせたければ、〝うちの旦那は本当に良い人間で日曜日の朝には私とベッドの中でニューヨーク・タイムズを読むのが趣味なの〟って街中に触れて回ることだな」

トッドは私に邪な笑みを浮かべた。目尻が下がり、肌もいくらか黄色くなり、ひげを生やしたレフラック出身のユダヤ人は、フーマンチューそっくりになっていた。トッドは黒い服しか身につけない。今日も例外ではなかった。胸に大きなVの字が付いた黒いベルサーチのTシャツに、やはり黒いライクラ地の自転車用パンツだ。両方とも、張り裂けんばかりに筋肉に貼りついていた。パンツの後ろ側には、いつも携行している三八口径の輪郭が浮き出ていた。額には狼人間のように黒い髪が貼りついている。「どうしてこの女をおだてるのか、わからねえな」トッドがつぶやいた。「言わせときゃいいだけなのに。その方が、ずっと楽だぜ」

悩殺美人は歯を噛みしめた。「あんたこそ、勝手にほざいてな！　この大バカ！」

「黙れ、動くんじゃねえ！　もう少しだ」

トッドはベッドから携帯用金属探知器を取り上げた。空港の警備用ゲートで見られるようなものだ。悩殺美人の全身にくまなく当てる。見事なおっぱいの部分で、奴の手が止まり、トッドと私はしばらくそれを鑑賞した。私は決して大きなおっぱいが好きな方ではないのだが、彼女のそれは、とにかく見事というほかはなかった。

「それ見なさい」悩殺美人は言った。「いくらやったって、鳴りゃしないわよ。紙幣なんだから、鳴るはずがないでしょ。金属探知器に何の意味があるのよ。やめなさいって言ったのに、こんなバカなものに無駄遣いして！」

トッドはうんざりしたように首を振った。「なんと言われても構わんが、俺が仇やおろそかにこんなことしていると思うのか。後学のために教えてやろう。一〇〇ドル札にはごく薄い短冊状の金属が漉き込まれている。だから、大金を束ねても金属探知器に反応しないかどうか、確認しているんだ。これを見ろ」彼は一枚の札を抜き出すと、光にかざして見せた。たしかに、せいぜい幅一ミリほどの金属が、端から端まで漉き込まれていた。

トッドは得意そうに言った。「わかったかい、天才さんよ。これからは世話を焼かすんじゃねえぞ」

「ふん、それくらいで図に乗らないでよ。私をもっとまともに扱わなきゃ、泣きを見るのはあんたよ。こんないい女には、男なんて他にいくらだっているんだから。あんたは友達の前で良い格好したいんだろうけど、私は他人の家の中でパンティー一枚よ。それに……」

スイス悩殺美人はどんなにトッドの扱いがひどいかさんざんに言い立てたが、私はもう聞いていなかった。彼女だけではまとまった金額を密輸できないことは痛いほど明らかだった。荷物に金を縫い込みでもしない限りは（危険すぎる）、三〇〇万ドルを密輸しようと思ったら、一〇往復はしなければならない。となれば、税関を大西洋の両岸で一〇回ずつ、合計二〇回も越える羽目になる。スイス人である彼女にとっては入国はスムーズだろうし、米国入国で引っかかることはまずない。密告でもない限り、発見される気づかいはなさそうだった。それでも、通関を繰り返すのは無謀で、凶兆といって良いほどだ。いずれ、何か問題が起きるに違いない。そして三〇〇万ドルはほんの手始めだった。うまくいけば、その五倍は密輸出するつもりなのだ。

私はトッドと悩殺美人に言った。「二人で殺し合いをしているときに邪魔して悪いが、キャロリン、ちょっとトッドを借りてビーチを散歩してきたいんだ。君が一人で十分な現金を運べるとは思えない。だから計画を練り直さなければならないが、家の中では話したくない」私はベッドからはさみを取り上げ、トッドに差し出した。「さあ。奥さんを解放してあげろ。それからビーチで話そう」

トッドは妻にはさみを渡した。「自分でやらせりゃいいさ。ブー垂れる以外の仕事ができてよかったぜ。買い物か文句を言うか、その合間に股を開くか——まったくやることといったら、それだけだ」

「ふん、面白いこと言うじゃない。まるであんたがあっちの方もご立派みたいな口ぶりね。笑わせないでよ。さあ、ジョーダン。この大物さんをビーチに連れて行くがいいわ。その間に、落ち着いてこのテープを切れるってもんだわ」

「本当に一人で大丈夫かい、キャロリン？」

「ああ、こいつは大丈夫さ」と言ったトッドは、妻の目をまっすぐに見据えた。「持ち帰ってから、この金をそっくり数え直す。もし札一枚でもなくなっていたら、貴様の喉を掻ききって殺してやるからそう思え！」

スイス悩殺美人はもう金切り声だった。「また私を脅そうっていうの！　あんたの薬を全部トイレに流して毒と入れ替えておいてやるわよ、この……ファック！……その髭面を思いっきり……」英語とフランス語、そしておそらくはいくらかドイツ語も交えての罵り言葉は、もう何がなんだかわからなかった。

トッドと私は、大西洋を見下ろす大きなガラスの引き戸から外に出た。この戸はカテゴリー五のハリケーンにも耐えるものだが、キャロリンの叫び声は裏庭のデッキにも聞こえていた。どうやらフランス語の罵り言葉のようだった。

デッキの端からは、長い木製のスロープがビーチへと続いていた。頭の中で「人生最大の過ちを犯そうとしているぞ！」という不吉な声が鳴り響いていた。だが、波打ち際を歩いていくと、気が休まった。内心の警告に耳をふさぎ、太陽の温もりに意識を集中する。

ダークブルーの大西洋を左に見ながら、西へと向かった。二〇〇メートルほど沖合にトロール漁船が浮かんでいる。漁船の航跡にカモメがダイブし、獲物を横取りしているのが見えた。どう見てもただの漁船だったが、それでも政府の捜査員が操舵室で集音マイクで会話を盗聴しているのでは、という妄想が浮かんだ。

私は深呼吸をし、妄想を振り切った。「キャロリンに運ばせるだけではとても追いつかない。何度も往復することになるし、そのうち怪しまれ始める。といって、半年もかけて密輸を分散する余裕はない。米国に持っている私の会社は、すぐにでも海外資金を必要としている」

トッドは黙ってうなずいただけで、詳細を根掘り葉掘り聞こうとはしなかった。だが、心配したとおり、ダラー・タイムの内情はカミンスキーの監査以上に悪かった。すぐにでも三〇〇万ドルの資金を入れる必要があった。

公募によって資金を調達するには少なくとも三ヵ月はかかるし、臨時監査報告もしなければならないだろう。そんなことになったら、大赤字が明るみに出て、かえって命取りになる。会計監査報告書には、来る一年間の企業存続に重大な疑義があると注記されるだろう。そうなったらダラー・タイムはNASDAQで上場廃止になり、死の宣告を受けたも同然だった。まさにペニー株そのもの、一巻の終わりになってしまう。

だから、唯一考えられるのは、私募によって資金を調達することだった。だがこれは、言うは易し行なうは難しだった。

ストラットンは公募で金をかき集めるのは得意だったが、私募には弱かった。公募の売り出しと私募の営業はまったく別物であり、後者にはあまり力を入れていなかったからだ。さらに、私は常時、一〇社から一五社の株式公開案件を抱えており、そのいずれもがいくらかは私募取引も含んでいた。だからすでに、心当たりのある投資家には手をつけていた。その上、ダラー・タイムに三〇〇万ドルを突っ込ませたら、他の投資銀行業務に深刻な影響が出かねない。

だが、秘策がないわけではなかった。レギュレーションSだ。レギュレーションSを使えば、「パトリシア・メラーロ座」の金でダラー・タイムの株を合法的に買い取り、四〇日後には立て直した同社株を米国に売り戻して膨大な利益を得ることができる。米国内で自社株を買い付け、SEC規制一四四条に従って二年待ってその株をようやく売り出すのとはえらい違いだった。

すでにこのシナリオはローランド・フランクスと協議し、彼はどこを叩いても埃の出ない書類作りを請け合ってくれていた。後はスイスに資金を移すだけだった。そうすれば、計画が動き出す。

「どうやら、私が自家用機で飛ばなければならないようだ。前回、スイスの税関は、通関スタンプも押そうとしなかった。今回もきっとそうだろう」

トッドが首を横に振った。「冗談じゃない。あなた自身を危険にさらすわけにはいかない。あなたは私にも私の家族にも本当に良くしてくれた。私に考えがあります。うちの親父やお袋にも金を運ばせることです。二人とももう七〇代だ。税関だって疑いませんや。スイスでもアメリカでも自在に入出国できます。リッチとディナ（いずれも仮名）にもやらせます。これで五人だ。一人に三〇万ドル持たせれば、二往復で金を密輸できます。数週間も間を空ければ十分でしょう」数秒ほど間をおいて、彼は言った。「私もやりたいところだが、麻薬関連の問題があるから、私には監視の目も厳しいでしょう。だが、両親はまったくクリーンだし、リッチとディナもそうです」

二人で黙って歩きながら、私はその案を考えてみた。実際、トッドの両親は完璧な運び屋だった。見とがめられる気づかいは、まずない。だが、リッチとディナとなれば話は別だ。二人ともヘロイン中毒のヒッピー風だし、特にリッチは髪を尻まで伸ばしている。だがディナの方は、どうにか目こぼしされそうだ。「いいだろう」と私は自信ありげに言った。「君のご両親が安心なことは、疑いの余地がない。ディナもおそらく、大丈夫だろう。しかしリッチはあまりにも麻薬の売人風だから、やめておこう」

トッドは歩みを止めていった。「一つだけ聞いておきたいことがあります。万が一、事がバレたときには、弁護士費用などを持って頂けるでしょうね。そうだと確信しているが、後で蒸し返したりする必要がないように、いま念押ししておきたい。もっとも、何も起こらないことは請け合いですよ」

私はトッドの肩に腕を回して言った。「言うまでもないことだ、トッド。それどころか、万一のときに口を割らずにやりおおせたら、一〇〇万ドル単位のボーナスも出そう。とにかく任せるよ。あの三〇〇万ドルを持っていってくれ。一週間以内にスイスに着くと信じている。私がこれだけ信用する人間は、世の中にそういない」

トッドは真剣な面持ちでうなずいた。

私はさらに言った。「ついでだが、来週の半ば以降にダニーがさらに一〇〇万ドル届ける。私はナデインとともにヨットでニューイングランドに行く予定だから、ダニーと受け渡しの連絡を取ってくれ。いいな？」

トッドは苦虫をかみつぶすように言った。「何でも仰せの通りにするが、ダニーとはつきあいたくねえな。あいつは手に負えねえ。昼間っからクエイルードのキメ過ぎだ。もし奴がクエイルードでラリったまま一〇〇万ドルの現金を持ってきたら、顔面に一発食らわせますぜ。こいつはマジなヤマだ。ラリっている間抜けを相手にするわけにはいかねえ」

私は笑った。「よくわかったよ。奴にも、よく言い聞かせておこう。とにかく、もう家に戻らなければ。ナディンの叔母が英国からやってきているんだ。ナディンの母も一緒に夕食の約束がある。準備をしなくちゃ」

トッドはうなずいた。「ダニーに伝えてください。水曜日には、しらふで来いと」

私は笑ってうなずいた。「ああ、約束するよ」

肩の荷が下りたところで、水平線へと目を向けた。空は深いコバルトブルーで、大海原との境目がわずかに赤みを帯びていた。私は深く息を吸い込み……面倒は、それっきり忘れた。

19　らしくない運び屋

ウエストハンプトンで夕食だ！　ま、サウスハンプトンのワスプ連中に言わせれば、ジュー・ハンプトンかもしれないが。ワスプ連中が、ウエストハンプトン人をあたかもたったいまエリス島でパスポートに判を押してもらったばかりの黒い外套に山高帽姿のユダヤ人連中とバカにしているのは、公然の秘密だった。

それでも、私は別荘を持つならウエストハンプトンと思っていた。若くてワイルドな奴、何よりもストラットン社員で一杯だからだ。男性社員は金にものを言わせて女性社員をいいようにしていたし、女性社員はストラットン流のお返しで、男性社員をいいようにしていた。

今夜の私は、頭脳の快楽中枢を二錠のクエイルードで酔わせながら、ビーチの反対側にあるスター・ボックス・レストランで四人がけのテーブルに着いていた。私にしてみれば控えめな薬の量で、意識は清明だった。石を投げれば届くほどの目の前に、大西洋の素晴らしい眺めが広がっている。実際、波の砕ける音が聞こえるほどだった。午後八時半、空には水平線を紫、ピンク、群青色の入り交じった色に染めるだけの光が残っていた。びっくりするほど大きな満月が大西洋にかかっていた。

母なる自然の妙というほかはない眺めとは対照的に、店の景色は憂鬱もいいところだった。金属のピクニックテーブルが置かれる木造のテラスは、棘だらけで、すぐにでもペンキを塗り直さなければならない。実際、裸足で歩けば、間違いなくサウスハンプトンで唯一、ユダヤ人を嫌々ながら診てくれるサウスハンプトン病院行きになってしまうだろう。赤、オレンジ、紫の提灯が一〇〇ほども吊り下げられているのも、ひとしお侘びしかった。まるで、ひどいアル中が昨年のクリスマスの飾りを外し忘れたようだ。そこここに置かれたポリネシア風のかがり火も、弱々しい光を投げかけて、さらにもの悲しさを演出していた。

だが、かがり火を例外にすれば、いずれも長身で出っ腹のオーナー、スターの落ち度とは言えなかった。彼は凄腕のシェフで、料金は割安というほかはない。一度父を連れてきて、どうしてスター・ボッグスでの食事がたいてい一万ドルもするのか、見せてやったことがある。一瓶三〇〇〇ドルもする秘蔵の赤ワインを取り置いてもらってあるのだから、それもやむなしだ。

今夜、公爵夫人と私、そしてナデインの母スザンヌ、そして愛するパトリシア叔母さんの四人はすでに三本目のシャトー・マルゴー一九八五年を抜いていたが、それでいてまだ前菜も注文していなかった。だがスザンヌとパトリシア叔母さんにアイルランド人の血が半分入っていることを考えると、酒好きも当たり前だった。

会話は実に他愛ないものだった。私が国際資金洗浄から巧みに話題をそらしていたからだ。ナデインには、パトリシアとのことはいかにももっともらしく話してあった。様々な違法事項は棚上げにして、専用クレジットカードで人生最後の黄昏をいくらか贅沢に過ごさせてやることだ。ナディンはちょっと不安げで文句も言っていたが、結局は納得した。

いまスザンヌは、エイズ・ウイルスが米国政府の陰謀であり、いわばロズウェルの宇宙船不時着やケネディ暗殺と同じであると熱弁をふるっているところだった。耳を傾けようにも、彼女とパトリシアがかぶっている珍妙な麦わら帽子に気を取られて身が入らない。それはメキシコのソンブレロよりも大きく、縁に沿ってピンクの花がぬいつけられていた。二人がジュー・ハンプトンの住人ではないことは一目瞭然。実際、宇宙人のようだった。

そしてスザンヌが政府批判を繰り広げている一方で、愉快な公爵夫人はテーブルの下で「また始まったわよ」とばかりにハイヒールでそっと私の脚をつついた。私も彼女に、そっとウインクして見せた。チャンドラを生んでから、実にすんなりと元の体型を取り戻したことに感心する。わずか六週間前、彼女はバスケットボールを飲み込んだようだった。いまや体重五〇キロに復帰し、ちょっとでも怒らせたら張り倒される。

私はテーブルの上でナディンの手を握って、残念そうに首を振りながら言った。「スザンヌ、報道が欺瞞ですべてが嘘っぱちだというのは、まったく同感というほかありませんよ。問題は、世間の人々があなたほど洞察力に恵まれていないことだ」

パトリシアはワイングラスを手に取り、たっぷりと飲みながら言った。「あなた自身がいつも連中に血祭りに上げられているだけに、実に好都合なマスコミ観ね。そうじゃないこと、マイ・ラブ？」

私はパトリシアに笑顔を向けて言った。「その通り、乾杯しましょう！」私はワイングラスを目の前に掲げてみんなを待った。「愛すべきパトリシア叔母さんの、下らないものは下らないと言える真の才能に対して！」そう言ってグラスを鳴らすと、私は五〇〇ドル分のワインを一気に喉に放り込んだ。

ナデインが私の方に手を伸ばし、頰を撫でながら言った。「あなたったら。みんな、あなたについての報道が嘘ばっかりだってことくらい、わかっているわよ。だから、心配しないで、スウィートネス！」

「そうよ」とスザンヌが言った。「もちろん、すべて嘘だわ。まるであなただけが悪いことしているみたいに書き立てて。お笑いぐさだわ。だって、一七〇〇年代のロスチャイルドの昔から、金儲けなんてそんなもんだったじゃないの。一九〇〇年代のJ・P・モルガンだってそうだわ。証券市場なんてものは、やっぱり政府の生き写しよ。だってそうでしょ……」

またしてもスザンヌ節だった。たしかに彼女はちょっと変わっているが、しかしそうじゃない人間なんて、どこにいるだろう？　そして彼女は、実に賢かった。大の本好きで、ナデインと弟のAJを細腕一本で育て上げた。そして、別れた夫から、金はおろか何一つ支援を受けずにそれをやり遂げたのは、なおさら立派だった。スザンヌは肩まで赤みがかったブロンド髪を垂らした美しい女性で、明るい青い目も美しかった。

その時、白い調理服に高いシェフ帽姿のスターがやってきた。まるでピルスベリーのキャラクター、ドウボーイが身長一九三センチになったようだ。

「今晩は」スターは気さくに言った。「労働の日、おめでとうございます」

愛想の良さではピカ一の妻は、すかさずチアリーダーよろしく席から立って彼の頬にキスをし、母と叔母を紹介した。数分ほど他愛ないおしゃべりを交わした後で、スターは自慢の料理を紹介し始めた。彼の十八番であるフライパンで焼いたソフトシェルクラブについてだ。だが私はもう、トッドとキャロリン、そして三〇〇万ドルに意識を切り替えていた。どうすれば、金を持って税関をすり抜けられるだろうか？　追加の金はどうしよう？　ソーレルが言っていた運び屋を使うべきなのでは？　だが、大丈夫か？　どこか人目につかない場所で密かに面識もない人間と落ち合って、それだけの大金を託すだなんて……。

ふとスザンヌを見ると、彼女もちょうど私を見ていた。温かい心からの笑みを浮かべる彼女に、何のためらいもなく私も笑顔を浮かべた。これまでスザンヌには良くしてきたつもりだ。私がナディンと恋に落ちてから、スザンヌは何一つ私に求めなかった。だが私たち夫婦は彼女に車と海辺の美しい家を買ってやり、月々八〇〇〇ドルの生活費も渡していた。スザンヌは知人の中でも特別だった。私たちの結婚生活をいつも支えてくれたし、それに……。

そう思っていた時、出し抜けに邪な考えが浮かんだ。そう……彼女とパトリシアがスイスに金を運び込んだら、いったい誰が疑うだろう？　このばかげた麦わら帽子を見るがいい。税関で呼び止められる気づかいがあるだろうか？　ありえない。老婦人二人組が金の運び屋だって？　誰が疑うだろう？　これこそ、完全犯罪だった。だが、そう思った瞬間に、そんな考えを巡らせた自分を呪った。万が一、母親が問題に巻き込まれたら、ナディンは私を磔にするだろう。チャンドラを連れて出て行きかねない。だめだ。彼らなしには、もう生きていけない。そんなこと、絶対に――。

「あなた！　あなたったら！」ナディンが叫んでいた。私はふと我に返り、彼女に向かって作り笑いを浮かべてみせた。

「あなた、メカジキ食べるでしょ？」私は笑みを顔に貼りつけたまま、激しく首を縦に振った。ナディンはさらに訳知り顔で言った。「それから、彼のために、クルトン抜きのシーザーサラダもお願い」そう言うと彼女は私に身を乗り出すと頬にべっとりキスをして、自分の席に腰を下ろした。

スターは私たち一同に礼を言うとナディンにお世辞を投げかけ、仕事に戻っていった。パトリシア叔母さんがグラスを掲げた。「今度はあなたのために乾杯よ、ジョーダン。あなたがいなかったら、こんな食事も実現しなかったわ。おかげさまで、もうすぐもっと広いアパートに引っ越せるわ。孫にも近いのよ」視線の端で公爵夫人の反応をうかがうと、くそっ、頬の内側を噛んでいる。「今度のアパートは広いから、孫たちの寝室も持てるわ。あなたは本当に気前の良い人だわ、ジョーダン。私たち、本当に誇りに思っているのよ。さあ、あなたのために、マイ・ラブ！」

みんなでグラスを合わせ、ナディンは寄りかかるようにして唇にキスをした。思わず股間が熱くなる。

まったく、私の結婚生活は最高だった！　しかも、日を追って良くなっている！　ナディン、私、チャンドラ。これが家族というものだ。これ以上、誰が何を求められるだろう？

二時間後、私は自宅の玄関をノックしていた。まるで『原始家族フリントストーン』のフレッドが、ペットの恐竜ディノに家から閉め出されてドアを叩いているみたいだった。「頼むよ、ナディン。入れておくれよ。僕が悪かった、謝るから」

ドアの向こう側で、軽蔑のこもった妻の声がした。「悪かったですって？　一体全体、このふざけたチビ男……ドアを開けたら、一発ぶん殴らずにはいられないわ」

私はゆっくりと深呼吸を繰り返し、妻にチビと言われる屈辱に耐えた。まったく、何というい言いぐさか。そもそも私は、それほどチビじゃない。「ナエ、ただ、ふざけただけだよ！　頼むぜ！　君のお母さんにスイスに金を持ち込ませたりなんてしないさ。さあ、ドアを開けて入れてくれよ！」

返事はなく、ただ歩き去っていく足音が聞こえただけだった。なんて女だ！　数百万ドルをスイスに持ち込んでくれと私から頼んだわけじゃない。彼女が言い出したことだ。まあたしかに、そう誘導したのは私だったかもしれないが、それでもはっきりと申し出たのは彼女の方だ！

今回は、さらに強くドアを叩いた。「ナディン！　このクソ扉を開けて私を中に入れろ！　君はやり過ぎだぞ！」

また内側から足音が聞こえてきたかと思うと、腰元にある郵便受け口が開き、中からナデインが言った。「私と話したかったら、ここから言いなさいよ」

　仕方がない。しゃがんで受け口に向かって話そうとした。顔に何か降りかかってきたのは、その時だった。

「熱っ！　くそっ」私は白いラルフローレンのTシャツで目元を拭った。「熱湯じゃないか、ナディン！　何のつもりだ、大やけどさせたいのか！」

　公爵夫人は軽蔑を込めて言った。「大やけどさせるところだったですって？　その程度で済むと思ってるの？　いったいどうすれば、私の母にあんなバカなことをさせられるのよ！日頃の義理があるんだから、母が密輪を申し出るのは当たり前じゃないの！　さも簡単そうに吹き込んで誘導したことに、私が気づいていないとでも思ってるの？　下らない売り込みのテクニックか、ジェダイみたいな悪魔の悪巧みか知らないけど、もうたくさんだわ！　あんたは本当に悪質な人間よ！　このチビ」

　あれこれと罵詈雑言を並べ立てられたが、私を最も傷つけたのはチビという一言だった。

「言わせておけばチビだ、チビだと……。口に気をつけろよ。さもなければ、その顔に一発お見舞いしてやる」

「やれるもんならやってみなさい。私に手を上げたら、あんたが寝ている間にタマを切り取って口に押し込んでやるわ」

　まったくこんなに美しい顔の女が、いったいどうしてこんなことを、しかも自分の亭主に言えるのか？　今夜の彼女は天使のようだったし、ずっとキスばかりしていたじゃないか。

でも、パトリシアが乾杯し終わったとき、あのばかげた麦わら帽子越しにスザンヌの表情を見ると、映画『おかしな二人』のピジョン・シスターズを思い出し、まともな税関員だったらピジョン・シスターズを呼び止めたりはしないだろうなと思っただけだ。それに二人が英国のパスポートを持っていただけに、計画はますますうまくいきそうというものだ。だから、二人のうちどちらかでも、私のために金を密輸する仕事に興味を示してくれないかなと思って、あたりを探っただけじゃないか。

郵便受け口から、妻の声が言った。「私の目を見て、母にそんなことさせはしないと約束してちょうだい」

「目を見てだって？　ああ、もちろんだ」私は皮肉たっぷりに言った。「熱湯を顔に引っかけるためにか？　そんなことに引っかかるとでも思っているのか？」

公爵夫人は抑揚のない声で言った。「もうお湯はかけないわ。チャンドラに誓って言うわよ」

私は信用しなかった。

「問題は、私の母もパトリシアも、遊び半分だってことよ。二人とも政府が大嫌いだし、何か気の利いたことのように思っているの。それに、いったん母にこんな知恵をつけたら、もう後に引かないわよ。母のことは私が誰よりもよくわかっているわ。大金を持って税関を無事に通り抜けるスリルを楽しみにしてるのよ」

「スザンヌにそんなことはやらせないよ、ナエ。そもそも、そんな話を持ち出した僕が悪かった。たぶん、ワインを飲み過ぎたんだろう。彼女には、明日話す」

「あなたは飲み過ぎてなんかいなかったわ。それが問題よ。酔っぱらってなくても、チビの悪党なんだから。どうしてこんな男をこんなに愛しているのかわからないわ。狂っているのは、私の方よ。あなたじゃない。私、本当に頭の検査でも受けなくちゃ。今夜の食事だって、二万ドルよ！　結婚式でもないのに、夕食に二万ドルも使う人がいったいどこにいるの？　聞いたことがないわ。でも、あなたにとってはどうでも良いことよね。だって、クロゼットには三〇〇万ドルも入っているんだから。それだって、まったくまともじゃない。

　きっとあなたが考えているのとは正反対でしょうけど、ジョーダン。私はこんなお金なんかいらないのよ。ただ、静かにまともな暮らしをしたいだけ。ストラットンとも、こんなクレージーなこととも手を切ってね。何か、悪いことが起きる前に、私たち引っ越すべきだと思うわ」

　彼女はちょっと間をおいた。「でも、あなたは決してそうしようとはしないでしょうね。あなたは権力に毒されているのよ。そしてあなたのことを王とか狼だなんて褒めそやす間抜けたちに。何が狼よ。バカみたいだわ」

　言わせたいだけ言わせることにした。「私の夫はウォール街の狼——口にするのもばかばかしいわ。でも、あなたにはわからないでしょうね。自分しか見えていないのだもの。あなたは得手勝手なチビ男よ。それだけだわ」

「チビというのはやめろと言ったろ！　いったい、どういうつもりだ」

「まあ、繊細なのね」と彼女はあざけるように言った。「いいでしょう、繊細さん。今夜も明日も客室で寝るのよ。運が良ければ、来年になったらセックスしてあげます！　でもそれも望み薄ね！」

解錠する音に続いて、階段を上っていくハイヒールの靴音がした。

まあ、身から出た錆だ。でも、彼女の母が捕まる可能性は、ゼロに近い。彼女とパトリシアがかぶっていたばかげた麦わら帽子が私に悪だくみをさせた。彼女が手助けを申し出たのは、たしかに仕送りのせいもあるだろう。彼女は賢くて義理堅いし、いざとなったら私の仕事を手伝うという暗黙の了解を感じ取っていただろう。下らない綺麗事を抜きにすれば、世の中に善意の金などあるだろうか。結局、何事にも暗黙の意図というものがある。善行だって同じだ。

とにかく、セックスなら昼間したばかりだから、一日や二日の独り寝は我慢できる。

20　アリの一穴

公爵夫人の懸念は、半分は正しく、半分は誤っていた。彼女の母が「私の素晴らしい冒険」こと国際資金洗浄計画に一役買いたいと言い出したら収まらないというのはその通りだった。だが、私やスザンヌに言い訳させてもらえるなら、なにしろそんなかっこいいことなんだから、仕方がない。九〇万ドルもの大金入りの大型ハンドバッグを肩に税関を通過するだなんて、最高にいかしている！

だが、彼女の心配は杞憂だった。スザンヌは大西洋両岸の政府を難なく欺きながら、にっこりウインクしつつソーレルに金を渡した。いまや彼女は英国に戻り、パトリシア叔母さんとともに、法律を片っ端から破ってやった小気味よさを満喫していた。

だからナディンの怒りも解け、夫婦仲は回復していた。いまは、ロードアイランド州ニューポートの港町で、去りゆく夏の名残を惜しんでいるところだった。旧友のアラン・リプスキーと、もうすぐ離婚するつもりの妻ドリーンが一緒だった。

いま私は、アランと肩を並べてヨットのナディン号に向かって木製のドックを歩いていた。肩を並べて、と言っても、アランのそれはたっぷり一五センチは高かった。彼は大柄で、肩幅も広く、首もがっしりしている。眉が濃く、顔立ちはマフィアの殺し屋風のクールな二枚目タイプだ。こうしてライトブルーのバミューダショーツを穿き、黄褐色のVネックのTシャツを着てヨット用のモカシンを履いていても、いかつい感じがする。

目前にはナディン号がひときわ大きくそびえ、黄褐色の独特の色合いも相まって、いっそう目立っていた。その偉容に目を楽しませながら、どうしてこんなばかげたものを買い込んでしまったのかと思わずにはいられない。私の悪徳会計士デニス・ゲイトも、「ボートの持ち主の幸せな二日間は買った日と売った日だ」という古い諺を引いて、あれほどやめろと言ったのに。デニスのような切れ者が言うのだからさすがに私も迷ったが、そこでナディンがヨットを買うなんて世の中で最もばかげたことだと口を挟んだから、意地になってその場で小切手を切ってしまったのだ。

だから私はいま、全長五〇メートルの浮かぶ頭痛の種、ナディン号を所有していた。問題は老朽化だった。何しろ、元々は一九六〇年代にココ・シャネルのために設計された船だ。そのため、艇内はうるさく、いつもどこかしら壊れた。当時のヨットらしく、三層の巨大なチーク材張りの甲板があり、一二人の乗組員が朝から晩まで四つんばいになってニスブラシで磨いても磨ききれない。艇内にはいつもニスの匂いが立ちこめており、乗るたびに気持ち悪くなるのだった。

皮肉なことに、このヨットは建造されたときにわずか三六メートルほどだった。だが前オーナーだったバーニー・リトルがヘリコプターが着陸できるよう、延長したのだ。そして抜け目のないバーニーは、カモを見れば一目でわかる奴で、何度かヨットをチャーターした私に、マーク船長を一緒に渡すから船を買わないかと言い含めた。マーク船長はそれからすぐに、ジェット水上飛行機を特注してヨットに備え付けようと私を説得した。マークも私もスキューバ・ダイビングが好きなので、水上飛行機であちこち探検して未知の魚でも見つけようというのだった。「魚なんてバカだから、かわいがってから銛で突き刺してやればいいんですよ」という。なるほど面白いと思ってやらせてみたら、当初五〇万ドルと言っていた見積もりはあっという間に一〇〇万ドルになっていた。

しかし完成した水上飛行機をクレーンでつり上げて甲板に載せようとしたら、収まりきらなかった。他にベルジェット・ヘリコプターとカワサキのジェットスキーが六台、二台のホンダのオートバイ、ファイバーグラス製の飛び込み台と滑り台を取り付けてあったので、ヘリコプターが離着陸しようとすると飛行機とぶつかってしまうのだ。仕方がないから、また七〇万ドルかけてヨットの甲板を延長する羽目になった。

だからいまや、ナディン号は前後ともに大きく伸びて、まるではじける寸前のゴムひものようになっていた。

私はアランに言った。「このヨットを本当に愛しているんだ。買って良かったよ」

アランはもっともらしくうなずいた。「美しいヨットだ」

マーク船長は甲板に仁王立ちになって私たちを待っていた。相変わらず、ロボットのおもちゃのように全身が四角い。白い襟付きTシャツと白いヨット用パンツを身につけているが、ている。ナデイン号のオリジナルだった。

マーク船長が言った。「何本も電話がかかってますよ、ボス。一本はクスリでぶっ飛んだダニーからで、あと三本はキャロリンとか言うフランス語訛りの女性からです。すぐに電話をくれと言うことでした」

そう聞いた瞬間、胸の中で心臓が飛び上がった。今朝ダニーは、一〇〇万ドルをトッドに渡す予定になっていた。それなのにまたクスリで飛んでいるなんて！　くそっ、なんてこった！　頭の中に一挙に様々な考えが駆けめぐった。何かまずいことでもあったのだろうか？まさか二人とも牢獄の中？　まさか、尾行でもされていない限り、そんなことはあり得ない。そもそも、誰が二人を尾行などするだろう？　それともダニーがへべれけになって現れたところにトッドが一発食らわせて、キャロリンが詫びの電話をかけてきたのか？　ばかな、それならトッドが自分で電話をしてくるに違いない。ああ、しまった！　ダニーにトッドと会うときにはしらふで行けと言うのを忘れていた！

私は深呼吸をして、自分を落ち着かせようとした。そう、すべてただの偶然かもしれない。私はマーク船長ににっこりして言った。「ダニーは何か言ってたかい？」

マークは肩をすくめた。「ろれつが回らないんではっきりしませんでしたが、どうやら万事順調と言いたかったようですね」

アランが言った。「大丈夫か？　何か手伝うことは？」

「いや、大丈夫」ほっとしながら、私は言った。もちろんアランもベイサイド育ちだから、トッドのことは私と同じくよく知っていた。それでもアランには、事の成り行きを話してなかった。彼を信用していないというのではない。ただ、話す理由がないだけのことだった。アランには、彼の証券会社モンロー・パーカーに海外の売り手からダラー・タイム株を数百万株買ってもらうよう頼んであるだけ。おそらく売り手が私であることはわかっていただろう。しかし彼は決してそれを訊こうとはしなかった。もしそうしたら、深刻な信義違反だ。私は静かに言った。「いや、大丈夫だ。だが、数本ほど電話をかけなくちゃならない。ちょっと失礼するよ」私は木製のドック脇に係留してあるナディン号の甲板に飛び乗り、マスター・スイートに降りて衛星電話でダニーの携帯電話を鳴らした。

三度目の呼び出し音で、ろれつの回らないダニーが出た。「ハロー？」

腕時計を見ると、まだ午前一一時半だった。平日のこんな時間からラリっているのか？

「ダニー、いったい何事だ？　昼間っからオフィスでラリっているのか？」

「いや、いや。違います。今日は休暇を取ったんですよ。トッドと会うためにね。でも、大丈夫。用事はきれいさっぱり、片づけました」

やれやれ、それならいい。「会社は誰が監督しているんだ？」

「ブロック頭とヅラ男にまかせました。大丈夫ですよ、マッド・マックスもいますから」

「トッドにどやされなかったか？」

「ああ」とダニーはろれつの回らない声で言った。「まったく、あいつどうかしてますぜ。

銃を突きつけながら、あなたの友達でよかったなただなんて。銃を持ち歩くなんざ、違法行為だ」

銃を抜いた？　真っ昼間に、人前でか？　まさか。トッドはクレージーだが、見境のない男ではない。「わからんな、ダニー。往来で銃を抜いたというのか？」

「いや、いや！　リムジンの中で金を渡したんですよ。ベイ・テラス・ショッピングセンターで落ち合ったんです」なんて場所でなんてことを！　「駐車場でね。万事順調でした。金を渡して、すぐに車を出しました」

なんてこった！　いったい、なんてことをしてくれるんだ。トッドの車は黒いリンカーンのストレッチ・リムジン、ダニーは黒いロールスロイスのコンバーチブル。それで、多少はましな車と言えばポンティアックがせいぜいのベイ・テラス・ショッピングセンターで落ち合っただと？

私はまた訊いた。「本当に、万事順調だったんだろうな？」

「間違いありませんよ！」ダニーは怒ったように言った。それを聞いて、奴の耳元で電話を叩き切ってやった。彼に腹が立ったからではない、日頃の自分は棚に上げて、こっちがしらふなのにラリっている相手と話などしていられなかったからだ。

キャロリンに電話をしようと思った瞬間、電話が鳴った。息を飲み、胸の鼓動が跳ね上がった。緊迫して電話を見つめる。四度目の呼び出し音が鳴ったとき、誰かが別の部屋でそれを取った。私は祈るような気持ちで、ただ待っていた。ビーとメッセージ音がして、マーク船長のセクシーなガールフレンドのタンジの声が言った。「キャロリン・ガレットさんからです、ミスター・ベルフォート。二番です」

私は一瞬、考えをまとめてから電話を取った。「やあ、キャロリン？　どうしたんだい？　万事順調かい？」

「ああ、やっと捕まえたわ、ジョーダン。トッドが逮捕されたの」

私は彼女を遮った。「キャロリン、それ以上言うな！　すぐに公衆電話からかけ直す。家にいるのかい？」

「そうよ。電話を待ってるわ」

「わかった。そこにいてくれ。大丈夫だ、心配するな。約束するよ」

私は電話を切り、放心したままベッドの脇に座った。心が千々に乱れた。かつて、経験のない嫌な感覚だった。トッドが捕まった！　いったい、なぜ？　奴は口を割るだろうか？　いや、もちろん黙秘するだろう。オメルタの原則を守る点では、トッドほど頼りになる奴はいない。それに、奴は命だって惜しんじゃいないだろう。何しろどこかの木こりの心臓で生きている男だ。いつも、もう拾いものの人生だと言っていたではないか。おそらく、奴が死んだ後まで審判を引き延ばすことだってできるだろう……そう思った瞬間、罰当たりな考えを浮かべたことを後悔したが、そこには一抹の真実があった。

私は深呼吸し、気を取り直した。それから立ち上がり、公衆電話へと直行した。

ドックを歩きながら、手元のクエイルードがわずか五錠分しかないことに気づいた。これっぽっちではやっていられない。ロングアイランドへは後三日は戻らない予定だし、腰痛はどんどんひどくなっていた。それに、クスリはもう一月も抜いた。節制は十分だ。

公衆電話に到着するやいなや、私はジャネットに電話をした。プリペイドカードの番号を入力しながら、ひょっとしてこうやって電話をかけると逆探知されたり、あるいは盗聴されやすいことはないだろうか、と思った。ばかばかしい。カードを使ったからといって、FBIが私の電話の会話を盗聴しやすくなるわけがない。硬貨でかけるのと何も変わらないはずだ。だがそんな入念な自分を褒めてやりたかった。

「ジャネット。私のデスクの右下の引き出しからクエイルードを四〇錠出してヅラ男に持たせ、今すぐここにヘリコプターで届けさせろ。ハーバーから数マイルほど離れたところに民間空港がある。そこに着陸すればいい。奴を迎えに行く時間はないから、そこにリムジンを待たせ――」

ジャネットが割って入った。「二時間で彼をそちらに行かせます。心配しないで。何か問題でもあったのですか？　緊迫した様子ですね」

「万事順調だ。出発前に持参する量の計算を間違えたから、足りなくなったんだ。とにかく、腰が痛むから、すぐに必要なんだ」私はさよならも言わずに電話を切ると、今度は自宅にいるキャロリンに電話をかけた。相手が受話器を取った瞬間、私は口を開いていた。「キャロリン、問題は――」

「オー・マイ・ゴッド！　大変だったのよ、実は――」

「キャロリン、やめろ」

「トッドが大変なの、彼は――」

「キャロリン、よすんだ――」

「いま牢屋なのよ。そして――」

口をつぐもうとしない彼女に、声を張り上げざるを得なかった。「キャロリーンッ！」

彼女はようやく黙った。

「よく聞くんだ、キャロリン。黙って聞いてほしい。怒鳴ったりして悪かった。だが、家の中で話してほしくなかったんだ。わかるかい？」

「ええ」と彼女はフランス語で言った。こんな緊迫したときだけに、彼女も母国語で話す方が気が楽なのだなと気づいた。

「オーケー」私は落ち着いて言った。「最寄りの公衆電話に行って、四〇一―五五五―一六六五に電話をするんだ。それがいま私がいる場所だ。いいね？」

「わかった」と彼女は英語で言った。「数分でかけ直すわ。小銭を用意しなくちゃ」

「いや、私のプリペイドカードの番号を使え」私は落ち着いて言った。

五分後、目の前の公衆電話が鳴った。私は電話を取ると、キャロリンにいまかけている公衆電話の電話番号を聞き、電話を切ると、隣の公衆電話からかけ直した。

彼女はすぐに、成り行きを細かく話し始めた。「……トッドは駐車場でダニーを待っていたの。ダニーはご大層にロールスロイスに乗って現れたかと思うと、へべれけにラリっていて、いまにも他の車にぶつけんばかりだったの。酔っぱらい運転と思った警備員が、警察を呼んだのよ。ダニーはトッドにブリーフケースに入れたお金を渡すと、すぐに駐車場から出て行ったわ。ラリっている彼をトッドが殺すぞって脅したためよ。その時、二台のパトカーがやってくるのが見えたから、トッドは銃をビデオ店の返却ボックスに隠したの。でも、それも監視カメラに写っていたのでバレたわ。警官に逮捕され、リムジンの中も捜索されてお金が見つかったの」

なんてこった！　金のことは、まあいい。問題は、ダニーが尻尾を摑まれたことだ。奴を街からこれっきり高飛びさせなければ。それとも、トッドに何らかの口止め料でも出してやるかだ。そう思ったとき、キャロリンが事情を知っているのは、トッドが刑務所から電話をかけたからだ、と思い当たった。トッドらしくもない、なぜ電話が盗聴されていることは確実とわかっていながら自宅に電話なんてかけたんだ？

「トッドとはいつ話したんだい？」私は理由が知りたくてキャロリンに訊いた。

「話してないわ。弁護士が電話で教えてくれたのよ。トッドから電話があって、保釈料を用意してくれと頼まれたというの。そして私に、今夜にもスイスに出発しろ、という伝言だった。だからトッドの両親とディナと私の分のチケットを予約したわ。リッチにはトッドの身元保証のために残ってもらうようにして、保釈料を預けたの」

整理すべき情報は山ほどあった。トッドには少なくとも電話で事の詳細を話さないだけの分別があった。そして彼が弁護士に話した内容は守秘される。だが、皮肉というほかなかったのは、こんな騒ぎの最中にも、獄中のトッドが私の金をスイスに持ち込む仕事を忘れなかったことだ。いったい、感謝すべきか、それとも向こう見ずさを憂うべきか？　私は情報を頭の中で整理した。おそらく警察は、たまたまドラッグの密売現場に出くわしたと思っているだろう。金を持っていたトッドが売り手で、誰であれロールスロイスを運転していた奴が買い手だ。ダニーのナンバープレートはばれていないのだろうか？　いや、もしばれていたら、ダニーもとっくにしょっぴかれているはずだ。しかし、何を証拠に？　実際、警察はダニーについては、何一つ現場を押さえていないのだ。押収したのは、ブリーフケース一杯の現金だけ。となれば主に問題になるのは銃の所持だが、まあそれはどうにでもなる。腕の良い弁護士なら、執行猶予を勝ち取って、罰金をたんまり払ってトッドを救い出せるはずだ。私なりダニーなりがその罰金を払えば済むだけのこと……。

私は悩殺美人に言った。「オーケー、キャロリン。言われた通りにしろ。トッドから細かい指示を受けているんだろ？　会う相手はわかってるな？」

「ええ、ジャン・ジャック・ソーレルね。電話番号もわかってるし、あの界隈には土地鑑があるの。ショッピング・エリアだわ」

「そうだ、キャロリン。気をつけて行ってきてくれ。トッドの両親とディナにもそう伝えてくれ。ああ、それからトッドの弁護士に電話をして、君が私に連絡済みであることと、何も心配する必要はないことを言ってやってくれ。すべて面倒を見ると伝えるんだ。す・べ・て

• だと。わかるかい、キャロリン？」

「ええ、心配しないで、ジョーダン。トッドはあなたを愛してるわ。絶対に口を割ったりしないわよ。間違いない。あなたに累が及ぶくらいなら、自殺でもするでしょうよ」

内心ではトッドはどんな人間も愛せない、特に自分自身を愛せない奴だとわかっていたが、それでもほくそ笑まずにはいられなかった。トッドのユダヤ人やくざ風の性格そのもののおかげで、よほど長い刑期でもちらつかされない限り、私を売るとは思えなかったからだ。

頭の中でそんな整理をつけると、私はキャロリンに良い旅をと祈って電話を切った。ヨットに戻りながら、何が起きたかをダニーに電話で言ってやるべきかどうかまよった。クスリの効果が多少なりとも冷めてくるまで待った方が良さそうだった。落ち着きを取り戻すにつれ、まあそれほどひどいニュースじゃないと考え直した。もちろん決して良い話ではないが、ただの予想外の障害に過ぎないだろう……。

それでも、クエイルードのやりすぎがダニーの破滅の元であることは間違いない。彼は深刻な中毒に陥っており、そろそろ助けが必要だった。

21　おためごかしの体裁づくり

一九九四年一月

駐車場事件から数週間が無事に過ぎた。ショッピングセンターの監視カメラがダニーの車のナンバーをはっきりと映していなかったことは明らかだった。だが、トッドによると、警察はロールスロイスを運転していた者の正体を種に取引を持ちかけてきたという。もちろん、クソ食って死ねと言ってやったというのだが、私はもちろん、今後のメシの種にするつもりだなと話半分に聞いていた。いずれにせよ、トッドには悪いようにはしないと言ってやり、それでトッドはダニーを売らずに済ませることにした。

それを別にすれば、一九九三年は平穏に過ぎた。つまり、リアリティショー『金持ちと機能障害のライフスタイル』がスティーブ・マデン・シューズの公開大成功による資金にもあおられて、相変わらず続いていた、ということである。株価は八ドル強で安定し、指人形を使った取引や資金融資などで、私は二〇〇〇万ドル以上を荒稼ぎしていた。

クリスマスから新年にかけて、私たちはヨットのナディン号に乗ってカリブ海で二週間の休暇を取った。夜はロックスターばりのパーティー三昧だったので、セント・バーソロミュー島からセント・マーチン島の間のあらゆる五つ星レストランで居眠りをしてどうにか睡眠を取った。クエイルードでラリったままスキューバ・ダイビングをして自分の脚に銛を刺したときも骨には異常はなく、その他は総じて無傷の旅だった。

休暇も終わって、いよいよ仕事に戻るときだった。一月第一週の火曜日、私はストラットン・オークモントの主任顧問弁護士アイラ・リー・ソーキンのオフィスに座っていた。ソーキンは白いものが交じった髪をだらしなく伸ばしている。有力企業顧問弁護士の例に漏れず、彼もかつて、悪党のために働いていた。あるいは、善玉のために、と言えるかもしれない。要は、話を聞く相手による。つまり彼は、かつて規制当局で働いていたということだ。前職はSECのニューヨーク地区事務局の局長だった。

だがいま目の前で上等の革張りの椅子にどっかりと寄りかかった彼は、手の平を天井に向けて言っていた。「ジョーダン、喜ぶべきですよ。二年前SECは、二二〇〇万ドルの罰金と会社お取りつぶしの沙汰を求めていたのです。でもいまでは、三〇〇万ドルできれいさっぱり手を打ちましょうと持ちかけてきたんですから。これが完勝でなくて何だというのです」

私はほら吹き顧問弁護士にお世辞笑いを浮かべてやったが、内心では穏やかでなかった。休暇から戻ってきた初日にしては、やっかいな話が待ち受けていたものだ。何一つ尻尾を捕まれていないのに、なぜ三〇〇万ドルも出して早々と示談に応じなければならないのだ？

株価操作や強引な株のセールスで提訴されてから、もうすぐ丸三年。なにしろ一九九一年冬のことだ。だがそれからの連中は、ほとんど何ひとつ嫌疑――特により深刻な罪である株価操作について――を裏づける証拠を見つけられずにいる。

ＳＥＣは一四人のストラットン関係者を召還し、そのうち一二人は聖書に右手を置いてしれっと大嘘を証言した。泡を食って、強引な株の売り込みをしていましたと真実を漏らしてしまった関係者はわずか二人だけで、ＳＥＣは「正直にしゃべってくれてありがとう」と言いながら、宣誓した上で罪を認めた二人を証券界から追放した。そしてしらを切り通した一二人の身の上に何が起きたか？　おお、おめでたい司法当局よ！　彼らは一人残らず無傷で公判を切り抜け、今日に至るまでストラットンで、にっこり笑いながら顧客に電話をかけまくり、目玉を刳り抜き続けている。

こうしてヘボ官庁をそっくり煙に巻き続けている私に、かつてヘボ役所の長だったアイラ・リー・ソーキンは、示談に応じてきれいさっぱり片づけましょうと言うのだった。だが、彼の論理には納得がいかなかった。というのは、「きれいさっぱり片づける」というのはただ三〇〇万ドル払って今後は証券関連法も遵守しますと約束するだけのことではなく、証券業界から一生締め出され、ストラットン・オークモントをこれっきり去るということでもあったからだ。それどころか、仮に私が来世で甦っても、まだ証券業界に復帰することはできないのである。

一発ガツンと言ってやろうとしたとき、ソーキン大王は沈黙に耐えきれずに口を開いた。

「要するに、ジョーダン。あなたと私は素晴らしいチームを作ったということです。そしてSECを彼らの土俵の上で出し抜いてやったのです」彼は自分の叡智の言葉にうなずいた。「連中を根負けさせたんですよ。あなたなら三〇〇万ドルくらい一月で稼げるでしょう。それに、所得税の控除の対象にさえなるんですよ？　そろそろ、自分のために生きるときです。何か新しい生き方を見つけて、奥さんや子供さんとの暮らしを楽しめばいい」そう言うと、ソーキンは大きな笑みを浮かべて、また何度かうなずいた。

私は気のない笑いを浮かべてうなずいた。「ダニーやケニーの弁護士はこのことを知っているのですか？」

ソーキンは曰くありげな笑顔を浮かべた。「これはまったく内々での話なのですよ、ジョーダン。他の弁護士は、何一つ知りません。もちろん法的には私はストラットンの顧問弁護士ですから、私の忠誠心は社のためにあるべきです。しかし現在、あなたこそが同社そのものだ。だから、私はあなたに忠実なのです。もちろん、こうした取引条件の申し出なら、数日ほど考える時間がほしいのはわかります。ですが、それが精いっぱいです、マイ・フレンド。二、三日がタイムリミットです。最大でも一週間がいいところでしょう」

訴えを起こされたとき、私やダニーやケニーはみんな、利害衝突の可能性を考えて別々の弁護士を雇った。当時は実に金の無駄だと思ったが、いまとなっては、本当に良かったと思っていた。私は肩をすくめて言った。「急げと言うが、彼らが取引の申し出をすぐに撤回するとは思いませんよ。あなたも言った通り、連中は根負けしたんでしょう。実際、いまのSECには、私の訴えについて知っている人間さえ残ってはいないと思いますよ」思わず、SECの係官が捜査している会議室を盗聴しているから知っているのだと言いそうになったが、黙っていることにした。

「なぜ棚ぼたを先延ばしにしなければならないのです？　たしかにSECのニューヨーク事務局はこの半年、大がかりな人事異動があり、士気が下がっています。しかし、それはただの偶然ですよ。そう長続きするもんじゃない。これは弁護士というよりむしろ友人と思っての助言です、ジョーダン。新顔の調査官たちがやってきてまた調査を蒸し返される前に、さっさと取引に応じてしまうべきです。やがて連中は何か掘り出しますよ。そうなれば、すべてがパーです」

私はゆっくりとうなずいて言った。「この話を内々にしておいて頂いたのは、賢明でした。話が漏れたら、事情を説明する前に社員はパニックに陥っていたでしょう。でも、正直言えば、業界を永久追放されるという話には、ぞっとしませんね。営業フロアに二度と足を踏み入れてはいけないだなんて。どう言えばいいのか……。フロアが私の命なのです。私の理性も狂気も、フロアとともにあります。善も悪も、美も罪も、すべてあそこにあるのです。

それはともかく、最大の問題は私ではなくケニーです。ダニーが職にとどまり続けている一方で、どうやってケニーに一生涯、証券業界から追放だなんて説得できます？　ケニーは私の話は聞くでしょう。しかしダニーが残るのに自分は終身追放だなんて、とても説き伏せられません。ケニーの年収は一〇〇〇万ドルです。奴は切れ者とは言えないが、そんな金を稼ぐ見込みはもう二度とないことぐらいはわかっていますよ」

ソーキンは肩をすくめた。「じゃあ、ケニーを残留させて、ダニーを会社から出せばいいでしょう。SECは別にどっちでも構いません。あなたさえいなくなればいいのです。彼らはただ、ウォール街の狼を丸裸にしてやったというご大層なプレスリリースを発表したいだけですよ。それで満足するんです。ダニーだったら、説得しやすいですか？」

「それは選択肢になりません、アイラ。ケニーはただのバカだ。誤解しないでください。私は奴が好きだが、しかしやっぱり会社を切り回していく能力はないのです。取引に応じるとするなら、いったいどうすればいいでしょう？」

ソーキンは数秒ほど考えてから言った。「まず、ケニーを説得できるとしてみましょう。あなたもケニーも、持ち株をダニーに売る。そして、終身、証券界での就業を禁じる裁判所命令に署名する。金は会社が払えばいいから、ご自分のポケットからは一セントも出す必要はありません。おそらく、第三者監査員が社にやってきて内情を調べ、いくらか改善勧告でも出すでしょう。しかしそれは、たいしたことはありません。私が法令遵守部門と一緒に、うまく仕切ります。それだけです、マイ・フレンド。簡単なことです」

アイラはさらに続けた。「しかし、ダニーにそれほど多くの株を持たせるのはどうかと思いますよ。彼はたしかにケニーより鋭いが、一日の半分はクスリでへろへろです。あなたもパーティーがお好きなようだが、仕事中はいつもまともだ。それに、良かれ悪しかれ、世の中にジョーダン・ベルフォートは一人しかいない。SECもそれはわかっています。特に、ニューヨーク事務局長のマーティ・クッパーバーグにはね。だから、あなたを追い出したがっているのです。彼は、あなたが体現するものすべてが気に入らないのです。ですが、あなたの実績はやはり買っています。こんな面白い話があるんですよ。数カ月前、フロリダでSECの公開会議に出席したのですが、ワシントンでナンバーツーを務めるリチャード・ウォーカーが、ジョーダン・ベルフォートのような人間を相手にするには、まったく新しい証券取締法体系が一揃い必要だと言っていました。聴衆にはずいぶんウケていましたが、それほど忌々しそうな口調でもありませんでした。まあ、ニュアンスはわかって頂けるでしょう？」

私は目を回してみせた。「それは、アイラ、実に光栄というほかはない。ぜひ私の母に電話してその話を聞かせてやってください。SECのトップから息子がそれだけ買われていると知ったら、ずいぶん喜んでくれるでしょう。信じてもらえるかどうかはわからないが、私はちょっと前まで、良きユダヤ人家庭に育った良きユダヤ人の少年だったのです。本当ですよ。小遣い銭稼ぎに玄関口を雪かきする少年でした。五年前には、レストランに足を踏み入れても、別に人の視線を集めることもありませんでした」

私は首を振った。「つまり、いったいなぜこんなに物事が手に負えなくなってしまったのか、ということです。ストラットンを立ち上げたとき、こんな将来は望んでいなかった。本当です、神に誓ってもいい！」そう言って私は立ち上がり、エンパイア・ステート・ビルをのぞむ窓に歩み寄った。ウォール街に見習いとして足を踏み入れたのは、それほど遠い昔ではなかった。急行バスに乗って出勤したとき、ポケットにはわずか七ドルしかなかった。わずか七ドル！　バスの車内の人々を眺め渡しながら考えたことを、いまも覚えている。生活費を稼ぎにマンハッタンに出勤するために、こうしてバスに乗らなければならないことに、この人たちも自分と同じく苦い思いを抱いているのだろうか、と。固いプラスチックの座席に座ってディーゼルの臭いを我慢しなければならない年配の乗客を見て、気の毒にも思った。そして、自分は絶対にあんな風にはならないぞと決心したことも、忘れてはいない。バスを降りて摩天楼を見上げたときには、地元ロングアイランド育ちなのに、怖じ気づいたものだった……。

私はソーキンを振り返って、郷愁の滲む声で言った。「こんな最後は本意ではありませんでした。ストラットンを始めたときには、本当に良い会社にしようと思っていました。いまとなってはこんなことを言っても詮ないことはわかっていますが、それでも……それがわずか五年前のことなんです」私はまた頭を振って続けた。「きっと、よく言うように、地獄に続く道は善意で舗装されているのでしょう。面白い話があるんです。前妻のデニースのことは、ご存じですね？」

アイラはうなずいた。「ナディン同様、親切で美しい人だった」

「その通り。美しく、親切で、いまもそうです。私がストラットンを興したとき、彼女はまさに、〝ジョーダン、年に一〇〇万ドルも稼がなくていい。まともな仕事に就いてちょうだい〟と言っていました。当時は面白いこと言うもんだなと思っていましたが、いまでは真意がよくわかります。ストラットンは、カルト教団のようなものです。それが真価なのです。社員たちは、私の指先一つで動きます。デニースはそれに憤っていました。ある意味では、そんな社員たちが私を祭り上げて、狂わせてしまったとも言えます。いまならそれがわかりますが、あの頃はあまりよくわからなかった。権力に酔っていました。抵抗することはできなかった。

とにかく、そうすべき時が来たら、剣を置いて部隊のために犠牲になる覚悟でした」私は弱々しい笑みを浮かべて、肩をすくめた。

「まあ、ちょっとおセンチなようですが、いつもそんな将来を胸に抱いていたんです。だから、いまタオルを投げて金をつかんで逃げ出すのは、部下たちを見殺しにする行為だと思うんです。部隊を見捨てることはできない。最も安易な道は、あなたが言ったように、証券業務からの終身追放を受け入れて、妻と娘とともに引退することです。一〇回生まれ変わっても使い切れないだけの金もある。しかし、そうしたらフロアの若者たちはどうなります？　私は彼らに、どんなことがあっても、最後まで戦い続ける覚悟だと言い聞かせてきたんですよ？　SECに持ちかけられた取引を受け入れて街から逃げ出すなんてこと、できやしません。私は船長です、船長とは、最後まで救命ボートに乗り込まないものじゃありませんか？」

アイラは首を横に振った。「それは、まったく違います」彼は同情のこもった声で言った。「今回のSECからの示談と大海原での冒険を一緒にすることはできません。単純な事実として、あなたが条件を受け入れれば、ストラットンは生き延びることができるのです。これまでどんなにうまくSECを出し抜いてきたからといって、永遠に続くものではない。半年もしないうちに審理が開かれます。陪審員は、あなたに同情的ではないでしょう。それに、ストラットンの存続には数千人の職がかかっているのだし、彼らの家族のことまで考えれば、経済的利害は膨大です。業界追放を受け入れることで、あなたは彼らの将来を安泰にしてやれるし、あなた自身の将来も確保できる」

彼の言葉をちょっと考えてみたが、全面的に納得できるものではなかった。実際問題、SECが取引を持ちかけてきたことは、決して意外ではなかった。アル・エイブラムズも、セヴィルで数え切れないくらい朝食を共にしながら、それを予告していた。「うまくカードを切っていけば、結局、SECには君の案件を知る者はいずれ誰もいなくなる。SECの離職率は著しいし、特に捜査が難航しているときにはいっそうだ。とはいえ、決して忘れてはならないことがある。手を打ったからといって、それですべてが終わったわけではないことだ。一つの提訴で調停が成立しても、その翌日から連中が新しい案件で追いかけ回してくることを防ぐ手だてはない。だから、調停に応じるなら、今後、追訴はしないと書面で確約させなければならない。その場合でさえ、まだNASD（全米証券業者協会）が訴えてくるかもしれない……それが終わっても、個々の州が茶々を入れてくるかもしれないし……他にも連邦検事やFBIなどに絡まれるかもしれない。すでに、そうなっていなければ、だがね」

アル・エイブラムズの入れ知恵を念頭に、私はアイラに訊いた。「SECの申し入れを受け入れて調停に合意したとして、彼らが追訴しないという保証がどこにありますか？」「それを合意条件にするよう、交渉しますよ」アイラが言った。「現在までのすべての行為を対象にするように、話をまとめればいいのです。しかし、今後ダニーがまた違法行為をしたら、もうSECが新たに提訴しないようとどめる手だてはないことをお忘れなく」

私はゆっくりとうなずきながら、まだ納得しかねていた。「では、NASD、州、そしてFBI等からの提訴については……」

アイラは椅子に寄りかかって、また指を絡めた。「それについて保証はありません。また、あなたを誤解させたくもない。それらをしないという書面でも取り付けられるなら何よりだが、そんなことはできない。そういうものではないのです。しかし、言わせて頂ければ、他の規制当局があなたの事件を取り上げる可能性は、極めて低いでしょう。規制当局というものは、負け戦を蒸し返すことを何よりも嫌がるものです。キャリアに傷がつきかねませんからね。SECでストラットンを担当した弁護士たちの身の上は、あなたもご存じでしょう？一人残らず、汚名にまみれて退職しています。その後に民間業界で厚遇された者もいないことは請け合いですよ。SECの勤務弁護士の大半は、ただ経験と経歴のために勤めているだけです。名を売ったら民間に身を投じて、本当に良い収入を稼ぐのです。

ただ、連邦検事は別です。ストラットンについての捜査でも、これまでSECよりもはるかにうまくやってきた。刑事告発されたら、妙なことになりますよ。これまでSECからの訴訟であなたに有利な証言を重ねてきたブローカーたちも、連邦検事局に呼び出されればすたこら逃げ出すはずです。

とは言ったものの、私は連邦検事局に目をつけられているとは思いません。ストラットンはロングアイランドにあるので、東部地区の管轄です。そして、連邦検事局東部地区は、証券詐欺関連の捜査にとりわけ熱心な方ではない。マンハッタンを管轄する南部地区では、非常に熱心ですがね。まあ、これが私の推測です、マイ・フレンド。いま調停取引をまとめれば、このままずっと幸せにやっていけると思いますよ」

私は深く息を吸い、ゆっくりと吐き出した。「それはそれとして、では私が営業フロアに姿を現したらどうなりますか？　ＦＢＩが飛んできて逮捕されるのですか？」

「いやいや、とんでもない」アイラは手の甲を振って見せた。「それは過剰反応というものですよ。実際問題、理論的には、あなたはストラットンと同じビルの同じフロアにオフィスを構えることもできる。そうすれば、一日中ダニーと廊下で立ち話をして、彼の経営判断の一つ一つに事細かに指示を与えることもできます。そうしてはどうか、と示唆するつもりはないが、違法ではないのです。してはならないのは、ダニーに無理矢理言うことを聞かせたり、半日も営業フロアに入り浸ったりすることです。しかし、時おり立ち寄る程度なら、別に何も悪いことではない」

それを聞いて、にわかに元気が甦った。しかし、そんなに簡単なことなのだろうか？　ＳＥＣに業界追放されながら、そんなに深く会社に関われるのか？　もしそれが本当で、何かの手段で社員たちにそのことを伝えられたら、連中も浮き足立ちはしないだろう！　私は一条の光を見いだした気分で訊いた。「ダニーにはいくらで株を売れるのですか?」

「お好きな額で」そう答えるアイラは、私の悪巧みに何も気づいていないようだった。「それはあなたとダニーとの間の問題であり、SECはまったく関知しません」

ふーん、そりゃ面白い、と私は思った。手堅く見積もっても売却益は二億ドルにはなる、と頭の中で算盤を弾く。「ダニーと話してみる価値はありそうです。彼は金については、話のわかる男ですから。まさか、ストラットンと同じ建物にオフィスを構えるつもりはないが、近所の建物に入居するのは悪くない。どう思います、アイラ?」

「いい考えだと思いますよ」

素晴らしき顧問弁護士ににっこり笑って、私は思い切って言ってみた。「最後に一つだけ質問があります。もっとも、答えは、もうわかっているようなものですが。もし証券業界から追放されたら、理論的には私は一介の投資家であるはずです。つまり、自分の証券口座で投資をすることまでは禁じられていないし、公開企業の株を所有することまでは禁じられていないのでしょう?」

アイラはにっこりした。「もちろんです！　株を買うのも売るのも自由。これから公開する企業の株を持つこともできます。できないのは、単に証券会社の経営だけです」

「ストラットンが幹事会社となって公開する新規公開株を買うこともできるのですね?　つまり、私は証券ブローカー登録も抹消されるのですから、それを禁じる規定も適用されなくなるのでは?」私は固唾を呑んで答えを待った。

「信じられないかもしれませんが」とアイラは言った。「答えはイエスです。かいつまんで言えば、ダニーが割り当てるストラットン扱いの新規公開株を好きなだけ買うことができます」

どうやら、実においしい話のようだった。要するに、ストラットンはおろか、ビルトモアやモンロー・パーカーの扱い株について、自分自身の指人形になれるということだ。「なるほど、アイラ。ケニーに業界追放を説き伏せてみせます。彼は友人のヴィクターに証券会社を持たせてやってほしいとかねてから言っていました。それを交換条件に、話をまとめられるでしょう。ですが、あと数日ほど、この話を伏せておいてほしいのです。もし漏れたら、すべてがおじゃんになってしまいます」

アイラ・ソーキンは、逞しい肩をすくめ、両手の平を上げる仕草をした。何も言う必要はなかった。

クイーンズ育ちの私にとっては、LIEことロングアイランド高速線を走るのは喜びもひとしおだ。どうしたことかこの神の恩寵のような高速道路は、永遠に建設中であるようだ。実際、いま私の乗っているリムジンが差しかかっているクイーンズの東部とロングアイランドの西部の合流地点は、私が五歳の頃から工事をしており、未だに片づく兆しがなかった。どこかの会社が何らかの建築永久契約を結んでいるのだが、彼らは地上で最も無能な舗装会社であるか、最高に抜け目のないビジネスマンであるらしかった。

とまれ、社まであと五キロあまりに迫っても、車は遅々として進まない。私はリムジンの後部座席にどっかりと腰を落ち着けて、いつものように運転手のジョージの素晴らしい禿げを見つめていらだちを鎮めた。ジョージは、もしも職を失ったら、いったいどうするだろう？　実際、ここで私が事をしくじったら、とばっちりを受けるのはジョージだけではなく、使用人みんなだった。もしダニーの経営手腕がまずく、そのあげく私も出費を切りつめなければならない羽目に陥ったら、影響は多くの人々に及ぶだろう。

社員たちはどうなる？　間違いなく、一人残らず財布の紐をぎゅうぎゅうに締めるか、さもなければ自己破産だ。彼らも、普通の人と同じように暮らさなければならないのだ。金を大切に扱うようになり、これまでのように気の向くままに何でも好きなだけ買う暮らしも、もうおしまいだ。何という悲劇か！

私にとっては、最も賢いのは、きれいさっぱり社を去ることだった。ダニーに法外な金額で自社株を譲ったり、社のそばにオフィスを構えて院政を敷くなど、慎重派のすることではない。何度痛い目にあっても蜂蜜目当てに蜂の巣に頭を突っ込んでしまうクマのプーさんじゃあるまいし、ウォール街の狼がそんなことをするものか。ナディンの事でデニースをあざむき続けていた日々のような経験はもうたくさんだ。まあ、そんなことはいいとして……。

もし社を去ったら、私も守りに入るだろう。経営を指導したり、営業フロアのそばに姿を見せてブローカー部隊を励ましてやる義務も感じないだろう。ダニーと密談したり、モンローー・パーカーやビルトモアを裏で操る必要も感じないだろう。アイラが勧めたように、ナデインやチャンドラとともに、残る人生を楽しめばいいだけだ。

だが、難破船の乗組員たちを見殺しにして悠々と救命ボートで立ち去った船長が、いったいどんな顔をしてロングアイランドを歩けたものだろう？　それに、社を去るためにケニーを説き伏せるには、ヴィクター・ワンにデューク・セキュリティーズを買ってやらなければならない。ワンの奴は、私がストラットンから完全に手を引いたと知ったら、間髪をいれずにダニーに襲いかかるだろう。

やはり、この話をまとめるやり方は一つだった。私が、社を去った後もストラットンの実権を握っており、ダニーへの攻撃は私に反旗を翻すのと同じだということを、何とか周知徹底することだ。そうすれば、誰もが私に忠実であり続ける。もちろん例外はヴィクターだ。奴が戦いを仕掛けてくるだけの力を身につける前に、私なりのやり方で骨抜きにしてやる。ビルトモアとモンロー・パーカーが私の傀儡であり続け、ダニーが急に手を広げすぎなければ、邪悪な中国人は封じ込められる。

ダニーは実際、焦りすぎだ。これは見過ごしにはできない。奴が自由にやりたいと思っていることは、火を見るより明らかだ。もし私が必要以上に長く院政を敷いたら、奴は不満を募らせるだろう。おそらく、半年から九カ月程度は移行期間として無条件で私の指示を守らせる口約束をして、その後は徐々に経営の手綱を委ねていけばいい。

ビルトモアとモンロー・パーカーについても同じだ。彼らも当面は私の言うことを聞くだろう。だが、それも時間の問題。いずれは、独り立ちするはずだ。しかしそれでも、やつらはきっと、律儀に頼みもしないのに今同様に貢いでくるだろう。アランは、特にそうだ。奴との関係は、終生の友情に基づいている。彼のパートナーのブライアンはモンロー・パーカーの四九％しか所有していない。私が開業資金を出してやるときに、それを条件にしたのだ。だから、あの会社で全権を握っているのはアランだった。ビルトモアではエリオットが最大株主で、アランほどではないが、やはり私に対しては、十分に忠実だった。

とにかく、私が所有している、もしくは私の息のかかった企業は無数にあり、ストラットンはそのごく一面に過ぎなかった。スティーブ・マデン・シューズもある。ローランド・フランクスとソーレルもいる。私が出資している公開直前の会社は、他にも一〇社以上もある。もちろんダラー・タイムは相変わらず振るわなかったが、最悪期は脱した。

私は頭の中で整理をつけると、ジョージに言った。「高速を降りて、下を行けよ。とにかく、オフィスに戻らなくちゃならないんだ」

ジョージは黙ったまま、二度うなずいた。

ふてぶてしい態度に目をつぶって、私はさらに言った。「それから、私を下ろした後も、どこか近くにいてくれ。今日はテンジンで昼食にする。いいな？」

またしても奴は、一言も言わずにうなずいた。

いったいどうして、私は口をきこうともしないジョージの今後の心配までしてやっているんだ？　私の気の使い過ぎか？　数千人もの関係者の雇用や将来になど、責任を持つ必要はないのではないか？　ひょっとしたら、彼らはいま私を必要としているだけで、いざとなったら手の平を返したように去っていくのでは……？

こうしてあれこれ考えながら、皮肉にも私はとても大切なポイントを一つ見落としていた。営業フロアでラリった姿を見せるわけにはいかないというタガが外れたら、一日中、クエイルード浸りになることを防ぐ歯止めはなくなってしまうということだ。それを忘れていた私は、自ら墓穴を掘っているようなものだった。結局、いまの私の唯一のつっかい棒は、私自身の自制心だった。そしてなぜかそれは、女とクスリを前にすると、もろくも崩れ去ってしまうのだ。

22　別世界の昼食

テンジンの扉が開くたびストラットン社員たちが入ってくる。するとすし職人や小柄な日本人ウェイトレスは仕事を放り出して「こんにちは」と駆け寄り、深々とお辞儀をする。

「ようこそいらっしゃいませ！」

すし職人たちは来る客ごとにゴールドの腕時計に手を伸ばし「これ、幾らするんです？どこで買ったんですか？　今日は、どんな車でここまで？　フェラーリですか、メルセデス？　ポルシェ？　どんなゴルフクラブを使ってらっしゃるんです？　どこでプレーするんです？　ハンディは？」と根掘り葉掘り訊いて回る。

その間、サーモンピンクの着物にライムグリーンの帯を締めたウェイトレスたちは、ジルベルトが仕立てたオーダーメイドのイタリアン・スーツを手の甲でさすって、「まあ、なんて良い感触なんでしょう、本当に柔らかいわ」とため息をつく。

そして、まるで誰かが指揮でも執っているかのように、不意に元の仕事に戻るのである。すし職人は、すしを握り海苔巻きを巻きネタを切る。ウェイトレスたちは、菰酒やキリンビールを注ぎ、ぼったくりの舟盛りを運ぶ。

ようやく落ち着いたかと思うとまたドアが開いて、同じ狂態がひとしきり繰り返される。それが、ストラットンの昼食時だ。

それは、もう一つの宇宙の始まりでもある。数十台ものスポーツカーやリムジンがレストランの前を占拠し、店内では若いストラットン社員たちが野生の狼の群れのような態度を繰り返すのだ。店内の四〇卓のうち、我々が「一般人」と呼ぶストラットン関係者以外が座っているのは、わずか二卓。おそらく、どこかで落ち着いて静かに食事でもしようと思って、テンジンに迷い込んでしまったのだろう。ともあれ、こんなことになるとは思っていなかったに違いない。周囲の客が、一斉にドラッグをやり始めるのだから。

そう、時計の針が午後一時を指したとき、社員の一部はもうへべれけになっている。クエイルードでキメている奴は、一目でわかる。食卓の上に立ち上がり、よだれを垂らしながら戦果を得得として吹聴しているからだ。幸いにも、セールスアシスタントたちは昼食時は営業フロアで電話の応対をしたり、書類仕事を片づけている。だから、みんなまだ服は着ているし、トイレにしけ込んだりデスクの下に潜り込んだりはしていない。

私は店内奥の小上がりで、ケニー・グリーンが奴なりのバカ話を吹聴しているのを聞くふりをしながら、繰り広げられる狂態を眺めていた。その間、奴の友人のヴィクター・ワンはケニーが口を開くたびにパンダ頭でいちいちうなずいていたが、奴もケニーのバカさ加減は心得ており、調子を合わせているだけなのは間違いなかった。

ブロック頭は言った。「……今や大金は目前ですよ、JB。ヴィクターは、実に鋭い奴なんですよ」そう言って、邪悪な中国人の大きな背中を叩く。「もちろん、あなたの次に、であるのは、言うまでもありませんが」

私は愛想笑いを浮かべて言った。「ケニー。光栄だね」

ヴィクターは友人のバカさ加減を笑い、私に邪悪な笑みを浮かべてみせた。細い目がいっそう細くなって、ほとんど消えてなくなりそうだ。

しかしケニーには、およそ皮肉というものが通用しない。だから私の言ったことを真に受けて、得意げに言った。「とにかく、私の計算では、四〇万ドルかそこらの種金で、始められるんです。もしお望みでしたら、私に現金を預けてくれれば、私の母を経由してヴィクターに渡すこともできますよ」ケニーの母親？　「そうすれば、あなたとヴィクターの新会社との書類上のまずいつながりは消えてなくなりますから」書類上のまずいつながり？　「私の母とヴィクターはいくらか不動産を共同所有しているので、不動産取引の清算金に見せかけられます。また公開株を回していくために新しい証券会社が必要になったら、ヴィクターの新会社を使えばいい。なにより、次に大型の新規公開案件があったら、その割当先として……」

ケニーはぺらぺらとしゃべり続けていたが、奴の口から出てくる言葉は、すべてまったくのナンセンスだった。

ヴィクターもケニーも、ＳＥＣの和解案については何も知らない。まだ数日は、明かさないつもりだった。そのころには二人はデューク・セキュリティーズのバラ色の未来に夢中になって、ストラットン・オークモントなどどうでも良くなっているだろう。それまでは、SECの申し出は明かさないつもりだった。

その時、ヴィクターが視界の端に入った。あらためて奴を見ると、空腹であったことも手伝って、今すぐ取って食ってやりたくなった。まったくどうしてこの邪悪な中国人はこんなにみずみずしく見えるのか。きっと、新生児よりもきめ細かい肌のせいだろう。そしてそのベルベットのような肌の下には、料理するのにもってこいのぶ厚い脂肪の層がある。その下には、食いがいのある筋肉だ。それらが、蜂蜜色の肌に覆われている。

だから、奴を見るたびに子豚の丸焼きを思い出す。奴の口から尻の穴まで鉄棒で串刺しにし、甘酸っぱいたれをかけながら炙り焼きにして、ハワイ料理のように食ってやりたくなるのだ。

「そしてヴィクターは常に忠実です。だから、デューク・セキュリティーズからは、ビルトモアとモンロー・パーカーを足した以上の上がりが稼げますよ」

私は肩をすくめた。「まあ、そうだろうな、ケニー。だが、それが私の主目的ではない。誤解しないでほしいが、私だってたんまり儲けさせてもらうつもりだ。みんなが儲けない手はないだろう？　だが、私が何より考えているのは、お前とヴィクターの将来を安泰にしてやることだ。それが叶えられた上でさらに数百万ドル程度でも儲けられたら、何よりだと思うんだよ」ちょっと間をおいて、この戯言を連中がどう受け取り、私の豹変ぶりをどう解釈しているのか、観察した。

　今のところ、思い通りに進んでいるようだった。「とにかく、あと半年もしないうちにSECの審判が始まる。となれば、万一のことだって考えておかなければならない。うまくすれば、和解に持ち込めるかもしれない。そしてそうなった暁には、みんなの進路を確実にしてやりたいんだ。信じるかどうかは勝手だが、デュークの件もやりたいと久しく思っている。だが、ジュディケイト株の一件がある。あと二週間はあの株を売り出せないから、当面は、内密にしておかなければならない。この点の大切さは、わかるだろうな？」

　ヴィクターはパンダ頭を縦に振って言った。「誰にも漏らしません。私のジュディケイトの持ち株分については、気にもしていません。デュークでたんまり儲けるつもりです。だから、ジュディケイトの持ち分が一株も売れなくても、別にどうでもいいんです」

　ケニーもそれに同調し、またしても中国人の広い背中を叩いた。「ほら言ったじゃないですか、JB！　ヴィクターは良い手駒ですよ」

　ヴィクターが言った。「また、私のあなたへの忠誠心も、あらためてわかっていただきたいのです。どんな株を買えと言われても、ただそのクソ株を買うだけですよ。そして、いつでもお好みのときに、売り戻します」

　私は笑って言った。「ヴィクター、それについては、何も疑っていないよ。君を信じているからね。そして君のように切れる奴なら、取引を通じてたっぷりと儲けられることだろう」実に見え透いた嘘の応酬だった。ヴィクターはヴィクターで心にもないことを言い、私も私なりにそれを返す。この中国人は誰に対しても何に対しても忠実になれないし、特に桁外れのエゴを抱える自分自身に対してそうだった。

ダニーは一五分ほどでやってくるはずだった。ケニーに、ダニー抜きで勝手な戯言をほざかせるために、計算尽くで仕掛けた時間差だった。ケニーは私のナンバーツーの座を確保したダニーを深く恨んでいた。ケニーをないがしろにすることにちょっと後ろめたさを感じないでもなかったが、仕方がなかった。それでも、ケニーがヴィクターを高く買い、私に対する忠誠だの何だのと戯言を本気でほざいているのは、残念というほかはなかった。ケニーの弱点は、一〇代の頃と同じ目でヴィクターを見ていることだった。せこいマリファナをあくせく売りさばく自分と違って、コカインを扱って大物密売人になっているヴィクターへの憧れだ。

とにかく、私はアイラとの会合から社に戻ると、すぐにダニーと話をつけておいた。ごく一部を除いて、計画をそっくり話しておいたのだ。一通り話し終わったとき、彼の反応は予想通りのものだった。

「私にとっては、ストラットンのオーナーはいつまでもあなたです。利益の六割も、だからあなたのものです。別に通りの向こう側にオフィスを構えようが、ヨットで世界旅行に出ようが、それは変わりません」

それから一時間、ダニーはテンジンにやってくるなり、日本酒をダブルで飲んだ。そして私たち三人と自分の杯を満たすと、乾杯の音頭を取った。「友情と忠誠心に。そして、今夜、またブルーチップ級のコールガールたちと大乱闘できることに！」

「まったくだ」私はそう言って、白磁の杯を一同と合わせ、強い酒を一気にあおった。

私はケニーとヴィクターに言った。「ああ、まだダニーには、デュークの件はちゃんと話していないんだ」大嘘である。

ヴィクターとケニーはうなずいた。「だから、ここでひと通り説明しておきたい。いいな？」

私はヴィクターの方を振り向いて言った。デュークの本拠地をどこにするかに話題が及んだとき、「いくつか選択肢を与えよう。第一は、ジョージ・ワシントン橋を渡ったニュージャージーだ。フォートリーか、ハッケンサックがいいだろう。どちらでも、人集めには苦労しない。ニュージャージー北部全域からも人がやってくるし、マンハッタン勤めに飽きた若造も逆通勤してくる。二番目の選択肢は、マンハッタン内だ。だがこれは、諸刃の剣だ。人は嫌というほどいるから、人材集めにはまったく心配がない。だが、雇った社員から忠誠心を得るのは難しい。

ストラットンの鍵は、街で唯一の証券会社であることだ。この店だって見てみろ」私は、首を振って店内を指し示してみせた。「どこを見回しても、うちの社員ばかりだ。だから、会社はいわば小宇宙のようなものだ」もう少しで「カルト」という本音が口をつきかけたが、ぐっと飲み込んだ。「ここでは、複眼思考ができない。マンハッタンに会社を開いたら、社員はよその証券会社の連中と昼食でつるむようになる。いまはこのことの大切さがわからないだろうが、よく聞け、やがてこれが効いてくるんだ。特に、自社に悪評が立ったり、持株が下がり始めたときにだ。そうなったら、部下の耳元に悪い話を吹き込む連中がいないことのありがたみがわかるだろう。まあ、とは言ったものの、やはり君自身の判断にまかせるよ」

ヴィクターはまるで一長一短を較べるかのように、パンダ頭をゆっくりと縦に振った。お笑いぐさだった。ヴィクターのような自意識過剰な奴が、ニュージャージーを選ぶ見込みは、万に一つもない。聞こえがぱっとしないし、何よりも株屋らしくない。ヴィクターは、良かれ悪しかれ、ウォール街のど真ん中に社を開きたいに違いない。そして、私にも異存はなかった。いざと言うとき、その方がずっと奴を叩きのめしやすい。

ビルトモアやモンロー・パーカーの立ち上げの際にも、同じ話を言い聞かせてやった。両方とも、最初はマンハッタンで開業するつもりだった。だが私の話を聞いて、モンロー・パーカーはニューヨーク北部に、そしてフロリダ州にあるビルトモアもマスコミが「うじ虫通り」と呼ぶフロリダ州ボカラトンの証券街から離れてオフィスを構えた。

すべては洗脳のためだ。これには二つの面がある。一つは、語りかける相手を外の世界から隔絶し、同じ事を何度も繰り返し言い聞かせ続けること。もう一つは、ものを言うのは、自分一人だけにすることだ。反対意見を存在させてはならない。もちろん、自分が言うことを聞き手が聞きたがっていれば、願ってもない。ストラットン・オークモントは、その一例である。私は一日二回、営業フロアの前に立って、社員たちに、私の話に耳を傾け、私の言う通りにしたら、使い切れないほどの金が手に入り、若く美しい女たちが自分から足下に身を投げ出してくるようになる、と言い聞かせた。そして実際、その通りになった。

たっぷりと一〇秒は経ってから、ヴィクターが口を開いた。「おっしゃることはよくわかります。しかし、私はマンハッタンを選ぼうと思います。あそこなら人はわんさかいますから、わずか二秒で社員を揃えられます」

ブロック頭が付け加えた。「ヴィクターが社内会議で社員を奮い立たせられることは、私が請け合います。誰もが喜んで彼の下で働きますよ。実際、私もヴィクターをその点で手助けできます。あなたが社員集会で話したことはすべて手短にメモしてあります。だから、それをヴィクターに言い聞かせて……」

なんてこった！　私はすぐさまヴィクターを見て、奴のパンダ頭の中でどんな計算が進行しているのか探った。奴は実際、非常に切れる男で、頭の使いどころも知っていた。実際、三年前にも、大いに私の役に立ったことがある。

その時私は、ちょうどデニースと別れたばかりだった。まだナディインとも正式に結婚していなかったから、身辺の世話のために、住み込みの執事を雇うことにした。テレビ番組の『ダイナスティ』だか『ダラス』だったかのように、ゲイの執事に何でも言いつけようと思った。金ならたんまりあるのだから、そんなお遊びも悪くない、と思ったのだ。

ジャネットはもちろん、あっという間に、ゲイの執事を見つけ出してきてくれた。名前はパトリック。見るからにそれとわかるゲイだった。私は彼を気に入った。時々ちょっと酔っぱらっているようでもあったが、私は不在がちだったので、実際にどんな暮らしぶりであるのかは知らなかった。

妻になったナディインは、同居するようになってすぐさま、家事の実権を握るようになった。

そして彼女は、いくつか妙なことに気づいた。パトリックが酒乱の乱倫であることなどだ。

程なくして、問題が起きた。執事のパトリックは、私が過越の祭り（ユダヤ人の祭り）で両親の元を訪れたとき、ナデインも同道しているものと考え、ホモ仲間を二一人も集めてリビングルームや寝室で大乱交を繰り広げた。当時二三歳だったナデインにとって、オリンピック・タワー五三階の私たちのこぢんまりした愛の巣で、大勢のホモたちが輪になって乱交している姿はショックだった。

結局、パトリックとその一味は家に置いてあった私の現金も五万ドル着服していた。ヴィクターは、住まいだった五三階から文字通りパトリックを宙づりにした。もっとも本人は、そうする前にさんざん尋問したという。もちろん、その合間には右のクロスと左のフックを放ち、パトリックの鼻は折れ、両目は充血し、あばらの三、四本は折れた。パトリックら一味は、すぐさま盗んだものを返したのだろうだって？　いや、奴はしぶとかった。その場には、ダニーと私もいた。もともと威勢よくパトリックをどやし上げていたのは、ダニーだった。しかし、しびれを切らしたヴィクターがパンチ一発でパトリックの顔面を挽肉にすると、ダニーはトイレに駆け込んで吐き始めた。

ヴィクターはその後、いささか頭に血が上っていまにもパトリックを窓から落としかけた。そこで私がやめさせた。ヴィクターはしぶしぶ、言うことを聞いた。ダニーが青い顔をして戻ってきたところで、私は警察を呼んだことを説明した。パトリックに焼きを入れてから警察を呼ぶという私の無鉄砲さに、ダニーは目を白黒させていた。だが私が、二人の若手警察官に、事情を噛んで含めるように教えながら現ナマを一〇〇〇ドルずつ握らせてやると、彼らは納得して警棒を腰から抜き、またひとしきり執事のパトリックを叩きのめしたのだった……。

その時、仲良しのウェイターのマサが注文を取りに来た。私はにっこり笑って言った。「マサ、今日のおすすめは何――」だがマサは最後まで言わせずに聞いた。「どうして今日はリムジンなんかで？　フェラーリ、どこ？　ドン・ジョンソンね？　ドン・ジョンソン好きね？」それを聞いた二人のウェイトレスも言った。「まーあ、彼、ドン・ジョンソン！　彼、ドン・ジョンソン」

うっとりと私を見つめる日本人たちに、笑顔を向けてやった。彼らが言っていたのは、私の白いフェラーリ・テスタロッサのことだ。ちょうど、『マイアミ・バイス』でドン・ジョンソン扮するソニー・クロケットが運転していたのと同じ車である。これも大人の遊びの一つで、『マイアミ・バイス』好きが嵩じて、最初に一〇〇万ドル稼いだときにすぐに買い込んだ車だ。さすがに照れて手と顔を振りながら、「で、今日のお勧めメニュー――」と言いかけたとき、やはりマサは最後まで言わせなかった。「ジェームズ・ボンドもね。アストン・マーチン持ってるでしょ。ボンドと同じね。仕掛け車ね、油、撒きビシ……」それを聞いてウェイトレスたちは、「まーあ、彼ジェームズ・ボンド！　キスキス、バンバン！　キスキス、バンバン！」

それを聞いて私たちはまたひとしきり笑った。マサが言った車は、私が手に入れた中でも最悪の一台だった。一年ほど前、新規公開で二〇〇〇万ドルほど儲けた。私はダニーと一緒にオフィスにいて、ちょうどクエイルルードが効いてきたので散財がしたくなり、車屋に電話をしてダニーに黒いロールスロイス・コーニシュ・コンバーティブルを二〇万ドルで、私自身のためにグリーンのアストン・マーチン・ヴィラージュを二五万ドルで買った。だが、それだけでは気が済まず、もっと金を使いたくなった。そこで車屋は先のアストン・マーチンを改造して、本物のジェームズ・ボンドものにしてはどうかと提案したのだった。催涙ガスやらオイルやらレーダー攪乱機やらが出てくる上に、ライセンス・プレートが開いて追跡者を目つぶしするストロボが姿を現したり、撒きビシや小型の地雷をまき散らせる仕掛け（武器は自分で調達しなければならなかったが）を施そうというのだ。値段は一〇万ドルだった。全機能を使ってみたらバッテリーが上がってしまい、それ以来、車の調子が悪くなった。乗るたびに故障してしまうのだ。いまでは、ガレージの飾りになっている。

私はマサに言った。「お褒めいただいてありがとう。ただ、いま仕事の話をしているんだ」マサは恭しくお辞儀をし、お勧めメニューを話し、注文を取った。そしてまたお辞儀をすると、去っていった。

私はヴィクターに言った。「現金で四〇万ドル出そう。だが、ケニーの母親を通じて金を払うというのは感心しない。君たち二人が仕事をしようが、関わり合いを持とうが、私は構わない。しかし、ケニーの母経由の金の受け渡しは、当局の目を引くから、やめろ。君自身のご両親はどうだ？　彼らに金を渡して、君あてに小切手を振り出させたら？」

「私の両親は、そんなタイプじゃないんです」とヴィクターは、珍しく恥じたように言った。「彼らは単純で、そんな計画を理解できません。しかし、アジアに持っているコネを使って何か海外口座でも利用できないか、ちょっと考えてみます」

ダニーと私は目配せを交わした。このふざけた中国人め、まだ自分の会社を持つ前から海外口座の話をするだなんて。どこまでワルなんだ？　紛れもない犯罪行為だし、そもそも金を儲けてから考えればいいことで、いまから言い出すなど一〇年早い。私はヴィクターに言った。「それもまた、危ない橋を渡ることになるな。しかし、まあ、一考してみよう。何とか、金を渡す方法がないか、しばらく考えてみよう。私の指人形の一人から、君に融資するのはどうかな。それも、第三者を噛ませてね。まあ、どうにか考えるから心配するな」

ヴィクターがうなずいた。「おっしゃる通りに。しかし、私の海外口座に必要があれば、いつでもおっしゃってください」

私はにっこり笑って、罠を仕掛けた。「ああ、その時はそうさせてもらおう。まあ、その必要はなさそうだがね。とにかく、最後にデュークの取り組み方について、話しておかなくては。やり方は二つある。ロング（現物株保有）とショート（空売り）だ。ここで詳細までは話さないが、それぞれ一長一短だ」意図せぬだじゃれに、思わずにんまりした。「とにかく、ロングではショートよりもずっと多額の金を儲けることができる。つまり、まずデュークが大量の現物株を所有し、その価格をつり上げていくということだ。逆にショートのポジションを取って空売りした株が上がったら、損をする。初年度は持ち株すべてが上がっていくはずだから、大儲けしたければ、思いっきりロングのポジションを取らなければならない。本当に大きな儲けが望みならだ。それには、ある程度勇気も要ることは否定しない。神経がささくれ立つこともある。君の持ち株を、息のかかったブローカーがすべて買い上げてくれるとは限らないからだ。だから、手持ち資金は、現物持ち株の形で縛りつけられることになりがちだ。しかし、十分な根性と見通しに自信があれば、胸突き八丁を越えれば、嫌と言うほど金が転がり込んでくるようになる。わかるか、ヴィクター？　これは弱虫の戦略じゃないんだ。強者の、そして先の読める者のやることだ」そう言って、一同に「わかるか？」と言わんばかりに、私は眉を上げながら両手の平を上向けた。そしてブロック頭が、たったいまヴィクターに吹き込んでやったウォール街で最悪のアドバイスに気づいたかどうかを探った。実際、ロングで取引するのは、破滅のレシピだった。現物株をため込むことは、あらゆる点で危険である。ウォール街では現金こそが万能の王。現物株を買い込めば、脇腹を晒すようなものだ。ある意味では、株も他の取引と何一つ変わらない。鉛管工だって過剰在庫を抱えれば、資金繰りに窮する。家賃や電話代や給料の支払期限が迫っても、在庫の鉛管で払いますよとは言えないのだ。どんな商売でも、現金こそが王だ。株屋という仕事では、それもひとしおだ。ここでは、在庫が文字通り一夜にして紙くずになってしまうのだから。

正しい取引の方法は、ショートから仕掛けることだ。そうすれば、いつも手元に現金がある。株が上がったら損をするのは事実だが、保険代だと思えばいい。ストラットンでは、日常の自社勘定は常に売り越しにしておき、手元に現金をたんまりと持っている。その資金を、新規公開株を釣り上げるときに使い、嫌と言うほど儲けるのだ。要するに、ショートで月に一億ドルの損失を出しながら、新規株式公開で一月に一〇億ドルを儲けているのである。私に言わせれば、これ以外の取引方法をする人間の気が知れないというものだ。

問題は、ブロック頭と中国人がそれに気づくかどうかだ。あるいは、ヴィクターのエゴが、ロングのポジションを取るという愚を犯すか、と言っても良い。ダニーは切れる男だが、彼でさえ、この概念が十分にわかっているとは言い難い。あるいは、理解しているのかもしれないが、生まれついてのギャンブラーであるため、年にせいぜい数百万ドル程度多く儲けられる可能性のために、会社の屋台骨を揺るがしかねない。まあ、そのどちらであるのかは、わかったものではないが。

示し合わせたように、ダニーが私に言った。「正直言いますが、私も当初はあなたがロングで大きなポジションを取るのに冷や冷やしたものです。でもやがて……そう……金が転り込んでくるのを見て」彼は首を振って、仕掛けたたわごとを強調した。「そう……信じられないほどの金だった。まあ、とにかく勇気のいることですがね」

間抜けのケニーも言った。「そう、当社はそんなやり方で大成功している。これしかないよ、ヴィクター」

なんて皮肉なことか、と思った。これだけ長い間勤めていて、ケニーはストラットンがありとあらゆる問題を抱えながら財務的に健全性を保っているのはなぜかという最大の謎が何一つわかっていないのだ。私は一度たりともロングのポジションを取ったことなどない！

もちろん、例外は新規公開の日だけで、その時はわずか数分のタイミングを慎重に見計らって、吹き上がっていく現物株を思いっきり買い付ける。だが、そうやって手元に溜め込んだ株に対して、買い注文が直に山のように入ってくることは、先刻承知だ。

「リスクを取ることは平気です。それがガキと大人の違いですから。株が上がるとわかっている以上、最後の一セントまで買い付けてやります。虎穴に入らずんば虎児を得ずでしょう?」そう言うとパンダは笑い、また目が線になった。

私は中国人にうなずいてやった。「まあ、そんなところだ、ヴィック。それに、もしポジションがまずくなったら、立ち直れるまで私が救ってやるよ。まあ、保険と思って頼ってもらっていい」

そう言って、一同でまた乾杯をした。


社に戻った私は、複雑な気持ちで営業フロアを歩いていた。ここまでは、すべて計画通りだった。しかし、私自身の将来はどうなるのだろう? ウォール街の狼は、いったいどうなってしまうのか? 私の大活躍も、いつかチャンドラに話してやるような昔話になってしまうのだろうか? いつか娘に、お父さんはウォール街をきりきり舞いさせる大物だったんだ、史上最大の証券会社を持っていたんだよ、ストラットン部隊と自称する若者たちがロングアイランド中を闊歩して、ばかげた散財をして回ったんだ、と話してやる日が来るのだろうか?

そうさ、チャニー。社員たちは、お父さんを尊敬し、王と呼んだ。そして君が生まれた頃のつかの間、お父さんは実際に王のようだったんだ。お父さんとお母さんは、どこに行っても、まるで王族のようなもてなしを受けたんだよ。でもいまでは誰も父さんのことを知らず……そうだ、父さんについての記事の写しを見せてあげよう、そうすれば何かがわかる……いや、わからないだろうか。とにかく、父さんについての評判は、全部嘘っぱちなんだ。なにもかもさ。マスコミなんて、嘘ばっかりだ。わかるだろう、チャンドラ？　おばあちゃんのスザンヌに聞いてみればわかるさ。いや、待て。しばらくおばあちゃんに会っていないんだっけ？　パトリシアと一緒に、資金洗浄の罪で牢屋に入っているんだったね……。

ああ、何と陰鬱な考えか。私は深呼吸をし、そんな考えを頭から追いやろうとした。私は三一歳の若さにして、すでに過去の人になりかけている。まるで寓話だ。こんなこと、本当にあるのか？　私も、ろくな大人にならなかった子役俳優のようなものなのだろうか？『人気家族パートリッジ』に出ていた赤毛の子役は、なんて名前だっけ？　ダニー・ボナなんとか？　でも、まったく有名になったことがないより、一度でもなった方がましなのでは？　それは、難しい問いだった。なぜなら、それを裏返して考えれば、一度何かに慣れてしまえば、それなしに暮らしていくのは難しいという現実があるからだ。私だって二六歳になるまで、営業フロアの咆吼なしにやってきた。しかし、それがこんなにも生活の一部になってしまったいま、それのない暮らしが考えられるだろうか？

私は深呼吸をしながら、腹を決めた。私には、私に熱い視線を投げかけてくる若い社員たちが必要だ！　彼らなしにはやっていけない。やはり、計画通りにやろう。ゆっくりと、消えていくのだ。社員たちを動揺させず、他の証券会社ともうまくやる。そして、邪悪な中国人を骨抜きにしてやるのだ。

ジャネットのデスクに近づいていくと、彼女は深刻な表情を浮かべていた。問題発生の印だ。目を見開き、口元を軽く開けて、椅子に浅く腰掛けている。目が会った瞬間、彼女はまっすぐに近づいてきた。何かの風の吹き回しで、SECの和解案を聞きつけたのだろうか。知っているのは私とダニー、そしてアイラだけだったが、ウォール街とは妙な場所で、とてつもないスピードで話が広がっていく。昔から、「良いニュースは素早く広まる。しかし、悪いニュースは瞬時に広まる」という言い回しがあるくらいだ。

ジャネットは緊迫した表情で言った。「ビジュアル・イメージから電話がありました。すぐにでもお話ししたいということです。とにかく緊急なので、今日中にでも話したいと言うんです」

「何だ、そのビジュアル・イメージとやらは？　聞いたこともないぞ、そんな会社」

「いいえ、あるはずです。あなたの結婚式の撮影をした会社ですよ。覚えていませんか？　アンギラ島での結婚式で撮影をした会社です。男女の二人組でした。女性はブロンドで、男性が茶色い髪で。彼女の服装は――」

「ああ、思い出した。もういい――」ジャネットの記憶力に驚いて、首を振りながら私は言った。私が止めなければ、ジャネットは女性が穿いていたパンストの色まで言い立てただろう。「で、その男と女のどちらが電話をかけてきたんだい？」

「男です。深刻な口調でした。数時間以内にあなたと話ができなければ、困ったことになるというんです」

困ったことになる？　何の寝言だ？　ちっともわからなかった。結婚式の撮影業者が、何だってそんなに焦って私に話したがるんだ？　結婚式で、何かあったっけ？　いや、そうとは思えない。カリブ海に浮かぶアンギラ島の大統領から、警告を受けたのは確かだ。仲の良い友人三〇〇人を、世界最高級のホテル、マリオハナにそっくり招待したっけ。一〇〇万ドル以上もかかったが、その週の終わりに、島の大統領から、招待客らがドラッグ所持で捕まらなかったのは、島の経済に大いに貢献したから大目に見たためだ、と言われたものだった。そしてさらに、全員、要注意リストに入れた、次に島に戻ってくるときには、ドラッグは置いてきた方が無難だと警告していたっけ。もう、あれから三年が経つ。だから、まさかその件に関係しているはずがない。それとも、関係しているのだろうか？

私はジャネットに言った。「奴との電話をつなげ。オフィスで受けよう」そう言って歩き出してから、肩越しにジャネットを振り返った。「何という名前だっけ、あの男？」

「スティーヴです。スティーヴ・バースティン」

私のデスク上の電話が鳴った。ロングアイランドのサウスショアにある小さな家族経営会社ビジュアル・イメージの社長、スティーヴ・バースティンと手短に挨拶を交わす。

スティーヴは不安げな口調だった。「あの……その……どう言えばいいのか、ちょっと私にもわからないのですが……つまり……あなたは本当に良くしてくれましたし……妻と私にね。私たちのことも、まるで結婚式の招待客同然に扱ってくれて、あなたとナディンほど素晴らしいお客はいませんでした。私が知る中でも、最高の結婚式でしたし……」

私は彼を遮った。「スティーヴ。私の結婚式を楽しんでくれたのはうれしいが、ちょっと忙しくてね。用件を話してくれないか？」

「はあ……」と彼は言った。「今日、二人のＦＢＩ捜査官がここにやってきたんです。あなたの結婚式のビデオのコピーを持って行きました」

そう聞いた瞬間、それまでの暮らしが終わったことを悟った。

23　薄氷を踏んで

　ビジュアル・イメージからの不気味な電話を受けた九日後、私はイースト・ハーレムの有名レストラン、ラオの店内で、伝説的私立探偵リチャード・ボー・ディートルと熱い議論を戦わせていた。友人たちの間では、ただボーとだけ呼ばれる男だ。

　テーブルは八人がけだったが、私とボーのほかには、ＦＢＩ捜査官ジム・バーシーニ（仮名）が一五分ほど遅れてやってくることになっているだけだった。ボーの気の置けない友人で、私もかねて、それにあやかって知己を得たいと思っていた。そのためにボーが一席設けてくれた次第だった。

　私は、ボーが振るう熱弁の聞き役に回っていた。より正確に言えば、ボーが暁諭し、私は顔を歪めてそれを聞いていた。ＦＢＩの動向を盗聴してはどうかという私に、ボーは、そんなばかげた話は聞いたことがないというのだった。

　ボーは言った。「……まったく、そんなこと、話にも何もなりやしないよ、ボー」ボーには、友人のことを「ボー」と呼びかける変わった癖があり、時々私も混乱させられるのだった。クエイルードをキメているときには、いっそうわけがわからなくなる。しかし、幸いなことに、今夜はちゃんと理解できた。私は裁判官並にしらふだったし、それはFBIの捜査員と初めて対面し、友人になり、あまつさえ情報を引き出せるようになろうと考えている以上、当たり前のことだった。

とはいえ、グレイのスラックスのポケットには四錠のクエイルードが私に秋波を送っており、ネイビーブルーのスポーツジャケットの胸ポケットには八錠のコカインが甘く囁いていた。だが、ダメだ。今夜は、バーシーニ捜査官と別れるまでは、それらに手を出すわけにはいかない。もともと、後でハイになるつもりだったから夕食は軽めにしようと思っていたのだが、ニンニクと自家製トマトソースの芳香が、嗅覚を強く刺激していた。

「いいかい、ボー」とボーは私に言った。「こうした場合にFBIから情報を引き出すのは、難しいことではない。実際、私も君のために、いくらか話を聞き出してあるくらいだ。だが、それを話す前に、言っておきたいことがある。これにはしきたりがあり、それを破れば臍を嚙むことになる。まず、FBIのオフィスに盗聴器をしかけてまわろうだなんて考えは捨てろ」彼は、あきれた表情で首を横に振った。一五分前に私たちが席に着いてから、何度こんな表情を見せたことだろう。「次に、FBIの秘書連中を、いや誰であれ、買収しようなんて考えは捨てろ」そう言って、彼はまた首を振り、目を回した。

私はボーの強い視線を避けるように、レストランの窓から外を眺めた。イースト・ハーレムのどんよりした光景を見て、どうしてニューヨークきってのイタリアン・レストランがこんな痰壺のような場所を選んだのか、と思う。だが、ラオはここで、もう一〇〇年以上も店を開いているのだ、開店した一八〇〇年代後半当時は、ハーレムもまったく違った界隈だったはずと思い当たった。

ラオの予約が五年先まで一杯であることを思えば、ボーと私が八人がけのテーブルを二人で占領しているのは贅沢なことだった。実際、この古風な店で予約を取るというのは、ほとんど不可能なのだ。一二卓の席はいずれも、まるでマンションのように、一握りの金も力もあるニューヨーカーたちに「所有」されているのだから。

一見すると、ラオはぱっとしない。今夜の店内はクリスマスの装飾がなされていたが、もう一月一四日だった。八月になっても、やっぱりクリスマスの飾りのままだろう。ラオは、そんな店だった。すべてがもっと素朴だった時代の名残のようなもので、料理は家族的に供され、イタリアの音楽が隅に置いた五〇年代式のジュークボックスから流れている。夜も更けてくると、店主のフランキー・ペルグリーノが客たちのために歌う。名士揃いの客たちは、バーに集って葉巻を吸い、マフィア式に旧交を温め、女たちはそんな姿を、古き善き時代(いつだったか知らないが)のようにうっとりと眺めるのだ。そして男たちも、女性が手洗いに立つたびに、古き善き時代(いつだったか知らないが)のように立って会釈する。

店内の半分は、毎晩、世界第一級のスポーツ選手、人気映画俳優、業界の立役者らで埋まり、残る半分は本物のマフィア連中が占める。

とにかく、このテーブルのオーナーは私ではなくボーで、スター揃いのレストランの顧客リストの中でも、ボー・ディートルの株は上げ調子だった。彼は四〇歳にして伝説的人物になろうとしていた。一九八〇年代半ば、ボーはニューヨーク市警始まって以来の優秀な警官だった。逮捕案件は七〇〇〇件以上で、担当地域はハーレムなど、ニューヨークでも最も危険な地域ばかり。誰もが匙を投げる難事件を次々と解決して名を挙げ、やがてハーレム史上最大の極悪非道な犯罪のホシを上げて全国的な英雄になった。金に困った二人のヤク中が、白人の尼さんをレイプした事件である。

一見すると、ボーはあまり強面ではない。稚気の残る二枚目な顔、よく手入れされたあごひげ、そして微かに薄くなりかけた、丸い頭にぴったりとオールバックに撫でつけたライトブラウンの髪。大男でもない。身長は一八〇センチもないし、体重もせいぜい九〇キロくらいだろう。しかし、胸板は厚く、首はゴリラ並みに太かった。街一番の伊達男で、二〇〇〇ドルの絹のスーツに糊の効いた白いドレスシャツにフレンチカフスを付けている。ダンベルのように重い金無垢の腕時計に、小指には角氷ほどもあるダイヤモンドの指輪が光る。

警官時代の敏腕ぶりが、ボーの出自に関係していることは、誰もが知っていた。生まれも育ちもクイーンズのオゾン・パークで、ギャングと警官に囲まれて育ったのだ。そのため彼は、それらの境界線の危うい一線を歩むという独特の能力を身につけた。地元のマフィアのボスたちからの信頼を武器に、通常のやり方では解決できない難事件も、片づけられたのだ。彼は友人たちから愛され、尊敬された。そして、敵からは憎まれ、怖れられた。

だが官僚的組織にうんざりした彼は三五歳で市警を退職し、毀誉褒貶相半ばする評判とコネにものをいわせて、全米でも最も急成長し、評判の高い警備会社を作った。私が二年前に彼を捜し出し、ストラットン・オークモントの警備面を強化するために雇ったのは、このためだった。

私は一再ならず、ストラットンに食い込もうとする中堅のマフィア連中を、ボーの手を借りて追い払っていた。ボーがそんな連中に何と言い含めたのかは知らない。ただボーに電話一本入れるだけで、そんな連中は二度と寄ってこなかった（もっとも一度、ご丁寧にも花束を受け取ったことがあるが）。

ボーのことはともかく、マフィア連中の上層部では、ストラットンに食い込もうとするよりも、ストラットンに若い者を送り込んでノウハウを学ばせた方がずっと実入りが良いという暗黙の了解ができていた。だから、一年ほどすると、マフィアから送り込まれた若者は紳士的なほど静かに去っていき、ボスたちが糸を引く証券会社を開くのだ。

この二年、ボーはストラットンのあらゆる警備を担当していた。当社が詐欺師連中に引っかからないように、上場させる企業の背景調査も行なっていた。そして同業他社の多くと違い、ボー・ディートル・アンド・アソシエイツの調査は、データベース・サービスから拾ってきたような一般情報にとどまらなかった。なぜ手に入るのかと思うような裏情報まで、きっちり調べ上げてきてくれるのだ。彼のサービスは安くはないが、それだけの価値はあった。要するに、ボー・ディートルは斯界で最高の凄腕だった。

まだ窓の外を見ている私に、ボーが言った。「何を考えているんだい、ボー？　まるで、外の通りに何か答えでもあるかのように、外を見ているじゃないか」

私は、真意を漏らすべきかどうか、ちょっと考えた。FBIに対する盗聴を企てたのは、SEC関係者への盗聴がとても役に立ったからだった。そしてそれは、ボーが私に紹介してくれたCIA出身者が売ってくれたものだった。私はそれを、ボーに内緒で会議室に仕掛けた。盗聴装置の一つは電気コンセントのプラグ型をしており、まさにコンセントを電源にしているので電池切れの心配もない。大した装置だった。

だが、とりあえずこの小さな秘密をボーと共有するのは時期尚早だと思った。「いや、この問題を真剣に考えているだけだよ。FBIの捜査員が嗅ぎ回っているのに、死んだふりをしたり、手をこまねいてはいられない。一大事だし、大勢の関係者を見捨てて一人で逃げ出すわけにはいかないんだ。で、これまでにわかったことを話してくれないか？」

ボーはうなずいたが、答える前に、大ぶりのグラスにたっぷりと入ったシングルモルトのウイスキーを、まるで水のように一気に飲み干した。そして口元を歪め、「やっぱりこれだな」と漏らしてから、説明を始めた。「第一に、調査は緒に就いたばかりだ。調べているのはコールマンという男だ。FBI特別捜査官グレゴリー・コールマン。他には、誰もこの件に興味は持っていない。みんな、ストラットンの案件は、負け戦だと思っているんだ。そして連邦検事局も、別にこれ以上関わるつもりはない。担当のショーン・オシーアという男は、聞くところ淡泊で、ブルドッグのように食らいついてくる類ではないらしい。グレッグ・オコネルという弁護士の友人がいるんだが、彼はショーン・オシーアのかつての同僚だった。証券事情を探ってくれたんだが、ショーンは別に君の案件にあまり乗り気ではないらしい。

詐欺案件について担当区の連邦検事はあまり乗り気ではないと言ったのは君だが、まあ、その通りだね。ブルックリンが担当区だから、むしろマフィアや暴力団関連の捜査が多い。だが、コールマンという男は、大いに乗り気らしい。君のことを、まるでスターか何かのように話しているということだ。君を非常に高く買っているらしいが、もちろん、絶対にしょっぴいてやると息巻いているという意味だ。どうやら、ストラットンの案件に、すっかり夢中になっているらしい」

私はうんざりと首を横に振った。「ありがたい話だね。FBI捜査官に入れ込まれるとは。いったいなぜ、出し抜けにそんなことになったんだい？　なぜ、いまさら私の案件に興味など？　SECの和解案と、何か関わりがあるに違いない。連中、私をハメようとしているんだ」

「落ち着けよ、ボー。それほど悪いことじゃない。SECとは、何の関係もない。ただコールマンが君に目をつけただけだ。まあ、なによりマスコミでウォール街の狼と騒がれていることが、何よりのきっかけだろう」ボーは首を振った。「ドラッグやらコールガールやら大金をばらまいていることやらね。年収四万ドルの若きFBI捜査員にとっては、血湧き肉躍る話だ。そう、このコールマンという捜査員は若い。まだ、三〇代前半じゃないかな。君と、大して変わらない歳だよ。税金の還付額を見て、君が一時間に自分の年収以上も稼いでいると知ったときの奴の気持ちを察してみろ。そして、テレビの画面を跳ね回る君のかみさんを観たときの気持ちを」

ボーは肩をすくめた。「まあとにかく、しばらくの間、少しおとなしくしているべきだよ。長目の休暇でも取るのはどうだ？　ＳＥＣの和解案から考えても、それが理に適っているだろう。受け入れはいつ発表するんだい？」

「決めていないが、まあ、一、二週間以内だろう」

ボーはうなずいた。「幸いなことに、コールマンというのは、常識人らしい。もうすぐやってくるバーシーニとは違う。バーシーニは、まったくぶち切れているからね。つまり、ジム・バーシーニに追いかけ回されたら、非常にやっかいなことになる。すでに二、三人は射殺しているし、その一人は手を上げているところを強力ライフルで撃ち殺した。ＦＢＩだ、と言って一発お見舞いしてから、止まれ、両手を上げろ！　ってやつさ。わかるだろ、ボー？」

なんてこった。銃をぶっ放すのが好きな変わり者のＦＢＩ捜査員が頼りの綱なのか？

ボーが話を続けた。「だから、まあ、状況はそう捨てたものではないよ、ボー。このコールマンという奴は、証拠をでっち上げたり、終身刑をちらつかせて君の部下たちを脅し回ったり、君のかみさんを脅し上げたりするタイプではない。だが――」

私は不安に駆られて、思わず彼をさえぎった。「妻を脅し上げるとはどういうことだ？ナディンに何の関係がある？　彼女はただ、大金を散財しただけなのに」ナディンを巻き込むと思うだけで、目の前が真っ暗になる思いだった。

ボーは、ビルの屋上から飛び降りようとしている患者を説得しようとしている精神科医のような口調で言った。「まあ、落ち着けよ、ボー。コールマンは、恫喝的なタイプじゃないってことさ。ただ、捜査官が被疑者の妻に圧力をかけてダンナを追いつめることもあると言いたかっただけだ。だが、今回はそうじゃない。ナディンは、何も関わりがないんだから。そうだろう？」

「もちろん、ないさ！」自信たっぷりに言ってから、内心を振り返り、そうでもないという悲しい結論に達した。「実はいくつか彼女の名義で行った取引があるが、それほどひどい不正じゃない。彼女の責任など、ないも同然だ。だが、妻への訴追など決して起こさせるものか。そんなことになるくらいなら、有罪を認めて二〇年の懲役でも受けてやる」

ボーはゆっくりとうなずいて言った。「それでこそ本物の男だ。しかし問題は、敵さんもそれはわかっているから、となればやはり弱みになるということだ。ま、取り越し苦労をしてもしょうがない。調査はまだ緒に就いたばかりで、まあ、手探り段階だ。運が良ければ、コールマンも他に何か面白い事件を見つけてこっちに興味を失うかもしれないし、まあとにかく、油断せずにいれば、大丈夫だよ」

私はうなずいた。「油断なんかしないさ」

「結構だ。もうすぐバーシーニがやってくる。いくつか、基本的なルールを決めておこう。第一に、君の案件の話は持ち出すな。今日は、そういう趣旨じゃないんでね。友人同士が集まってバカ話をするだけさ。捜査がらみの話は一切なしだ。まずは、奴と気さくに知り合うことだよ。彼から無理矢理、機密情報を引き出そうという趣旨じゃないことを忘れてはいけない」ボーは首を振ってそれを強調した。「実際、もしコールマンが君の案件に本気になったとしたら、バーシーニもお手上げだ。面白半分に調べ始めたがこれという材料も見つからないという状態で初めて、バーシーニが〝ジョーダン・ベルフォートだったら知ってるぜ。別に悪い奴じゃない、なんでこんな奴を調べているんだ？〟と言えるんだ。間違っても、FBIの調査官を買収しようだなんて考えちゃいけない。長期間の収監は間違いなしさ」

　ボーはそう言って眉をつり上げ、付け加えた。「だが、それを裏返せば、バーシーニからいくらか情報は取れるかもしれない。つまり、コールマンの側だって君に伝えたいことがある。だから、バーシーニをパイプにしないとも限らないんだ。その可能性は否定できないだろう？　君だって、バーシーニと仲良くなれるかもしれない。彼は実際、非常に良い奴だ。クレージーだが、私たちだってそうじゃないか」

　私はうなずいた。「まあ、私は人を決めつけるタイプじゃないんだ、ボー。そういう人間は嫌いだ。最悪のタイプだと思うね」

　ボーはにやりとした。「そうだろう。そう思っていたよ。バーシーニが典型的なFBI捜査官タイプじゃないことは請け合うよ。もともと海軍特殊部隊《SEAL》だったか、海兵隊の武装偵察《フォース》部隊《リーコン》だったかの出身でね。まあ、熱狂的なスキューバ・ダイビング好きだから、その点では君と趣味が合うはずだ。ヨットに招待でもしたらどうだい？　特に、このコールマンの一件が大したことじゃないとわかった時点でさ。FBIに友人を持っておくのは、決して悪いことじゃない」

私はボーに微笑みながら、テーブルを飛び越えて、キスしてやりたい衝動をこらえた。ボーは本物のサムライだったし、その価値は計り知れないほどだった。会社を通じても個人としても、たぶん、五〇万ドルか、あるいはもう少し払っているだろうが、それも当然だ。

「彼は私について、何を知っているんだい？　私が調査の対象になっていることも知っているのかな？」

ボーは首を横に振った。「もちろん、知っちゃいない。君については、ほとんど何も話してない。良い友人であり、大切な顧客であるというだけだ。いずれも事実だしね。だから、ボー、こうして席を設けているんじゃないか。友人として」

私は弾かれたように言った。「私が感謝していないだなんて誤解しないでくれよ、ボー。このことは決して忘れ――」

ボーが遮るように言った。「ほら、来たぜ」窓の方を手振りで示すのを見やると、四〇がらみの男が入ってくるところだった。身長は一九〇センチ足らず、体重は一〇〇キロほどだろうか。髪はごく短いクルーカットにしていた。荒々しいハンサムで、茶色い眼光は鋭く、がっしりした顎をしている。右翼武装集団のメンバー募集ポスターに出てきそうなタイプだった。

「ビッグ・ボー」世界で最もらしくないＦＢＩ調査員は言った。「久しぶりだな、調子はどうだい？　こんなレストラン、どうやって見つけたんだ？　この界隈なら射撃の練習ができそうだぜ」そう言って、「意味はわかるだろう？」と言わんばかりに首を傾げ、眉を上げてみせる。「ま、俺にはどうでもいい。俺が撃つのは、銀行強盗だけだからな」彼は私に向かって温かな笑みを浮かべながら、さらに付け加えた。「ジョーダンだね？　会えてうれしいよ。ボーから聞いている。すごいヨット、いや、船を持っていて、スキューバが好きなんだって？　さあ、握手しよう」手を差し出す彼に、私もあわてて手を伸ばしたが、彼の掌が私の二倍もあることに驚いた。腕を引き抜かれるかと思ったところで握手は終わり、一同で着席した。

スキューバ・ダイビングの話を続けようと思ったが、その隙はなかった。狂気のＦＢＩ捜査員は、すぐにほら話を始めたからだ。「聞かせてやろう」彼は鷹揚に言った。「この界隈は、本当のゴミ溜めだ」うんざりしたようにかぶりを振り、椅子の背もたれに寄りかかって足を組んだ拍子に、腰のリボルバーが見えた。

「まあ、ボー」とボーがバーシーニに言った。「それについちゃ、私にも異存はない。この界隈がシマだった頃、私がどれだけホシを上げたか知っているかい？　まあ、言っても信じられないだろうほどさ。逮捕した相手の半分以上は再犯だった。ゴリラみたいな体格をした奴もいた。後ろから近づいてきて、ゴミ入れの蓋でしたたかに脳天を打ちつけやがった。目から火花が飛んだぜ。次に相棒を気絶させやがった」

私は眉を上げて訊いた。「で、その男はどうなったんだい？　逮捕したのか？」

「ああ、もちろんしたさ」ボーは憮然として言った。「気を失ったわけじゃない。一瞬、意識が薄らぎかけただけだったからね。気がつくと、奴はまだ私の相棒を殴っていた。そこで私は、その蓋を取り上げて、そいつの頭を数分ほど殴りつけてやった。だが奴は、とてつもなく分厚い頭蓋骨をしていたんだ。そいつの頭は、ココナッツみたいなやつさ」ボーは肩をすくめて話を締めくくった。「結局、生き残っちまった」

「そいつは残念だったな」とバーシーニは言った。「手ぬるいぜ、ボー。俺ならそいつの気管を引きずり出して食わせてやる。そうすりゃ、返り血一つ浴びないさ。手首をうまく使うんだ。こんな音がしてさ」と言って彼は、舌で「ポンッ」という音を立ててみせた。

ちょうどその時、店主のフランク・ペルグリーノ――別名フランキー・ノー。いつもテーブルを求めてやってきた客を追い返しているからだ――がバーシーニに挨拶にやってきた。フランクは入念にめかし込んでいるため、まるでクリーニング屋で着替えてきたばかりのようだった。ダークブルーにチョーク・グレイの太いピンストライプが入った三つ揃いのスーツの左胸には、白いポケットチーフが伊達者らしく見事に決まっていた。余裕を感じさせる六〇代で、顧客みんなにホームパーティーに招かれたかのように感じさせる独特の才能を持っていた。

「ジム・バーシーニだね？」フランク・ペルグリーノは親しみを込めて言い、手を伸ばした。「ボーから聞いているよ。ラオにようこそ、ジム」

バーシーニは席から立つと、フランクの腕を引っこ抜き始めた。全身が震えるほど激しい握手に応じるフランクのグレイの髪がまったく乱れないのに感心する。

「ボー、なんてこった」フランクはボーに言った。「まるでハイイログマと握手をしているようだぞ。まるで……」とフランクは、猪首の男たちについての話を始めた。

私はときおり愛想笑いを浮かべながら、すぐにバーシーニを通じてコールマンの調査をやめさせる方法を考え始めた。最も単純なやり方は、バーシーニを買収することだ。彼は、それほど高潔なタイプにも見えなかった。しかしもちろん、海千山千の男だけに買収など侮辱と思うだろう。だが、ＦＢＩ調査員の給料というのは、いったい幾らくらいなのだろう？　五万ドルくらいか？　そんな収入では、スキューバ・ダイビングだって、それほど頻繁には楽しめまい。スキューバを口実に接待漬けにしてもいいし、ＦＢＩにケツ持ちができるなら接待なんて安いものだ。

それを言うなら、コールマンを籠絡するためなら幾ら出せるだろう？　一〇〇万ドル？　喜んで。二〇〇万ドル？　言うまでもない。連邦政府から訴えられ破産することを考えれば、はした金だ。

だが、こんな絵空事を考えて何になる？　画に描いた餅ばかりじゃないか。実際、この店だって、政府が長い目で見て当てにならないことの生き証人だ。やくざ連中は、わずか数十年前まで、やりたい放題だった。警官は買収、政治家にも袖の下、判事にだって学校の教師にだって鼻薬を嗅がせたものだった。そこに自らもやくざだったケネディがやってきて、対立するマフィア連中を追い落とし始めた。そのせいで素晴らしい友情や贈り物は消えてなくなっていった。その後は、言わぬが花だ。

「……まあ、そうやって一件落着ってわけさ」フランキーは武勇伝を終えた。「もっとも、奴は料理人を誘拐したわけじゃない。ただ一時、人質に取っただけさ」

　そう聞いて一同げらげら笑い出したが、私は彼の話はほとんど聞いちゃいなかった。だが、ラオでは話が耳を素通りするのはいつものことだ。片手で数えるほどの話を、何度も繰り返すのだから。

本書は二〇〇八年三月に、早川書房より『ウォール街狂乱日記』のタイトルで刊行された作品を改題、文庫化したものです。

人・体験

オルカ
――海の王シャチと風の物語
水口博也

シャチの群れを追ってアラスカ沿岸を旅し、その知られざる生態に迫る、著者の代表作。

マリー・アントワネット 上下
アントニア・フレイザー／野中邦子訳

女性としての王妃アントワネットに新たな光をあてる。ソフィア・コッポラ監督映画化。

大西洋漂流76日間
スティーヴン・キャラハン／長辻象平訳

沈没から二カ月半。救命イカダで漂流し、奇跡の生還をしたヨットマンが綴る極限の手記

自転車とろろん銭湯記
疋田 智

東京都内に残る銭湯の魅力を、自称「自転車ツーキニスト」の著者が語る小説風エッセイ

セックスとニューヨーク
キャンディス・ブシュネル／古屋美登里訳

大ヒットドラマ〈SEX AND THE CITY〉原作の、NY恋愛事情を描いた痛快コラム集

社会・文化

ヒトはなぜヒトを食べたか
——生態人類学から見た文化の起源
マーヴィン・ハリス／鈴木洋一訳

中米の凄惨な食人儀礼などの意義を生態学の立場から明快に解く、知的刺激横溢する名著

子供たちは森に消えた
ロバート・カレン／広瀬順弘訳

五十数人の少女たちを陵辱し、殺害した多重人格者の実像を暴く心理ノンフィクション。

世界野球革命
ロバート・ホワイティング／松井みどり訳

WBCの日本優勝、松坂、井川の大リーグ移籍など、世界を席巻する日本野球の最前線。

FBI心理分析官
——異常殺人者たちの素顔に迫る衝撃の手記
R・K・レスラー&T・シャットマン／相原真理子訳

『羊たちの沈黙』のモデルとなった捜査官が綴る、全世界を震撼させたノンフィクション

診断名サイコパス
——身近にひそむ異常人格者たち
ロバート・D・ヘア／小林宏明訳

幼児虐待者、カルト教祖、連続殺人犯などに多いサイコパスは、あなたのそばにもいる！

〈数理を愉しむ〉シリーズ

天才数学者たちが挑んだ最大の難問
――フェルマーの最終定理が解けるまで
アミール・D・アクゼル／吉永良正訳
三〇〇年のあいだ数学者を魅了しつづけた難問にまつわるドラマを描くノンフィクション

数学をつくった人びとI〜III
E・T・ベル／田中勇・銀林浩訳
これを読んで数学の道に誘い込まれた学者は数知れず。数学関連書で必ず引用される名作

はじめての現代数学
瀬山士郎
無限集合論からゲーデルの不完全性定理まで現代数学をナビゲートする名著待望の復刊！

素粒子物理学をつくった人びと上下
ロバート・P・クリース&チャールズ・C・マン／鎮目恭夫ほか訳
ファインマンから南部まで、錚々たるノーベル賞学者たちの肉声で綴る決定版物理学史。

異端の数ゼロ
――数学・物理学が恐れるもっとも危険な概念
チャールズ・サイフェ／林大訳
人類史を揺さぶり続けた魔の数字「ゼロ」。その歴史と魅力を、スリリングに説き語る。

〈数理を愉しむ〉シリーズ

歴史は「べき乗則」で動く
——種の絶滅から戦争までを読み解く複雑系科学
マーク・ブキャナン／水谷淳訳
混沌たる世界を読み解く複雑系物理の基本を判りやすく解説！（『歴史の方程式』改題）

量子コンピュータとは何か
ジョージ・ジョンソン／水谷淳訳
実現まであと一歩？　話題の次世代コンピュータの原理と驚異を平易に語る最良の入門書

リスク・リテラシーが身につく統計的思考法
——初歩からベイズ推定まで
ゲルト・ギーゲレンツァー／吉田利子訳
あなたの受けた検査や診断はどこまで正しいか？　数字に騙されないための統計学入門。

カオスの紡ぐ夢の中で
金子邦彦
第一人者が難解な複雑系研究の神髄をエッセイと小説の形式で説く名作。解説・円城塔。

運は数学にまかせなさい
——確率・統計に学ぶ処世術
ジェフリー・S・ローゼンタール／柴田裕之訳／中村義作監修
宝くじを買うべきでない理由から迷惑メール対策まで、賢く生きるための確率統計の勘所

ハヤカワ・ノンフィクション

ファスト&スロー（上・下）

——あなたの意思はどのように決まるか？

Thinking, Fast and Slow

ダニエル・カーネマン
村井章子訳
46判上製

心理学者にしてノーベル経済学賞に輝く
カーネマンの代表的著作！

直感的、感情的な「速い思考」と意識的、論理的な「遅い思考」の比喩を使いながら、人間の「意思決定」の仕組みを解き明かす。私たちの意思はどれほど「認知的錯覚」の影響を受けるのか？　あなたの人間観、世界観を一変させる傑作ノンフィクション。

訳者略歴　翻訳家　ミズーリ州立大学コロンビア校にてジャーナリズムの修士号を取得　訳書に『天才脳をつくる！』バイスター&ロバーグ，『となりの車線はなぜスイスイ進むのか？』ヴァンダービルト（以上早川書房刊）他多数

HM=Hayakawa Mystery
SF=Science Fiction
JA=Japanese Author
NV=Novel
NF=Nonfiction
FT=Fantasy

ウルフ・オブ・ウォールストリート
〔上〕

〈NF396〉

二〇一三年十二月十日　印刷
二〇一三年十二月十五日　発行
（定価はカバーに表示してあります）

著者　ジョーダン・ベルフォート
訳者　酒《さか》井《い》泰《たい》介《すけ》
発行者　早川浩
発行所　株式会社 早川書房
郵便番号　一〇一‐〇〇四六
東京都千代田区神田多町二ノ二
電話　〇三‐三二五二‐三一一一（大代表）
振替　〇〇一六〇‐三‐四七七九九
http://www.hayakawa-online.co.jp

乱丁・落丁本は小社制作部宛お送り下さい。
送料小社負担にてお取りかえいたします。

印刷・中央精版印刷株式会社　製本・株式会社フォーネット社
Printed and bound in Japan
ISBN978-4-15-050396-3 C0198

本書は活字が大きく読みやすい〈トールサイズ〉です。